江南会馆文书选编

岳精柱 ○ 主编
梁冠男　甘玲 ○ 副主编

重庆出版集团
重庆出版社

图书在版编目(CIP)数据

江南会馆文书选编 / 岳精柱主编; 梁冠男, 甘玲副主编. —重庆: 重庆出版社, 2023.5
ISBN 978-7-229-17587-0

Ⅰ.①江… Ⅱ.①岳… ②梁… ③甘… Ⅲ.①会馆公所—文书—汇编—重庆 Ⅳ.①K297.19

中国国家版本馆CIP数据核字(2023)第067047号

江南会馆文书选编
JIANGNAN HUIGUAN WENSHU XUANBIAN
岳精柱 主编 梁冠男 甘玲 副主编

责任编辑:李 茜
责任校对:刘 艳
装帧设计:李南江

重庆出版集团
重庆出版社 出版
重庆市南岸区南滨路162号1幢 邮编:400061 http://www.cqph.com
重庆出版社艺术设计有限公司制版
重庆天旭印务有限责任公司印刷
重庆出版集团图书发行有限公司发行
E-MAIL:fxchu@cqph.com 邮购电话:023-61520646
全国新华书店经销

开本:787mm×1092mm 1/16 印张:26.25 字数:372千
2023年5月第1版 2023年5月第1次印刷
ISBN 978-7-229-17587-0
定价:105.00元

如有印装质量问题,请向本集团图书发行有限公司调换:023-61520678

版权所有 侵权必究

《巴渝文库》编纂委员会

(以姓氏笔画为序)

主　　任　张　鸣
副 主 任　郑向东
成　　员　任　竞　刘　旗　刘文海　米加德　李　鹏　吴玉荣
　　　　　张发钧　陈兴芜　陈昌明　饶帮华　祝轻舟　龚建海
　　　　　程武彦　詹成志　潘　勇

《巴渝文库》专家委员会

(以姓氏笔画为序)

学术牵头人　蓝锡麟　黎小龙
成　　员　　马　强　王志昆　王增恂　白九江　刘兴亮　刘明华
　　　　　　刘重来　李禹阶　李彭元　杨恩芳　杨清明　吴玉荣
　　　　　　何　兵　邹后曦　张　文　张　瑾　张凤琦　张守广
　　　　　　张荣祥　周　勇　周安平　周晓风　胡道修　段　渝
　　　　　　唐润明　曹文富　龚义龙　常云平　韩云波　程地宇
　　　　　　傅德岷　舒大刚　曾代伟　温相勇　蓝　勇　熊　笃
　　　　　　熊宪光　滕新才　潘　洵　薛新力

《巴渝文库》办公室

(以姓氏笔画为序)

王志昆　艾智科　刘向东　杜芝明　李远毅　别必亮　张　进
张　瑜　张永洋　张荣祥　陈晓阳　周安平　郎吉才　袁佳红
黄　璜　曹　璐　温相勇

总序

蓝锡麟

两百多万字的《巴渝文献总目》即将出版发行。它标志着经过六年多的精准设计、切实论证和辛勤推进，业已明确写入《重庆市国民经济和社会发展第十三个五年规划》的《巴渝文库》编纂出版工程，取得了第一个硕重的成果。它也预示着，依托这部前所未有的大书已摸清和呈现的巴渝文献的厚实家底，对于巴渝文化的挖掘、阐释、传承和弘扬，都有可能进入一个崭新的阶段。

《巴渝文库》是一套以发掘梳理、编纂出版巴渝文献为主轴，对巴渝历史、巴渝人文、巴渝风物等进行广泛汇通、深入探究和当代解读，以供今人和后人充分了解巴渝文化、准确认知巴渝文化，有利于存史、传箴、资治、扬德、励志、育才的大型丛书。整套丛书都将遵循整理、研究、求实、适用的编纂方针，运用系统、发展、开放、创新的文化理念，力求能如宋人张载所倡导的"为天地立心，为生民立命，为往圣继绝学，为万世开太平"那样，对厘清巴渝文化文脉，光大巴渝文化精华，作出当代文化视野所能达致的应有贡献。

这其间有三个关键词，亦即"巴渝""文化"和"巴渝文化"。

"巴渝"称谓由来甚早。西汉司马相如的《上林赋》中，即有"巴渝宋蔡，淮南于遮"的表述，桓宽的《盐铁论·刺权篇》也有"鸣鼓巴渝，交作于堂下"的说法。西晋郭璞曾为《上林赋》作注，指认"巴西阆中有渝水，僚人居其上，皆刚勇好舞，汉高祖募取以平三秦，后使乐府习之，因名巴渝舞也"。从前后《汉书》至新旧《唐书》，以及《三巴记》《华阳国志》等典籍中，都能见到"巴渝乐""巴渝舞"的记载。据之不难判定，"巴渝"是一个地域历史概念，它泛指的是先秦巴国、秦汉巴郡辖境所及，中有渝水贯注的广大区域。当今重庆市，即为其间一个至关重要的组成部分，并且堪称主体部分。

关于"文化"的界说，古今中外逾百种，我们只取在当今中国学界比较通用的一种。马克思在《1844年经济学哲学手稿》里指出："动物只生产自己本身，而人则再生产整个自然界。"因此，"自然的人化"，亦即人类超越本能的、有意识地作用于自然界和社会的一切创造性活动及其物质、精神产品，就是广义的文化。在广义涵蕴上，文化与文明大体上相当。广义文化的技术体系和价值体系建构两极，两极又经由语言和社会结构组成文化统一体。其中的价值体系，即与特定族群的生产方式和生活方式相适应，构成以语言为符号传播的价值观念和行为准则，通常被称为观念形态，就是狭义的文化。文字作为语言的主要记载符号，累代相积地记录、传播和保存人类文明的各种成果，则形成文献。文献直属于狭义文化，具有知识性特征，但同时又是广义文化的价值结晶。《巴渝文库》的"文"即专指文献，整部丛书都将遵循以上认知从文献伸及文化。

将"巴渝"和"文化"两个概念和合为一，标举出"巴渝文化"特指概念，乃是二十世纪中后期发生的事。肇其端，《说文月刊》1941年10月在上海，1942年8月在重庆，先后发表了卫聚贤的《巴蜀文化》一文，并以"巴蜀文化专号"名义合计发表了25篇文章，破天荒地揭橥了巴蜀文化的基本内涵。从五十年代到九十年代，以成渝两地的学者群作为主体，也吸引了全国学界一些人的关注和参与，对巴蜀文化的创新探究逐步深化、丰富和拓展，并由"巴蜀文化"总体维度向"巴蜀文明""巴渝文化"两个向度切分、提升和演进。在此基础上，以1989年11月重庆博物馆编辑、重庆出版社出版第一辑《巴渝文化》首树旗帜，经1993年秋在渝召开"首届全国巴渝文化学术研讨会"激扬波澜，到1999年间第四辑《巴渝文化》结集面世，确证了"巴渝文化"这一地域历史文化概念的提出和形成距今已达三十多年，并已获得全国学界的广泛认同。黎小龙所撰《"巴蜀文化""巴渝文化"概念及其基本内涵的形成与嬗变》一文，对其沿革、流变及因果考镜翔实，梳理通达，足可供而今而后一切关注巴渝文化的人溯源知流，辨伪识真。

从中不难看出，巴蜀文化与巴渝文化不是并列关系，而是种属关系，彼此间有同有异，可合可分。用系统论的观点考察种属，自古及今，巴蜀文化都是与荆楚文化、吴越文化同一层级的长江流域一大地域历史文化，巴渝文化则是巴蜀文化的一个重要分支。自先秦迄于两汉，巴渝文化几近巴文化的同义语，与蜀文化共融而成巴蜀文化。魏晋南北朝以降，跟巴渝相对应的行政区划迭有变更，仅言巴渝渐次不能遍及巴，但是，在巴渝文化的核心区、主体圈和辐射面以内，巴文化与蜀文化的兼容性和互补性，或者一言以蔽之曰同质性，仍然不可移易地存在，任何时势下都毋庸置疑。而与之同时，大自然的伟力所造就的巴渝山水地质地貌，又以不以任何人的个人意志为转移的超然势能，对于生息其间的历代住民的生产方式和生活方式施予重大影响，从而决定了巴人与蜀人的观念取向和行为取向不尽一致，各有特色。再加上巴渝地区周边四向，东之楚、南之黔、北之秦以及更广远的中原地区的文化都会与之相互交流、渗透和浸润，巴渝文化之于巴蜀文化具有某些异质性，更加不可避免。既有同质性，又有异质性，就构成了巴渝文化的特质性。以此为根基，在尊重巴蜀文化对巴渝文化的统摄地位的前提下，将巴渝文化切分出来重新观照，合情合理，势在必然。

周边四向其他文化与巴渝文化交相作用，影响之大首推蜀文化自不待言，但对楚文化也不容忽视。《华阳国志·巴志》有言："江州以东，滨江山险，其人半楚，姿态敦厚。垫江以西，土地平敞，精敏轻疾。上下殊俗，情性不同。"正是这种交互性的生动写照。就地缘结构和族群渊源而言，理当毫不含糊地说，巴渝文化地域恰是巴蜀文化圈与荆楚文化圈的边缘交叉地域。既边缘，又交叉，正负两端效应都有。正面的效应，主要体现在有利于生成巴渝文化的开放、包容、多元、多样上。而负面的效应，则集中反映在距离两大文化圈的核心地区比较远，无论在广义层面，还是在狭义层面，巴渝文化的演进发展都难免于相对滞后。负面效应贯穿先秦以至魏晋南北朝时期，直至唐宋才有根本的改观。

地域历史的客观进程即是巴渝文化的理论基石。当第四辑《巴渝文化》出版面世时，全国学界已对巴渝文化概念及其基本内涵取得不少积极的研究成果，认为巴渝文化是指以今重庆为中心，辐射川东、鄂西、湘西这一广大地区内，从夏商直至明清时期的物质文化和精神文化的总和，已然成为趋近共识的地域历史文化界说。《巴渝文库》自设计伊始，便认同这一界说，并将其贯彻编纂全过程。但在时空界线上略有调整，编纂出版的主要内容已确认为，从有文物佐证和文字记载的上古时期开始，直至1949年9月30日为止，举凡曾对今重庆市以及周边相关的历代巴渝地区的历史进程产生过影响，具备文献价值，能够体现巴渝文化的基本内涵的各种信息记录，尤其是得到自古及今广泛认同的代表性著述，都在尽可能搜集、录入和整理、推介之列，当今学人对于巴渝历史、巴渝人文、巴渝风物等的研究性著述也将与之相辅相成。一定意义上，它也可以叫《重庆文库》，然而不忘文化初始，不忘文化由来，还是《巴渝文库》体现顺理成章。

须当明确指出，《巴渝文库》瞩目的历代文献，并非一概出自巴渝本籍人士的手笔。因为一切文化得以生成和发展，注定都是在其滋生的热土上曾经生息过的所有人，有所发现、有所创造的共生结果，决不应该分本籍或外籍。对巴渝文化而言，珍重和恪守这一理念尤关紧要。唐宋时期和民国年间，无疑是巴渝文化最辉煌的两大时段，非巴渝籍人士在这两大时段确曾有的发现和创造，明显超过了巴渝本籍人士，排斥他们便会自损巴渝文化。所以我们对于文献的收取原则，是不分彼此，一视同仁，尊重历史，敬畏前贤。只不过，有惩于诸多发抉限制，时下文本还做不到应收尽收，只能做到尽可能收。拾遗补阙之功，容当俟诸后昆。

还需要强调一点，那就是作为观念形态狭义的文化，在其生成和发展的过程中，必然会受到一定时空的自然条件和社会条件，尤其是后者中的经济、政治等广义文化要素的多层多样性的制约和支配。无论是共时态还是历时态，都因之而决定，不同的地域文化会存在不平衡性和可变动性。但文化并不是经济和政治的单相式仆从，它也有自身的构成品质和运行规律。一方面，文化的发展与经济、政治的发展并不一定同步，通常呈现出相对滞后性和相对稳定性，而在特定的社会异动中又有可能凸显超前。另一方面，不管处于哪种状态下，文化都对经济、政治等具有能动性的反作用，特别是反映优秀传统或先进理念的价值观念和行为准则，对整个社会多维度的，广场域的渗透影响十分巨大。除此而外，任何文化强势区域的产生和延续，决然都离不开文化贤良和学术精英的引领开拓。这一切，在巴渝文化的演进流程中都有长足的映现，而巴渝文献正是巴渝文化行进路线图的历史风貌长卷。

从这一长卷可以清晰地指认，巴渝文献为形，巴渝文化为神，从先秦迄于民国三千多年以来，历代先人所创造的巴渝地域历史文化，的确是源远流长，根深叶茂，绚丽多姿，历久弥新。尽管文献并不能够代替文物、风俗之类对于文化具有的载记功能和传扬作用，但它作为最重要的传承形态，如今荟萃于一体，分明已经展示出了巴渝文化的四个行进阶段。

第一个阶段，起自先秦，结于魏晋南北朝。这一阶段长达千余年，前大半段恰为上古巴国、两汉巴郡的存在时期，因而正是巴渝文化的初始时期；后小半段则为三国蜀汉以降，多族群的十几个纷争政权先后交替分治时期，因而从文化看只是初始时期的迟缓延伸。巴国虽曾强盛过，却如《华阳国志·巴志》所记，在鲁哀公十八年（前477年）以后，"楚主夏盟，秦擅西土，巴国分远，故于盟会希"，沦落为一个无足道的僻远弱国。政治上的边缘化，加之经济上的山林渔猎文明、山地农耕文明相交错，生产力低下，严重地桎梏了文化的根苗茁壮生长。其间最大的亮点，在于巴、楚共建而成的巫、神、辞、谣相融合的三峡文化，泽被后世，长久不衰。两汉四百年大致延其续，在史志、诗文等层面上时见踪影，但表现得相当零散，远不及以成都为中心的蜀文化在辞赋、史传等领域都蔚为大观。魏晋南北朝三百多年，社会大动荡，生产大倒退，文化生态极为恶劣，反倒陷入了裹足不前之状。较之西向蜀文化和东向楚文化，这一阶段的巴渝文化，明显地处于后发展态势。

第二个阶段，涵盖了隋唐、五代、两宋，近七百年。其中的前三百余年国家统一，带动了巴渝地区经济社会恢复良性发展，后三百多年虽然重现政治上的分合争斗，但文化驱动空前自觉，合起来给巴渝文化注入了生机。特别是科举、仕宦、贬谪、游历诸多因素，促成了包括李白、"三苏"在内，尤其是杜甫、白居易、刘禹锡、黄庭坚、陆游、范成大等文学巨擘寓迹巴渝，直接催生出两大辉煌。一是形成了以"夔州诗"为品牌的诗歌胜境，流誉峡江，彪炳汗青，进入了唐宋两代中华诗歌顶级殿堂。二是发掘出了巴渝本土始于齐梁的民歌"竹枝词"，创造性转化为文人"竹枝词"，由唐宋至于明清，不仅传播到全中国的众多民族，而且传播到全球五大洲。与之相仿佛，宋代理学大师周敦颐、程颐先后流寓巴渝，也将经学、理学以及兴学施教之风传播到巴渝，迄及明清仍见光扬。在这两大场域内，中华诗歌界和哲学界，渐次有了巴渝本土文人如李远、冯时行、度正、阳枋等的身影和行迹。尽管只是局部范围的异军突起，卓尔不群，但这种文化突破，却比1189年重庆升府得名，进而将原先只有行政、军事功能的本城建成一座兼具行政、军事、经济、文化、交通等多功能的城市要早得多。尽有理由说，这个阶段显示着巴渝文化振起突升。

第三个阶段，贯通元明清，六百多年。在这一时期，中华民族国家的族群结构和版图结构最终底定，四川省内成渝之间的统属格局趋于稳固，经济社会发展进入了新的里程，巴渝文化也因之而拓宽领域沉稳地成长。特别是明清两代大量移民进入巴渝地区，晚清重庆开埠，带来新技术和新思想，对促进经济和文化繁荣起了大作用。本地区文化名人前驱后继，文学如邹智、张佳胤、傅作楫、周煌、李惺、李士棻、钟云舫，史学如张森楷，经学如来知德，佛学如破山海明，书画如龚晴皋，成就和影响都超越了一时一地，邹容宣传民主主义革命思想更是领异于时代。外籍的文化名人，诸如杨慎、曹学佺、王士禛、王尔鉴、李调元、张问陶、赵熙等，亦有多向的不俗建树。尽管除邹容一响绝尘之外，缺少了足以与唐宋高标相比并的全国一流性高峰，但认定这一阶段巴渝文化构筑起了有如地理学上所谓中山水准的文化高地，还是并不过分的。

第四个阶段，从1912年民国成立开始，到1949年9月30日国共易帜为止，不足四十年。虽然极短暂，社会历史的风云激荡却是亘古无二，重庆在抗日战争时期成为全中国的战时首都更是空前绝后。由辛亥革命到五四运动，重庆的思想、政治精英已经站在全川前列，家国情怀、革命意识已经在巴渝地区强势偾张。至抗战首都期间，数不胜数的全国一流的文化贤良和学术精英汇聚到了当时重庆和周边地区，势所必至地全方位、大纵深推动文化迅猛突进，从而将重庆打造成了那个时期全中国最大最高的文化高地，其间还耸出不少全国性的文化高峰。其先其中其后，巴渝本籍的文化先进也竞相奋起，各展风骚，如卢作孚、任鸿隽、刘雪庵就在他们所致力的文化领域高扬过旗帜，潘大逵、杨庶堪、吴芳吉、张锡畴、何其芳、李寿民等也声逾夔门，成就不凡。毫无疑问，这是巴渝文化凸显鼎盛、最为辉煌的一个阶段，前无古人，后世也难以企及。包括大量文献在内，它所留下的极其丰厚的思想、价值和精神遗产，永远都是巴渝文化最珍贵的富集宝藏。

由文献反观文化，概略勾勒出巴渝文化的四个生成、流变、发展阶段，指定会有助于今之巴渝住民和后之巴渝住民如实了解巴渝文化，切实增进对于本土文化的自知之明、自信之气和自强之力，从而做到不忘本来，吸收外来，面向未来，更加自觉地传承和弘扬巴渝文化，不懈地推动巴渝文化在新的语境中创造性转化，创新性发展。对于非巴渝籍人士，同样也有认识意义。《巴渝文献总目》没有按照这四个阶段划段分卷，而是依从学界通例分成"古代卷"和"民国卷"，与如此分段并不抵牾。四分着眼于细密，两分着眼于大观，各有所长，相得益彰。

《巴渝文献总目》作为《巴渝文库》起始发凡的第一部大书，基本的编纂目的在于摸清文献家底，这一目的已然达到。但它展现的主要是数量。反观文化，数量承载的多半还是文化总体的支撑基座的长度和宽度，而并不是足以代表那种文化的品格和力量的厚度和高度。文化的品格和力量蕴含在创造性发现、创新性发展，浸透着质量，亦即思想、价值和精神的精华当中，任何文化形态均无所例外。因此，几乎与编纂《巴渝文献总目》同时起步，我们业已着手披沙拣金，精心遴选优秀文献，分门别类，钩玄提要，以编撰出第二部大书，亦即《巴渝文献要目提要》。明年或后年，当《巴渝文献要目提要》也编成出版以后，两部大书合为双璧，就将对传承和弘扬巴渝文化，持续地生发出别的文化样式所不可替代的指南工具书作用。即便只编辑出版这样两部大书，《巴渝文库》工程便建立了历代前人未建之功，足可以便利当代，嘉惠后人，恒久存传。

《巴渝文库》的期成目标，远非仅编辑出版上述两部大书而已。按既定设计，今后十年内外，还将以"文献""新探"两大编的架构形式，分三步走，继续推进，争取总体量达到300种左右。"文献"编拟称《历代巴渝文献集成》，旨在对著作类和单篇类中优秀的，或者有某种代表性的文献进行抉取、整理、注疏、翻印、选编或辑存，使之更适合古为今用，预计180种左右。"新探"编拟称《历代巴渝文化研究》，旨在延请本土学人和外地学人，在文献基础上，对巴渝历史、巴渝人文、巴渝风物等作出创造性研究和创新性诠释，逐步地产生出著述成果120种左右。与其相对应，第一步为基础性工作，即在配套完成两部大书的同时，至迟于2017年四季度前，确定"文献"编的所有子项目和项目承担人。第二步再用三至五年时间，集中精力推进"文献"编的分项编辑出版，力争基本完成，并至迟于2020年四季度前，确定"新探"编的所有子项目和项目承担人。第三步另用五年或者略多一点时间，完成"新探"编，力争2027年前后能竟全功。全过程都要坚持责任至上、质量第一原则，确保慎始慎终，以达致善始善终。能否如愿以偿，有待多方协力。

总而言之，编辑出版《巴渝文库》是一项重大文化建设工程，需要所有参与者自始至终切实做到有抱负，有担当，攻坚克难，精益求精，前赴后继地为之不懈努力，不竟全功，决不止息。它也体现着党委意向和政府行为，对把重庆建设成为长江上游的文化高地具有不容低估的深远意义，因而也需要党委和政府高屋建瓴，贯穿全程地给予更多关切和支持。它还具备了公益指向，因而尽可能地争取社会各界关注和支持，同样不可或缺。事关立心铸魂，必须不辱使命，前无愧怍于先人，后无愧怍于来者。初心长在，同怀勉之！

2016年12月16日于淡水轩

凡例

《巴渝文库》是一套以发掘梳理、编纂出版巴渝文献为主轴，对巴渝历史、巴渝人文、巴渝风物等进行广泛汇通、深入探究和当代解读，以供今人和后人充分了解巴渝文化、准确认知巴渝文化，有利于存史、传箴、资治、扬德、励志、育才的大型丛书。整套丛书都将遵循整理、研究、求实、适用的编纂方针，运用系统、发展、开放、创新的文化理念，力求能如宋人张载所倡导的"为天地立心，为生民立命，为往圣继绝学，为万世开太平"那样，对厘清巴渝文化文脉，光大巴渝文化精华，作出当代文化视野所能达致的应有贡献。

一、收录原则

1. 内容范围

①凡是与巴渝历史文化直接相关的著作文献，无论时代、地域，原则上都全面收录；

②其他著作之中若有完整章（节）内容涉及巴渝的，原则上也收入本《文库》；全国性地理总志中的巴渝文献，收入本《文库》；

③巴渝籍人士（包括在巴渝出生的外籍人士）的著作，收入本《文库》；

④寓居巴渝的人士所撰写的其他代表性著作，按情况酌定收录，力求做到博观约取、去芜存菁。

2. 地域范围

古代，以秦汉时期的巴郡、晋《华阳国志》所载"三巴"为限；民国，原则上以重庆直辖（1997年）后的行政区划为基础，参酌民国时期的行政建制适当张弛。

3.时间范围

古代，原则上沿用中国传统断代，即上溯有文字记载、有文物佐证的先秦时期，下迄1911年12月31日；民国，收录范围为1912年1月1日至1949年9月30日。

4.代表性与重点性

《巴渝文库》以"代表性论著"为主，即能反映巴渝地区历史发展脉络、对巴渝地区历史进程产生过影响、能够体现地域文化基本内涵、得到古今广泛认同且具有文献价值的代表性论著。

《巴渝文库》突出了巴渝地区历史进程中的"重点"，即重大历史节点、重大历史阶段、重大历史事件、重要历史人物。就古代、民国两个阶段而言，结合巴渝地区历史进程和历史文献实际，突出了民国特别是抗战时期重庆的历史地位。

二、收录规模

为了全面、系统展示巴渝文化，《巴渝文库》初步收录了哲学宗教、政治法律、军事、经济、文化科学教育、语言文学艺术、历史与地理、地球科学、医药卫生、交通运输、市政与乡村建设、名人名家文集、方志碑刻报刊等方面论著约300余种。

其中，古代与民国的数量大致相同。根据重要性、内容丰富程度与相关性等，"一种"可能是单独一个项目，也可能是同"类"的几个或多个项目，尤以民国体现最为明显。

三、整理原则

《巴渝文库》体现"以人系文""以事系文"的整理原则，以整理、辑录、点校为主，原则上不影印出版，部分具有重要价值、十分珍贵、古今广泛认同、流传少的论著，酌情影印出版。

每一个项目有一个"前言"。"前言",包括文献著者生平事迹、文献主要内容与价值,陈述版本源流,说明底本、主校本、参校本的情况等。文献内容重行编次的,有说明编排原则及有关情况介绍。

前言

一、江南会馆文书概况

重庆中国三峡博物馆（重庆博物馆）馆藏江南会馆文书总共有304件套。

从类别上分，包括慈善类37件套，工商类32件，捐赠类10件套，征借类96件套，土地房产类24件套，租佃类66件套，其他方面的39件套。

从时间上分，有清康熙年间的2件套、清雍正年间的4件套、清乾隆年间的14件套、清嘉庆年间的12件套、清道光年间的16件套、清咸丰年间的6件套、清同治年间的8件套、清光绪年间的54件套、清宣统年间的12件套、清朝时期不能确定年号的3件套、民国时期的172件套、1950年后的1件套。最早的在清朝康熙年间，最晚的在1953年。

将时间和类别结合划分，则康熙年间，土地房产2件套；雍正年间，土地房产3件套，其他1件套；乾隆年间，慈善6件套，土地房产3件套，租佃5件套；嘉庆年间，慈善4件套，土地房产1件套，征借2件套，租佃5件套；道光年间，慈善4件套，租佃12件套；咸丰年间，慈善1件套，土地房产1件套，租佃4件套；同治年间，慈善3件套，工商1件套，土地房产2件套，征借2件套；光绪年间，慈善14件套，工商3件套，土地房产7件套，征借20件套，租佃3件套，其他7件套；宣统年间，租佃2件套，征借5件套，其他5件套；清代不明确年代，租佃1件套，捐赠1件套，征借1件套；民国时期，慈善5件套，工商27件套，捐赠9件套，土地房产5件套，征借66件套，租佃34件套，其他26件套；1953年，1件套，为江南会馆产业分股清单，计入工商类。

这些文物，主要来自申彦丞先生的捐赠。申彦丞先生祖籍安徽徽州，生于1874年，卒于1960年，曾继其父任江南会馆最后一任理事长。其父亲申笃谷（字迪绳），自贵州到渝经商，系云贵公所［光绪十九年（1893）建立］创始人之一，先后被推为云贵公所首事和江南会馆理事长。这批文物于1962年入藏重庆市博物馆（现重庆中国三峡博物馆）。

二、"湖广填川"与移民会馆

在清朝和民国时期，巴蜀地区除了城市建有会馆外，广大的乡镇也有会馆，只是各省会馆分布不均衡罢了。这些会馆是典型的移民会馆，它们是"湖广填四川"大移民的产物。明末清初，巴蜀地区因战乱、瘟疫、虎患、饥荒等原因，原住民不是死就是逃，人口锐减，经济凋敝，有可耕之田而无可耕之人。据专家研究，清初期四川盆地腹心地带的人口总量约50万人。[①]为发展巴蜀地区的经济，稳定西南地区，清政府借鉴历史经验，制定一系列优惠政策，实行移民填川，迁移外省人口开发四川。清政府先后推动今湖北、湖南、江西、安徽、江苏、浙江、福建、广东、陕西、河南、贵州、云南等地区的百姓入川。此次移民入川开发，延续时间长达百余年之久，移民人口多达百万之众，极大地满足了开发四川的劳动力需求。清政府在推动移民填四川的过程中，大致经历了三个阶段，即：招民垦荒阶段，以招巴蜀逃亡之民和外省川人，执行10余年；鼓励移民垦荒阶段，招外省移民入川，大约执行60年；限制移民，并最终停止组织移民垦荒阶段，经历70余年。[②]

重庆江南会馆是江南行省的移民及其后裔所建，大约在清朝康熙初年建成。

---

① 李世平：《四川人口史》，成都：四川大学出版社，1987年，第155页。
② 岳精柱：《"湖广填川"历史研究》，重庆：重庆出版社，2014年，第30—37页。

江南行省的主体包括今天的江苏、安徽两省。在清顺治二年（1645）清廷沿明制设江南省，康熙六年（1667）分为江苏、安徽二省。但人们仍习称江南省，其乡人在外修建的会馆也称江南会馆，又称准提庵。重庆江南会馆除了主体建筑外，还包括一座五层楼高的文星阁。江南会馆会址在今渝中区东水门一带，1980年代，因修朝（天门）千（厮门）隧道和滨江公路，江南会馆被拆。馆内主要供奉的神祇是准提观音。江南会馆以敦谊堂为基础成立。敦谊堂是由江南泾县（现安徽泾县）在渝经营棉纱的洪、朱、胡、郑、汪五姓商人联合组建。

据文物号115142所记，至迟康熙十年（1671），江南会馆开始买田置地，康熙十五年（1676），明确记载"公所地基壹张……"，据此可推测，江南会馆应该在康熙十年左右建成。据乾隆五年（1740）的一份巴县正堂的示谕：根据建安会馆的请求，同意刊碑以保护其地产。示谕中有江南会馆自陈："于康熙初年公建准提庵。"[①]说明江南会馆建于康熙初年。

江南会馆与重庆城的湖广会馆（禹王宫）、江西会馆（万寿宫）、福建会馆（天后宫）、广东会馆（南华宫）、浙江会馆（列圣宫）、陕西会馆（三元宫）、山西会馆（武圣宫/文武宫/关帝庙）一起合称重庆"八省会馆"，简称"八省"。清嘉庆二十二年（1817）建有八省公所，联合办事，会址在当年的长安寺，现在的新华路第二十五中学处。渝城主要会馆情况见表1。

表1 重庆城会馆情况表

馆名	修建人群	修建时间	供奉神祇	现在位置
湖广会馆(禹王宫)	湖北、湖南	康熙年间	大禹	东水门
广东公所(南华宫)	广东	乾隆二十六年	慧能六祖	望龙门
江西会馆(万寿宫)	江西	康熙年间	许真君	陕西路
陕西会馆(三元宫)	陕西	乾隆二十五年前	关羽	陕西路
福建会馆(天后宫)	福建	康熙年间	妈祖	朝天门
江南会馆(准提庵)	安徽、江苏	康熙十年左右	准提观音	东水门
浙江会馆(列圣宫)	浙江	乾隆八年	伍员、钱镠	储奇门

[①] 重庆中国三峡博物馆藏，文物号115080。

续表

馆名	修建人群	修建时间	供奉神祇	现在位置
山西会馆(武圣宫、文武宫、关帝庙)	山西	乾隆年间	关羽	邮政局巷
齐安公所(黄州会馆)	湖北黄州	嘉庆八年	帝主	东水门
云贵公所	云南、贵州	光绪十九年	黑神、关羽	解放西路
川主宫、川主庙	四川土著	不详	李冰父子	南纪门
八省公所	八省会馆	嘉庆二十二年		新华路第二十五中学处

在清朝和民国时期,重庆八省会馆的势力很大,对重庆的经济、文化和社会的发展都有着很大的影响。民间曾有言子儿:"湖广会馆的台子,江西会馆的轿子,福建会馆的顶子,江南会馆的坝子,山西会馆的票子。"因湖广会馆的神台、戏台很多,漂亮;江西会馆的商人很多,爱摆架子要脸面,出行都喜欢坐轿子;福建会馆的官员多,包括南明政权投诚的军、政官员,所以顶子多;江南会馆的坝子很宽敞,庭院精美;山西会馆经营票汇,很有钱,故票子多。江南会馆的坝子很宽敞,庭院精美,院内竹木青翠,花香袭人,滨江远眺,长江南岸涂山景致尽收眼底,是官员士绅、文人墨客诵经、吟诗、品茗的绝佳之处。曾任兴化太守的江苏常熟籍官员苏本杰在寓渝期间作有《寓渝准提庵西楼二首》,其中前一首就描写了暮春时节江南会馆的风景:"蒙蒙细雨下前川,晓起凭栏春暮①天。把得一瓯犹未饮,涂山翠影落经筵。"②美景雅致,跃然纸上。

各大会馆设有会首,又称首事或客长。为了便于管理,还设有值年,与会首共同管理会馆事务。出资者为会董。重大事项则由会董一起商议。会首一般由德高望重、有一定财力的人担任,由自荐和推选两种方式产生。值年由推荐产生,要有财物抵押和推荐人担保。

会馆的功能主要包括祭祀,娱乐社交,慈善,协调和解决商贸等纠纷,分担政府职能(参与工商、城市管理和安全事项),举办义学等六个方面。③"在

---

①原文为"暮",据文意改为"暮"。
②孟继:《重庆九大会馆始末》,中国人民政治协商会议重庆市渝中区委员会文史资料委员会编:《重庆渝中区文史资料》14辑,内部资料,2004年,第62页。
③岳精柱:《"湖广填川"历史研究》,重庆:重庆出版社,2014年,第74—79页。

清代咸同之世，重庆的八省会馆除举办同乡互助事业而外，并先后因社区警备和民食的需要，办理着'厘金'、'积谷'和'保甲'、'团练'、'城防'；因米市交易和济贫的需要，办理着'斗指'（斗、称计量标准和工具）和'施粥'；因预防火患的需要，办理着'消防'，以及其他社区建设事业。"①

会馆既是建筑，又是活动场所，还是乡籍社会组织。在各大会馆内，修有神台、戏台，以备祭祀和演戏。会馆还是重要的宴请接待场所，可以提供吃住和活动。会馆的经费，早期以捐赠和会费为主，后期置办产业（主要是土地和房屋），靠租金和会费维持日常开支。

会馆里，皆供奉有移民原籍地方神祇，作为精神信仰支撑。各大会馆，皆在这些神祇的生日、祭日等时节，搞一些祭祀活动或庙会，为了酬神和活跃气氛，戏剧表演必不可少。会馆演戏成为常态。各会馆大量戏台的存在，就是明证。会馆上演的剧目，最初以移民原籍家乡戏为主。后来，随着移民后裔的繁衍、人口的增加，以及会馆成为高档接待场所而接待各地人员，会馆上演的剧目逐渐变化为以川剧为主了。但各戏班仍保留有一些特殊剧在会馆上演，称为"会戏"，或"会馆戏"。这种"会戏"，应该是适宜同籍移民群体的家乡戏了。

会馆的戏剧表演很多，据重庆海关税务司好博逊在《重庆海关1891年调查报告》中记载，会馆演出情况为："会馆的社交活动是相当频繁的，常随会员多寡而定。例如江西会馆十二个月中多至三百次，湖广会馆二百次以上，福建会馆在一百次以上，其他各会馆七十次至八十次不等。全体宴会并演剧则在特定庆祝时举行。"②

各行业会所，经常在会馆举办宴请和观戏活动。会馆的戏剧表演，对川剧的产生和发展起了重大的推动作用。

举办义学，是会馆的重要功能。早在清代中叶，会馆内便开设私塾，开始

---

① 社会部研究室主编，窦季良编著：《同乡组织之研究》，上海：正中书局，民国三十五年（1946），第17页。

② 好博逊（H.E.Hobson）：《重庆海关1891年调查报告》，转引自周勇、刘景修译编：《近代重庆经济与社会发展1876—1949》，成都：四川大学出版社，1987年，第72页。

兴办义学。清末，废除科举提倡新学，光绪二十九年（1903）清廷颁布"癸卯学制"，会馆兴起举办新学之风。至民国初重庆八省会馆先后办学校12所之多，包括中学、小学和职业学校。

重庆八省会馆在地方社会事务中，发挥着至关重要的作用。略举四件事，便窥一斑。在重庆的计量管理上和标准上，八省会馆先后多次协商制定标准。清"乾隆三十六年（1771），始置针秤，以十六两成斤，迄今五十年外，货物倍多，一遇行情疲钝，买者贪贱，卖者求速，以致行户图销客货，其秤不惟不以对针为度，且额外推叫数斤，遂废旧规。是以于五十八年（1793）请凭八省客首将推叫之数斤情愿加入秤内，比较花秤砰码，以一千七百二十八两为一百斤，铸有铁制，以冀永远无紊"。后来，又因买卖竞争，弊端日甚，于是在嘉庆十四年（1809），"八省客首选照五十八年旧规定以对针为准，无叫无推，另铸铁制，计重一百二十斤，分给各行，并议程规，已行数月，买卖公允。至买卖棉花银色仍照旧规办理"，并请巴县令"示谕各行户买卖棉花，遵照旧规铸定铁制"，校准执行。①嘉庆六年（1801），八省客长受巴县令委派，清查渝城客民开设牙行情况。经查，江西省开行者共四十户，湖广省四十三户，福建省十一户，江南省五户，陕西省六户，广东省二户，保宁府二户，浙江、山西两省无开行领帖之人。②清咸丰八年（1858），法国天主教会在北京指明要重庆长安寺地块修建教堂。长安寺是八省会首聚集办公之所。此事引发群众不满。他们起而反对，砸毁教堂，发生了历史上有名的重庆教案。后经八省会馆首事周旋，赔款20余万，修复教堂，赎回长安寺。光绪末年，"'八省'奉道署令，办理'八省蚕桑公社'，种桑于佛图关附近之鹅项岭，名'八省桑园'。每年以土法养蚕，四乡农户莫不购求桑种，争自树植。各乡蔚绿深青触目皆是"。宣统三年（1911），巴县令八省会馆于佛图关"蚕神祠"与县署合办"巴县八省蚕桑传习所"，改建讲堂、蚕室，传习技术，由八省岁捐银五百二十两，作为常年

---

①社会部研究室主编，窦季良编著：《同乡组织之研究》，上海：正中书局，民国三十五年（1946），第70页。

②四川省档案馆、四川大学历史系主编：《清代乾嘉道巴县档案选编》，成都：四川大学出版社，1989年，第252—253页。

经费。①

　　会馆订有会规章程，要求会众遵守。江南会馆，最初主要由朱、洪、胡、郑、汪五姓捐资创建，也由这五姓公推首事管理会务。后来在会馆的财务管理上出了问题，于是在同治十一年（1872）会众议订"会规条目"十条，在光绪七年（1881），又议订"会规八条"，禀明官府立案，刊刻碑石明示，依据行事。②根据会规条目规定，银钱契约的管理者，必须是殷实有信的人担任，由此人管理会柜（存放银钱和契约的柜子）。账目一年一算，首事议签，年终由五姓签妥，等到来年正月二十五日向会众签报。后来，因"守柜"（经理银钱契约的人）有蒙混舞弊及私自挪用的情况发生，守柜一职便不允许会内人充任，而从"外邦人"中挑选，要求其必须公正老成，有殷实之人担保。被雇请的守柜，要交一百两银子作抵押，而且没有利息，以后不再雇请之时，原数退还；如有亏空，则用押金扣赔；不足，则找担保人。每年给守柜伙食费六十两白银。会首开支，必须从守柜支付。会首若有私通守柜作弊，或同事串通隐匿作假，一旦查出，一起赔偿。在执行过程中，守柜所管的会柜，由五姓各用一把锁锁住，只有五姓到齐，才能打开会柜。否则，拿守柜是问。会首的报酬虽有规定数，但同时又规定一概充公。

　　在其祭祀章程中有规定：凡属江南同乡，无论官、绅、士、商，均由首事于前三日通知；愿参与祭祀者须在通知单上签名；祠堂房屋等有必须小修的，由看司（负责看护的人）报知首事，并预算费用。此类开支，由基金利息支付，不得动用基金本金；春秋二祭须照章办理，若有超支或铺张浪费，应责成首事弥补；会馆基金已妥存生息，除春秋二祭之费及看司酬金外，只能动用息金，不得提取本金；照交捐款各官商及曾任首事各前辈均可借用会馆宴请亲朋，但不得动支会馆公款；同乡现任道员、知府来会馆谒祠上香，本人及随从等共付制钱四千文，现任江北厅同知或巴县知县只付制钱二千文……

---

①社会部研究室主编，窦季良编著：《同乡组织之研究》，上海：正中书局，民国三十五年（1946），第79—80页。

②社会部研究室主编，窦季良编著：《同乡组织之研究》，上海：正中书局，民国三十五年（1946），第30页。

为了管好钱物，会馆规定的办法很细，操作具体。规定了哪些该支付、哪些该自付、哪些该赔付、哪些该怎么支付、哪些从哪里支付、哪些该共管等等，特别是包括官员接待的开支，也做了规定从源头将贪腐制住。这也是我国民间组织的一种自我管理与约束，其制度规定是比较健全而具体的。

清末民国初，会馆是一些大型活动的聚会场所，也是各大军阀觊觎的资产和驻军的理想场所。在清末四川保路运动中，湖广会馆、江西会馆曾作为召开大会的场所。1911年8月，清朝川汉、川粤铁路督办大臣带兵入川镇压四川保路运动，经过重庆，就曾驻军江南会馆。当时有人在江南会馆门上贴了一副对联："端的死在江南馆，方好抬出东水门。"此联曾在重庆民间广传。[1]

移民到了他乡，为了保护自己而抱团，为了满足思念家乡亲人的情感需求建起了会馆，祭祀家乡神，故在巴蜀地区，很多的乡镇都有会馆，可以说遍布全川。各地移民建立会馆，保护自己，标榜自己（与他省移民族群相区别），巴蜀土著亦积极效仿，建立自己的组织和场所——川主宫。川主宫在巴蜀地区分布较广，据地方志记载，在乡镇亦有，其神祇为李冰父子，以团结、凝聚土著，保护自己。各大会馆祭祀乡神，举办庙会，慈善同乡，置办产业，将同籍移民聚到一起，凝聚了力量，使自己族群成为了有"分量"的团体，从而保护了自己。江南会馆亦不例外，做了会馆职能应做的大量事情，同样达到了凝聚同籍、扩大影响、加强势力的目的。

随着历史变迁和社会变革，会馆自身也在不断变化之中。清光绪三十年（1904），以八省会馆与云贵公所首事和重庆八大行帮为基础，各自派代表任董事，组建了重庆总商会。到1930年代，国民政府颁布《人民团体组织方案》，会馆相继转入同乡会组织，[2]改会首制为会长制。会馆经常发生纠纷和财产流失，为此，重庆市政府决定将八省会馆的资产集中，于1928年12月16日成立八省公益协进会，拟定章程，统一管理各大会馆财产和办理社会慈善，其主

---

[1] 孟继：《重庆九大会馆始末》，中国人民政治协商会议重庆市渝中区委员会文史资料委员会编：《重庆渝中区文史资料》14辑，内部资料，2004年，第62页。
[2] 社会部研究室主编，窦季良编著：《同乡组织之研究》，上海：正中书局，民国三十五年（1946），第38页。

要职责是"监督办理市区教育公益慈善事业",将其会产用作"市民医院、救济院之经常费用"。①抗战时期,大量"下江人"②及各地民众涌入重庆,会馆及同乡会组织成了同籍乡人联系的纽带,成了人们临时避难和提供帮助的场所和组织,包括帮助联系介绍工作等。③也在抗战时期,由于日军的大轰炸,部分会馆相继被炸毁。1949年9月2日,重庆发生"九二火灾",烧毁房屋无数,部分会馆也未能逃脱厄运。1950年代,残存的会馆被收归为公产,分作库房、民居、工厂等,在重庆绵延数百年的会馆最终谢幕。1980—1990年代,在旧城改造和市政建设中,部分会馆建筑被拆除。现在渝中区内保存有湖广会馆、广东会馆部分和黄州会馆(齐安公所)全部,是重要的文物保护单位,成为人们怀古游玩之地。

---

① 潘文华主持:《九年来之重庆市政》,第84—85页,转引自梁勇:《移民、国家与地方权势——以清代巴县为例》,北京:中华书局,2014年,第319—320页。
② 下江人,指长江下游地区的人,包括江苏、安徽、浙江、江西等省。
③ 李丹柯:《女性、战争与回忆:35位重庆妇女的抗战讲述》,重庆:重庆出版社,2015年,第107页。

整理说明

1. 本书收录了重庆中国三峡博物馆所藏的江南会馆的部分文书。

2. 全书将所有文书分为"慈善、工商、捐赠、土地房产、征借、租佃、其他"七类，凡不符合前六项的，统归"其他"类。每类下分两个部分，第一部分是研究成果概述，第二部分是文书，包括文书原文图片和录入文字。

3. 文书图片的编号，以重庆中国三峡博物馆文物编号为准，未另做统一编号，以便查找。如115080，即为该文物的馆藏文物编号；115345-2，即为该文物的第二件编号。

4. 录入文字旨在帮助普通读者识读、利用江南会馆文书，为避繁琐，不对原件中的字形原样迻录。字形使用和格式尽量贴近当代文字规范和文书格式，例如，将原文的竖向书写改为横向书写，断行及书写位置采用当下书写方式，并添加了现代标点。

5. 录入文字采用简体字，繁体字、异体字皆作简化字解读，如"觔"改为"斤"，"仝"表"同"义时改为"同"，"衹""祗"表"只"义时改为"只"。个别专有名词，在简化字不能很好表示原意时，保留原字。文书写作当时的习惯用法一般不作改动，如"案照""帐目"等保留原貌。另，民间文书颇多见俗体字、借音字和错别字等，很难一一区分，故录入文只对部分典型者加以注释。

6. 若某字模糊但隐约可见，或有残存笔画，可推测出大约是某字，则在录入文相应位置补出，并在此字后加（？），例如"海（？）"；据文义或其他材料补出的残缺字词，则在该字词上加☐，如 海；若字迹完全看不清，无法补出，但大致可推测出有若干字，则用"□"表示，一个□表示一个字；对于字数无法估计的残缺处，则用"……"表示。

7. 对于原文中典型的错字，在编者确定的情况下直接在录入文中修改为正确的字并加注说明；在不确定的情况下，在录入文中保留原字，并加注说明。

8. 花码①〇、丨（或一）、刂（或二）、川（或三）、乂、𠄡、〧、〨、〩、夂、十，在简体文中分别改为对应的阿拉伯数字0、1、2、3、4、5、6、7、8、9、10。

---

①花码，又叫草码、苏州码子、番仔码、商码，是中国早期民间的"商业数字"。它脱胎于中国历史文化的算筹，也是唯一还在被使用的算筹系统，产生于中国的苏州。花码在南宋时期从算筹分化。同算筹一样，花码是一种十进位制计数系统。与算筹不同的是，算筹通常用在数学和工程上，花码通常用在商业领域，普遍使用于账房和中药铺，主要用途是速记。苏州码子从明代被苏、杭一带人们采用，在民间流行了数百年后，最终被阿拉伯数字取代。现在在港澳地区的街市、旧式茶餐厅及中药房偶尔可见。

目录

总序◎1

凡例◎1

前言◎1

整理说明◎1

第一章　慈善◎1

一、概述◎1

二、文书◎3

第二章　工商◎77

一、概述◎77

二、文书◎81

第三章　捐赠◎129

一、概述◎129

二、文书◎131

第四章　土地房产◎154

一、概述◎154

二、文书◎158

第五章　征借◎211
　　一、概述◎211
　　二、文书◎216

第六章　租佃◎276
　　一、概述◎276
　　二、文书◎278

第七章　其他◎331
　　一、概述◎331
　　二、文书◎333

结语◎380

附录：江南会馆祭祀章程◎383

后记◎385

第一章 慈善

一、概述

重庆中国三峡博物馆馆藏的江南会馆文书慈善类共有37件套，包括清代乾隆、嘉庆、道光、咸丰、同治、光绪年间和民国时期的资料。本书全录。其中最早者是清代乾隆年间的，最晚者是民国时期的，多为讨阴地文约。

慈善是会馆的重要功能，是提升会馆声誉和凝聚同籍乡人的最好方式。会馆常对同乡施以慈善之义举，如赈济，置义庄、义渡、义冢，接济同乡等。湖广会馆曾在上清寺买地置义冢，上清寺一度成为湖广移民及其后裔的专寺。浙江会馆亦在江北买地办义冢。会馆还有"施药"之义举，尤以江西会馆最为频繁。江南会馆在乾隆五年（1740）前，就开始施舍阴地，以安厝逝去老乡。[①]

在这批文物资料中，最多的就是讨阴地文约，达36件套。此善举从清朝到民国一直在进行。在这批文物资料中，文物号为115179的契约，是日本驻重庆领事加藤[②]于清光绪二十四年（1898）为其使女长岛夕索请的阴地契。其使女病故，无处安葬，遂去函巴县正堂，请饬指地暂行借葬，得到了道宪（川东道负责官员）批准，江南会馆首事同意借地安葬。

会馆还接济原籍同乡之人于困厄之时。江南会馆文书中有一件借路费的请求信和一件借条，为安徽合肥人蒙运昌、周凤歧向江南会馆借路费的请求信和

[①] 重庆中国三峡博物馆藏，文物号115080。
[②] 原文写作"籐"，据现行习惯改为"藤"，后同。

借条。第一件是请求信：同乡弟蒙运昌等"因到万办要事，转至贵渝，因有病，在斯调治半月有余"，将衣物当完，仍无路费，惊喜看到有同乡会馆，便向其借资。第二件是借条，有"各台乡翁鉴，原辜念桑梓异域凄凉，实是告贷无门，暂借路资洋肆元，交来人龙全盛，余则弟等沾恩雨露，莫敢忘矣"等语。文物没有明确时间，估计应该在民国初年。①

这些善举有自愿的，也有被迫的。如向军队捐款、给政府借款，就是被迫的。嘉庆二年（1797），巴县军需局因无钱发工资，便向会馆借钱，仅向江南会馆就借了200两白银。同年，甘肃派军驻守夔州，需四五万金，因京饷未到，甘肃藩宪②便向重庆府富商等借支，川东道总理军务道宪亲自发文劝借。③借了多少，不得而知，但是不借是不可能的。

咸丰、同治年间，重庆大饥，县绅江宗海向川东道台王廷植建议，按斗（粮斗）取息，称为"斗捐"。除供工食外，另储之以备冬时施粥。重庆遂在每年冬月二十日至翌年正月二十日于朝天门、金紫门、临江门三门外，就地敷厂，以熬粥济民，活人无算。主斗者谓之绅董，由川东道札委，一直延续到民国初年，皆由江氏子侄主办。④此外，江南会馆还购买法国欧战协会救济券。⑤

①重庆中国三峡博物馆藏，文物号115369。
②民间对地方官的称呼。按清代官职，甘肃省的行政长官应该是巡抚。
③重庆中国三峡博物馆藏，文物号115098。
④社会部研究室主编，窦季良编著：《同乡组织之研究》，上海：正中书局，民国三十五年（1946），第78页。
⑤重庆中国三峡博物馆藏，文物号115350。

二、文书

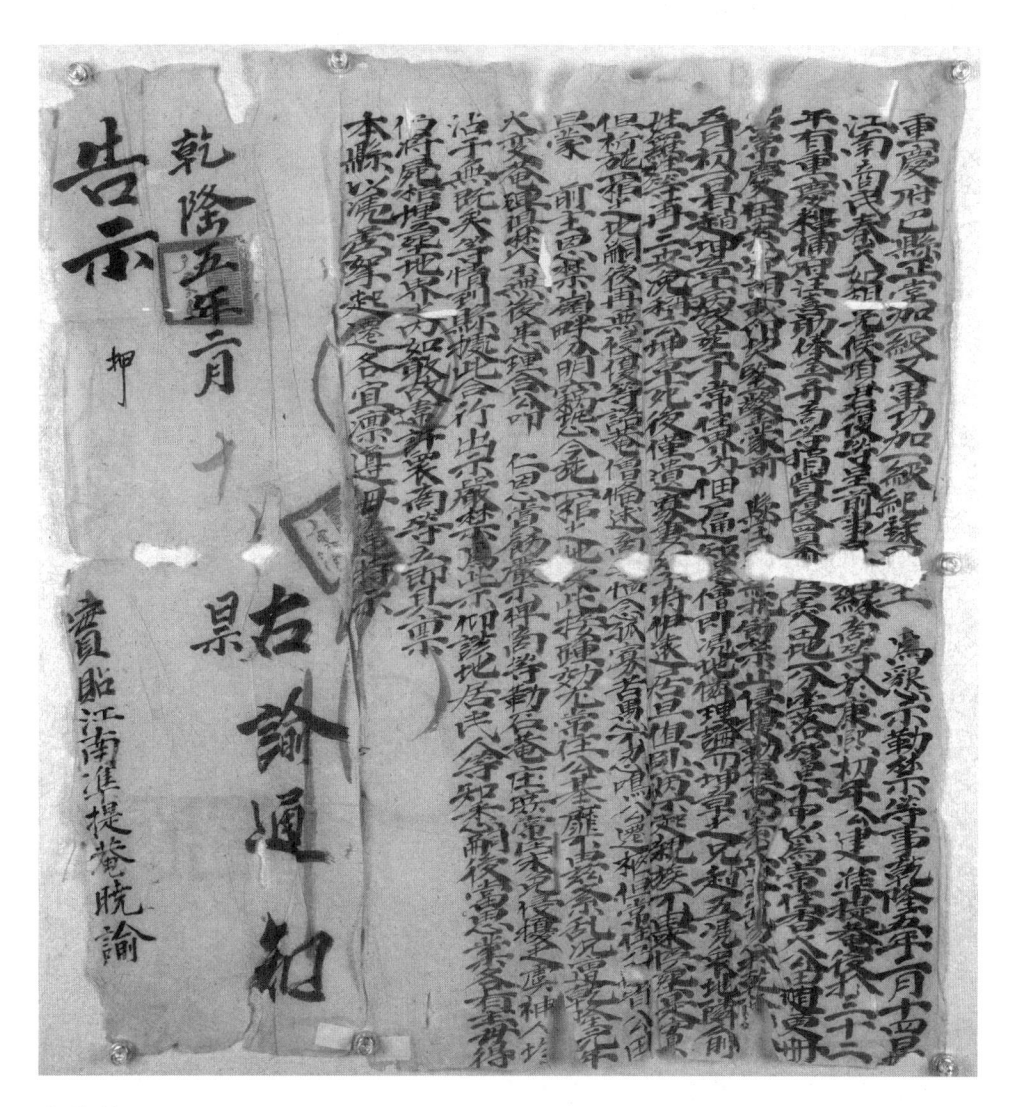

文物号：115080

名称：清乾隆五年重庆府巴县发布江南准提庵界地告示

尺寸：纵41.2厘米，横64.6厘米

重庆府巴县正堂加一级又军功加一级，纪录□江为恳示勒禁等事。乾隆五年二月十四日，据江南商民秦天如、相免侯、项君复等呈，前事缘商等于康熙初年公建准提庵，后于三十二年，有重庆粮捕府汪喜助俸金，并商①等捐赀，复买俞有美田地一分，坐落智里十甲，以为常住香火公田，随更册名，常度在案，四址明载，印契鉴凿。蒙前县主□经批饬，禁止侵扰，勒石庵内，素无紊乱，忽于乾隆□五月初一日，有赵坤章病故，葬于常住界内。佃户通知庵僧，即凭地邻理论。而坤章之兄赵五，凭众地邻俞姓、罗姓等再三央浼，称云坤章死后，仅遗寡妻幼子，时伊远居，且值卧病不起，亲族不由来，误葬是实，但祈施一葬棺之地，嗣后再无侵②扰等语。庵僧备述，商□恤念孤寡苦愚，不忍鸣公迁柩。但常住乃□省公田，且蒙前主恩禁，岭畔分明，窃恐今施一棺之地，后此接踵效尤，常住公基靡不由兹紊乱。况遭乾隆元年大变，庵碑俱焚，不无后患，理合公叩仁恩赏饬，严示枊商等勒石庵庄，庶③常庄永免侵扰之虞，神人均沾于无既矣，等情，到县，据此合行出示严禁，为此示，仰该地居民人等知悉。嗣后当思，业各有主，毋得仍将尸棺埋葬地界之内。如敢故违，许众商等立即具禀。

本县以凭差拿起迁各宜，凛遵毋违。特示！

右④谕通知

乾隆五年二月十□日示

告示

实贴江南准提庵晓谕

---

①原文为"商"，树根的意思，据文意应为"商"。
②原文"禔"，根据文意改为"侵"。
③原文为"庹"，古同"庶"，有"希望""但愿"之意。
④此处"右"同"又"，后文中"右谕""右给"等类似处同。

其愍约人尹芬係湖廣永州府零陵縣人氏情同乾隆二十一年佃種公田一分同婿母謝氏居住芬等罹遭禍延老母於本月十七日身故年八十三歲芬沾德造家業歇周手足數人俱係各佃栽營今遭傾逝難覓安厝之址痛懇

江潮會館眾公己施藉一棺之地埋塟異日芬等得遂搬移母棺同歸故土存歿沾恩人㪽吉具愍約存炤

乾隆二十六年十月

具愍約人尹芬

同胞兄尹昌 尹吉 尹茂 尹英

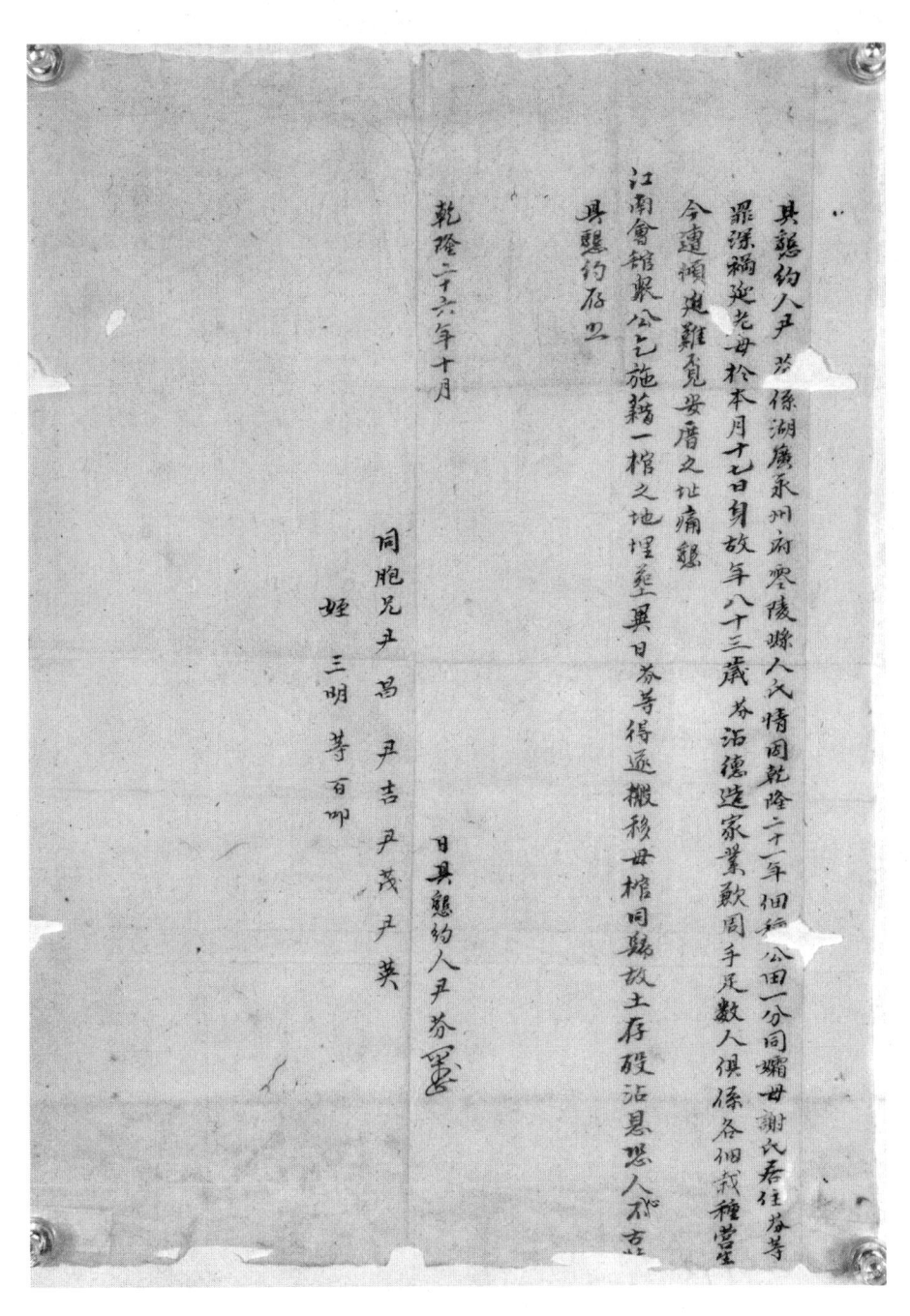

姪 三明等百㘴

文物号：115086
名称：清乾隆二十六年尹芬等为母谢氏向江南公所立讨阴地文约
尺寸：纵43.5厘米，横31厘米

具恳约人尹芬，系湖广永州府零陵县人氏，情因乾隆二十一年佃种公田一分，同孀母谢氏居住。芬等罪深，祸延老母，于本月十七日身故，年八十三岁。芬沾德造，家业歉周，手足数人俱系各佃栽种营生，今遭倾进，难觅安厝之址，痛恳江南会馆众公，乞施藉一棺之地埋葬，异日芬等得遂搬移母棺同归故土，存殁沾恩。恐人心不古，特具恳约存照。

乾隆二十六年十月　日具

恳约人：尹芬

同胞兄：尹昌、尹吉、尹茂、尹英

侄：三明　等　百叩

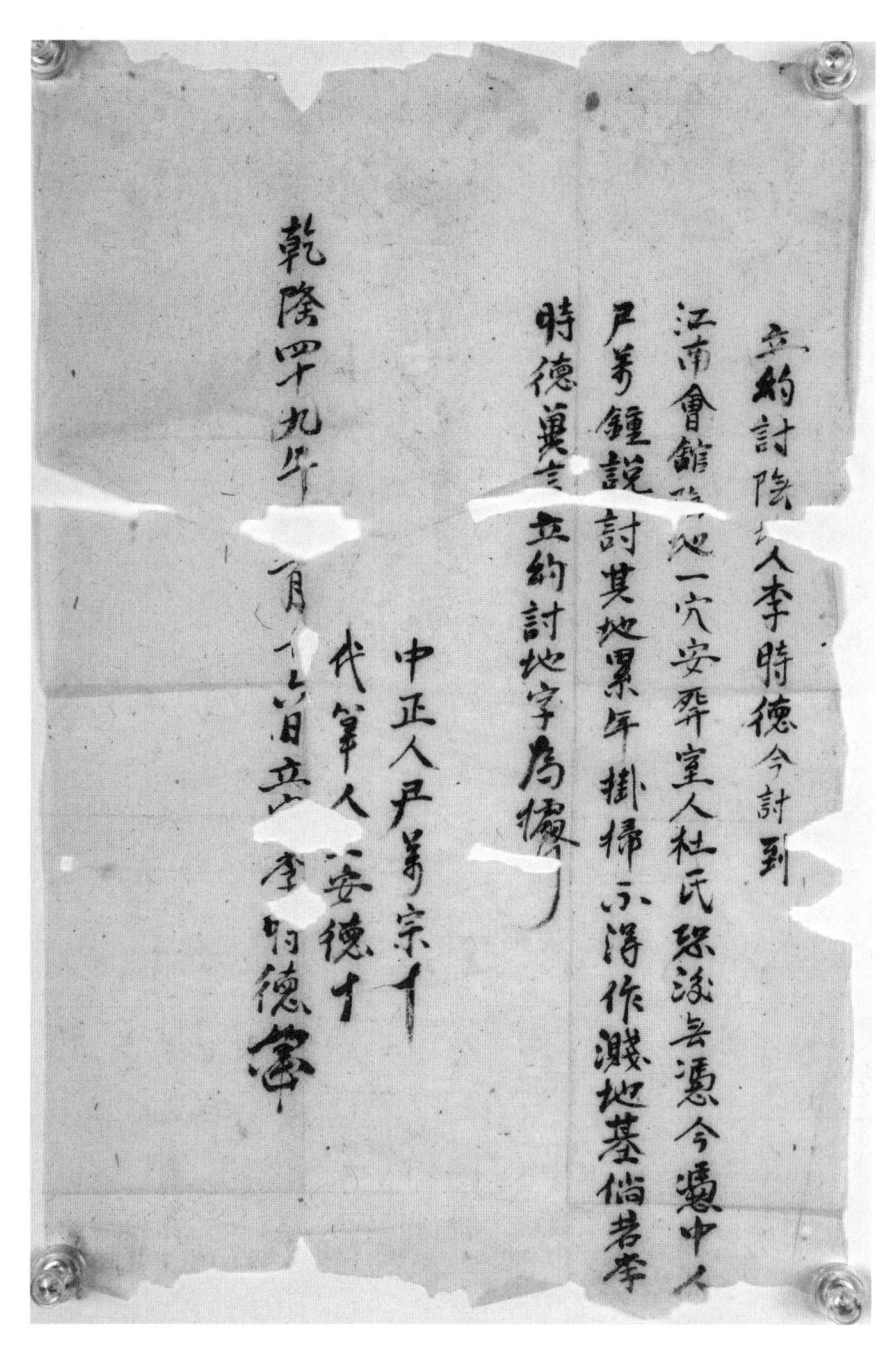

文物号：115090
名称：清乾隆四十九年李时德为夫人杜氏向江南公所立讨阴地文约
尺寸：纵 38.5 厘米，横 25.5 厘米

立约讨阴地人李时德，今讨到江南会馆阴地一穴，安葬室人杜氏。恐后无凭，今凭中人尹万钟说讨其地，累年挂扫，不得作溅地基。倘若李时德异言，立约讨地字为据。

中正人：尹万宗

代笔人：□安德

乾隆四十九年十一月十六日立字

李时德　笔

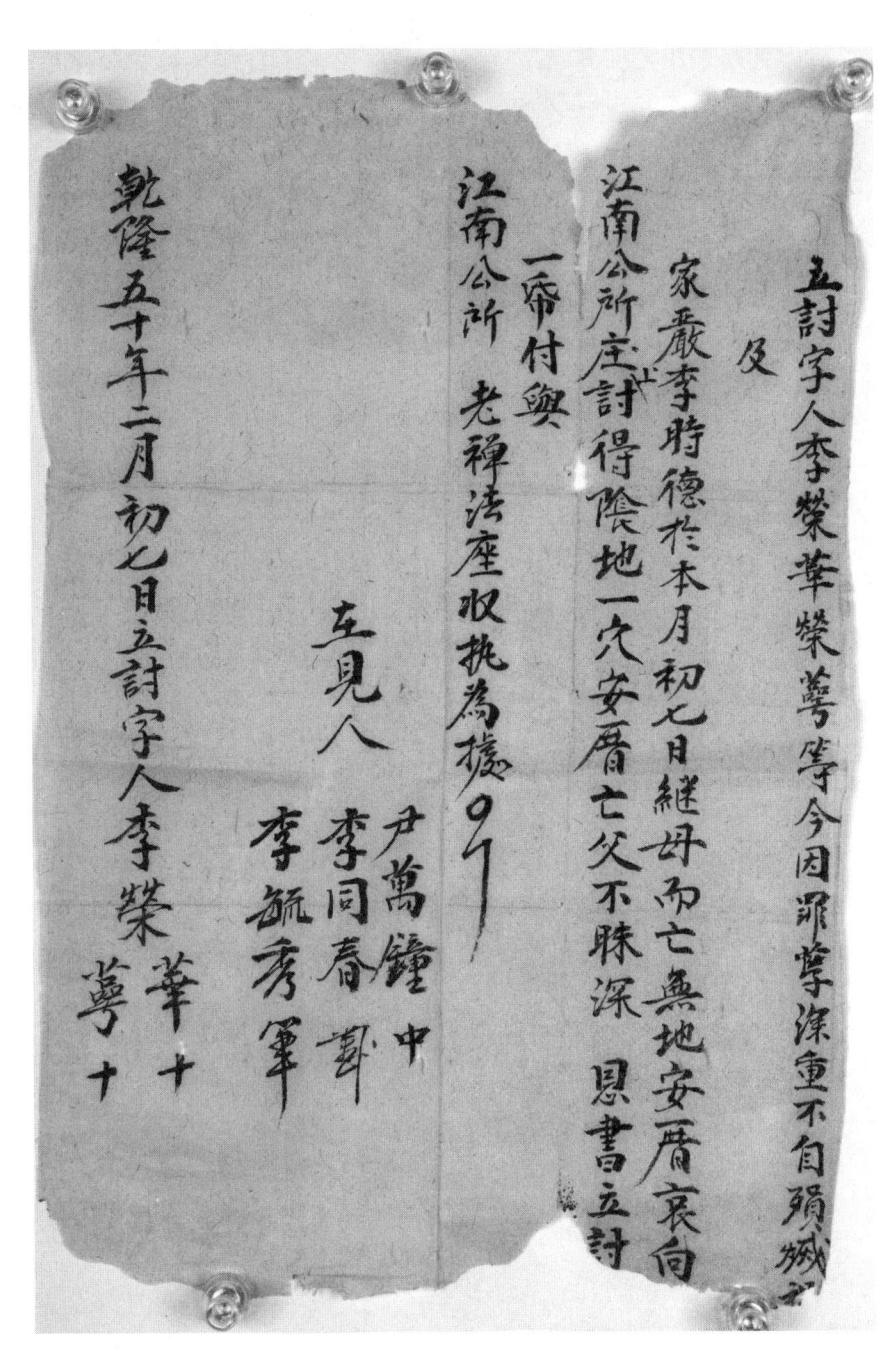

立討字人李榮華榮萼等今因罪孽深重不自殞滅及

家嚴李時德於本月初七日繼母而亡無地安厝哀向

江南公所座討得陰地一穴安厝亡父不昧深恩書立討

一紙付與

江南公所 老禪法座收執為據

立見人 尹萬鐘
李同春
李毓秀

乾隆五十年二月初七日立討字人李榮華
　　　　　　　　　　　　　　　　　　榮萼

文物號：115088
名稱：清乾隆五十年李榮萼等向江南公所立討陰地文約
尺寸：縱39.4厘米，橫26.6厘米

立讨字人李荣华、荣萼等，今因罪孽深重，不自殒灭，祸及家严李时德，于本月初七日继母而亡，无地安厝。哀向江南公所庄上，讨得阴地一穴，安厝亡父，不昧深恩，书立讨一纸付与江南公所老禅法座收执为据。

在见人：尹万钟、李同春、李毓秀　笔
乾隆五十年二月初七日
立讨字人：李荣华、李荣萼

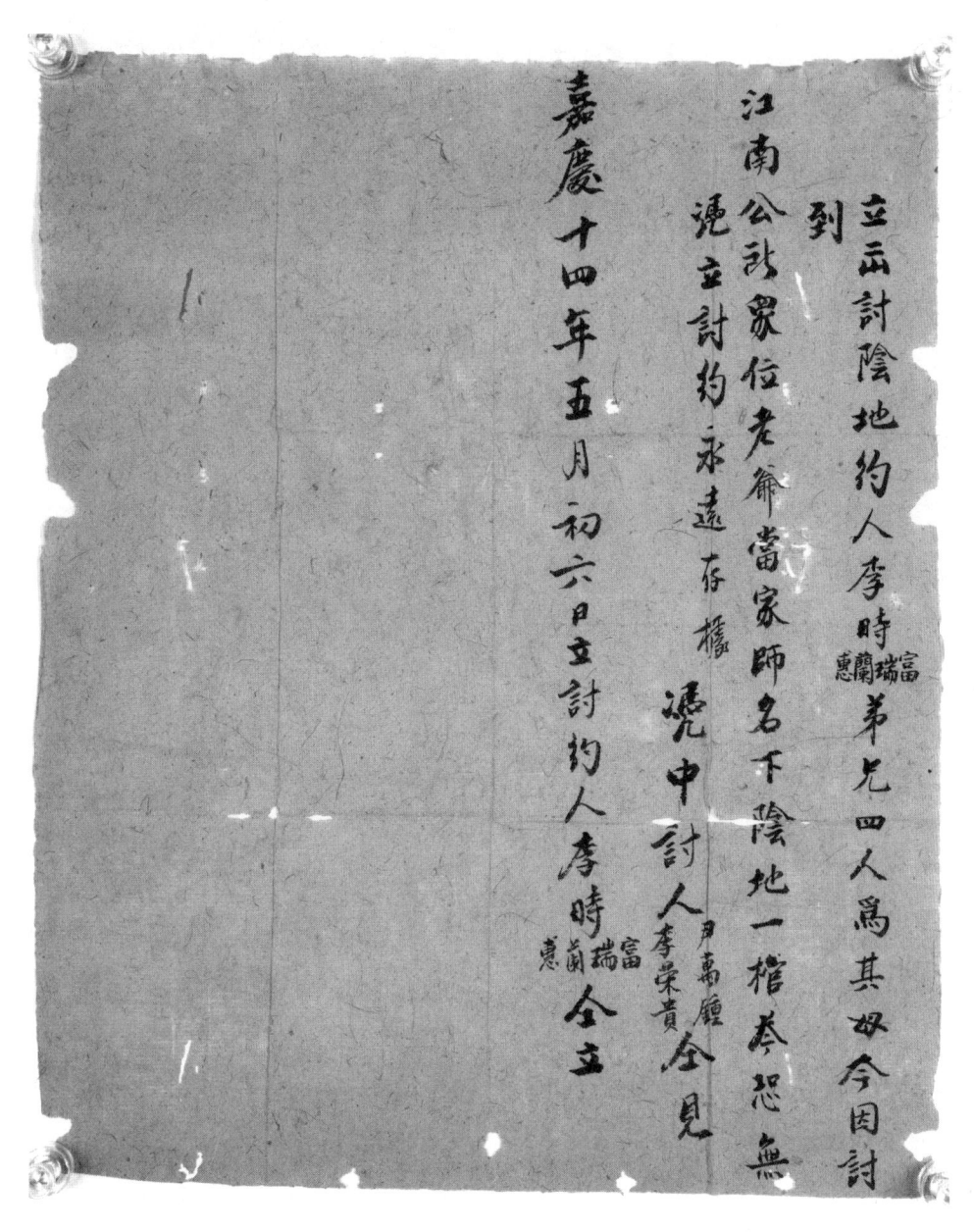

立正討陰地約人李時富(時瑞富、惠蘭)弟兄四人爲其母今因討
到
江南公所衆位老爺當家師名下陰地一棺叁恐無
憑立討約永遠存據 憑中討人李榮貴全見
富
瑞
惠蘭 全立

嘉慶十四年五月初六日立討約人李時富、時瑞、惠蘭全立

文物号：115106
名称：清嘉庆十四年李时富弟兄四人为母亲向江南公所立讨阴地文约
尺寸：纵35.5厘米，横29厘米

立出讨阴地约人李时富、李时瑞、李时兰、李时惠弟兄四人为其母，今因讨到江南公所众位老爷当家师名下阴地一棺。今恐无凭，立讨约永远存据。

凭中讨人：尹万钟、李荣贵　同见
嘉庆十四年五月初六日
立讨约人：李时富、李时瑞、李时兰、李时惠　同立

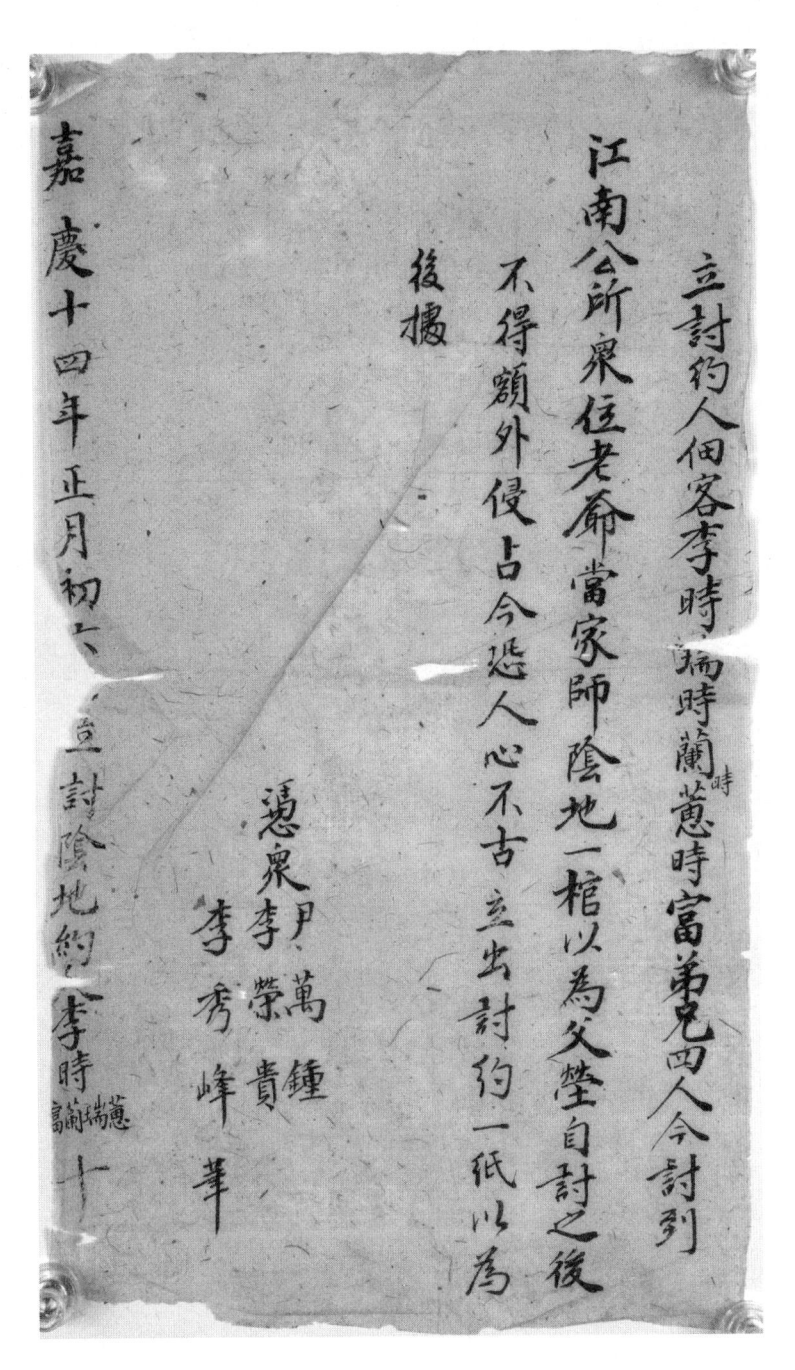

立討約人佃客李時瑞、時蘭、時蕙、時富弟兄四人今討到江南公所眾位老爺當家師陰地一棺以為父塋自討之後不得額外侵占倘恐人心不古立出討約一紙以為後據

憑眾貝萬鍾
李榮貴
李秀峰筆

嘉慶十四年正月初八日立討陰地約　李時瑞、蘭、蕙

文物号：115107
名称：清嘉庆十四年李时瑞等向江南公所立讨阴地文约
尺寸：纵35厘米，横19.5厘米

立讨约人佃客李时瑞、时兰、时蕙、时富弟兄四人，今讨到江南公所众位老爷当家师阴地一棺，为父茔。自讨之后，不得额外侵占。今恐人心不古，立出讨约一纸，以为后据。

凭众：尹万钟、李荣贵

李秀峰　笔

嘉庆十四年正月初六日

立讨阴地约人：李时蕙、李时瑞、李时兰、李时富

立讨阴地文约人李文举今凭众讨到

江南公所各位会长老爷位前公所内当家禅师亦同堂

恩念怀知之但予遭家不幸十二日内子身故所此特来相讨阴

地壹棺伏乞 各位会爷 当凭大和尚重之慨悦自此

迁葬以後李姓子孙不得籍枝并事称言异说今凭人心

不一立讨约为据

凭见人 尸万钟
修文会 金见
赵国衡

嘉庆十八年七月十四日立出讨约人李文举书

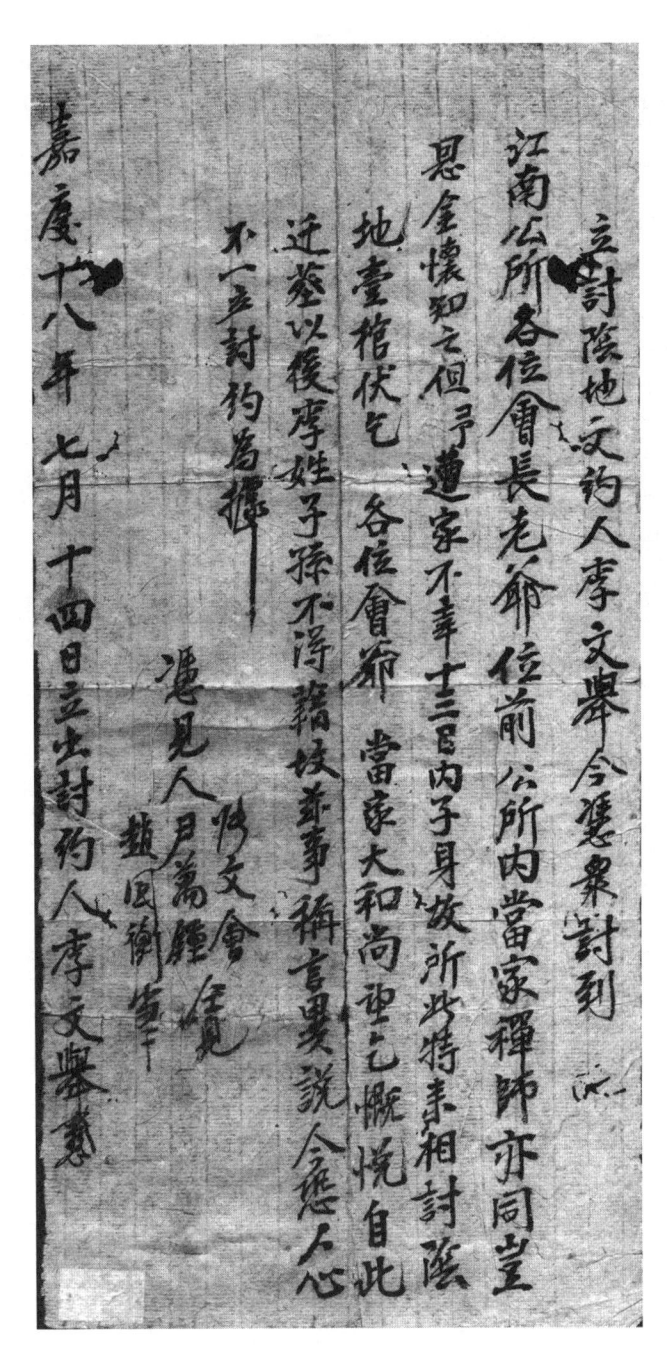

文物号：115105
名称：清嘉庆十八年李文举为子向江南公所立讨阴地文约
尺寸：纵37.8厘米，横18厘米

立讨阴地文约人李文举，今凭众讨到江南公所各位会长老爷位前，公所内当家禅师亦同，岂恩金怀知之，但予遭家不幸，十三日内子身故，所以特来相讨阴地壹棺，伏乞各位会爷、当家、大和尚，望乞慨悦。自此迁葬以后，李姓子孙不得藉坟兹事，称言异说。今恐人心不一，立讨约为据。

凭见人：张文会、尹万钟

赵国衡　笔

同见

嘉庆十八年七月十四日立出讨约人：李文举

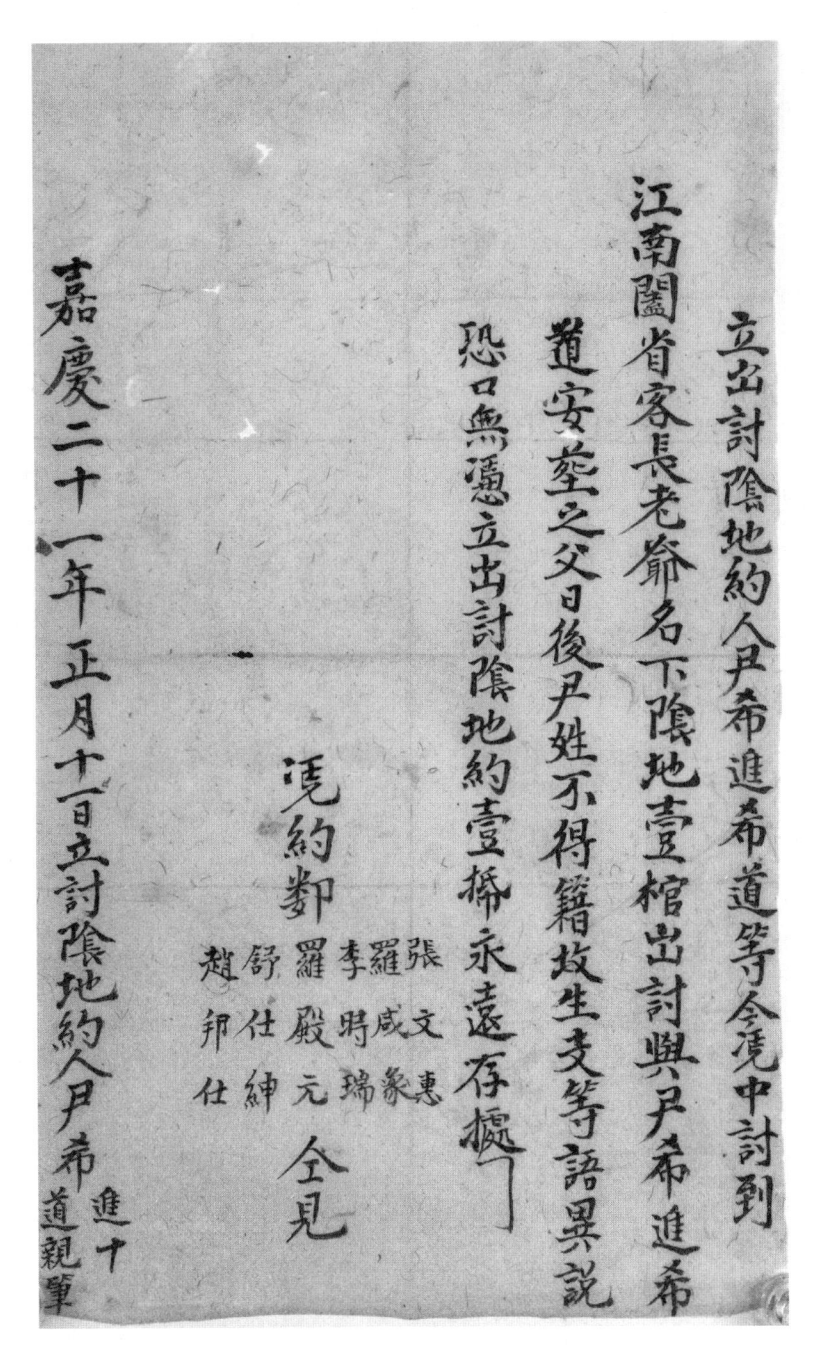

立出討陰地約人尹希進希道等今憑中討到
江南闔省客長老爺名下陰地壹棺出討與尹希進希
道安塋之父日後尹姓不得籍故生支等語異說
恐口無憑立出討陰地約壹紙永遠存據門

憑約鄰　張文惠
　　　　羅咸象
　　　羅　李時瑞
　　　　殷元　全見
　　　舒仕紳
　　　趙邽仕

嘉慶二十一年正月十一日立討陰地約人尹希進十
　　　　　　　　　　　　　　　　　　　道親筆

文物号：115108
名称：清嘉庆二十一年尹希道等向江南公所立讨阴地文约
尺寸：纵36.4厘米，横21.2厘米

立出讨阴地约人尹希进、希道等，今凭中讨到江南阖省客长老爷名下阴地壹棺，出讨与尹希进、希道安葬之父，日后尹姓不得藉①坟生支等语异说。恐口无凭，立出讨阴地约壹纸，永远存据。

　　凭约邻：张文惠、罗咸象、李时瑞、罗殿元、舒仕绅、赵邦仕　同见

嘉庆二十一年正月十一日
立讨阴地约人：尹希进、尹希道亲笔

---

①原文为"籍"，同"藉"，据更普遍的用字习惯改为"藉"。后同。

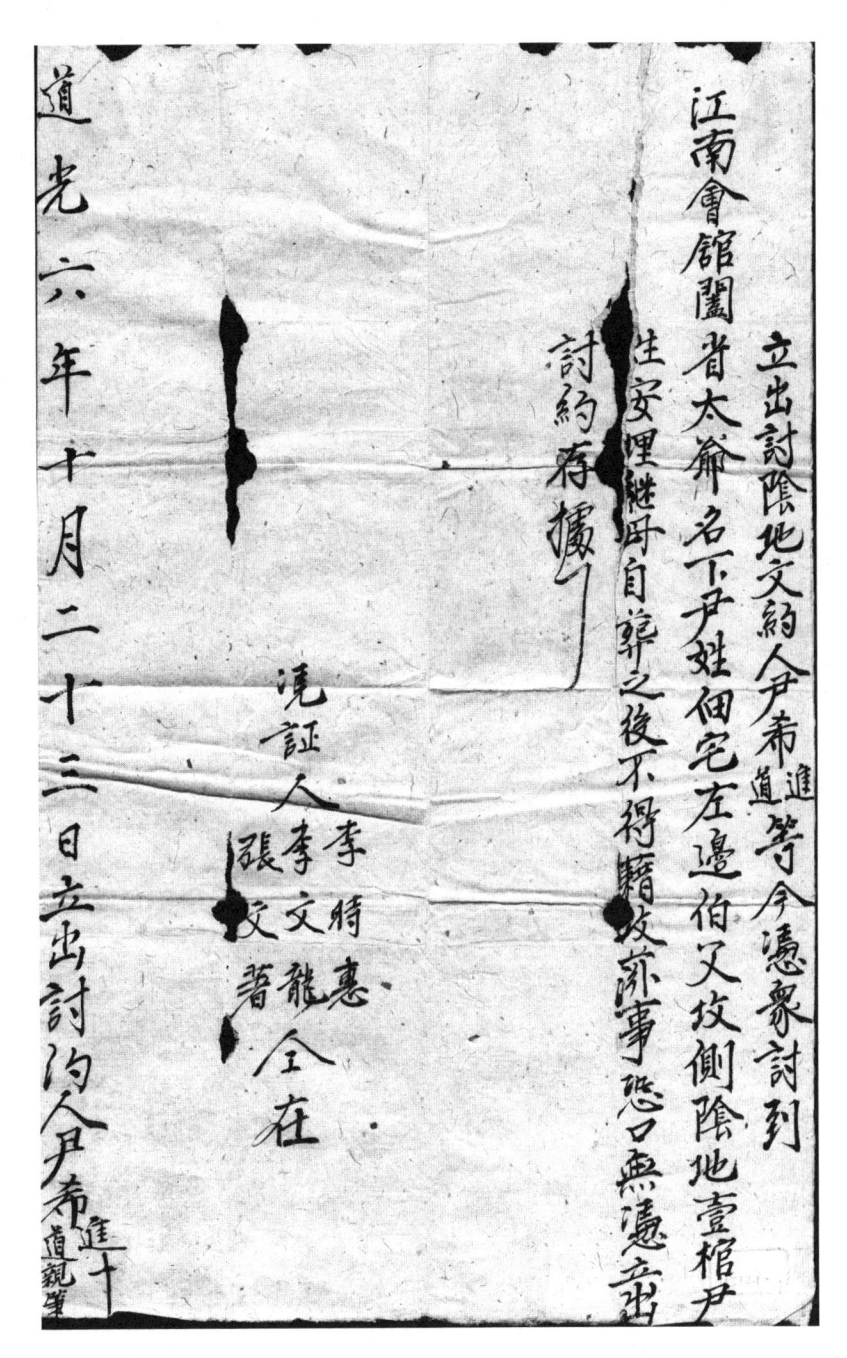

立出讨阴地文约今尹希进道等今凭豪讨到
江南会馆阖省太爷名下尹姓佃宅左边伯又坟侧阴地壹棺尹
生安埋继卧自葬之后不得翻皮滋事恐口无凭立出
讨约存据

凭证人 李待惠
 李文龙 全在
 张文著

道光六年十月二十三日立出讨约人尹希进道亲笔

文物号：115121
名称：清道光六年尹希道等向江南公所立讨阴地文约
尺寸：纵34厘米，横21.2厘米

立出讨阴地文约人尹希进、尹希道等，今凭众讨到江南会馆阖省太爷名下，尹姓佃宅左边伯父坟侧阴地壹棺，尹姓安埋继母。自葬之后，不得藉坟滋事。恐口无凭，立出讨约存据。

凭证人：李时惠、李文龙、张文著

同在

道光六年十月二十三日

立出讨约人：尹希进、尹希道亲笔

立出討陰地文約人劉興發情因胞兄劉福病故無地安厝請憑親族討列

江南會館衆會首老爺名下陰地壹棺安葬劉福自葬之後認從劉姓修理扒掃勿得藉技茲事生非其有坟前後左右熟田熟會館佃客耕種自葬之後兩會異言恐口無憑立出討約一紙為據

在見人 羅玉邱
　　　　尹希道
　　　　尹希進　同見
　　　　李時瑞
　　　　趙登順　筆

道光拾六年四月二十二日立出討陰地文約人劉興發十

文物号：115123
名称：清道光十六年刘兴发为胞兄向江南公所立讨阴地文约
尺寸：纵39.7厘米，横23厘米

立出讨阴地文约人刘兴发，情因胞兄刘福病故，无地安厝，请凭亲族讨到江南会馆众会首老爷名下阴地壹棺，安葬刘福。自葬之后，认从刘姓修理卦扫，勿得藉坟兹事生非。其有坟前后、左右熟田熟土，认凭会馆佃客耕种。自葬之后，两无异言。恐口无凭，立出讨约一纸为据。

在见人：罗玉印、尹希道、尹希进、李时瑞　同见　赵登顺　笔

道光拾六年四月二十二日

立出讨阴地文约人：刘兴发

立出討陰地文約人李榮福情因母李何氏亡故
今憑衆討到
江南會館名下陰地壹壙以葬知後坟前坟後慈從會館
開坎李姓老幼人等不得異言不得借坟茲事今
恐无憑立討約乙紙為據乙

　　　　　　　　　趙子堂
　　　　　　　　舒一田　同
　　　　在証人尹希進　　見
　　　　　　　尹和魁　筆

道光二十二年四月十四日立討陰地文約人李榮福陞十

文物号：115124
名称：清道光二十二年李荣福等为母李何氏向江南公所立讨阴地文约
尺寸：纵41.8厘米，横30.5厘米

立出讨阴地文约人李荣升、李荣福情因母李何氏亡故，今凭众讨到江南会馆名下阴地壹棺以葬。知①后坟前坟后，恁从会馆开坎，李姓老幼人等，不得异言，不得借坟兹事。今恐无凭，立讨约一纸为据。

在证人：赵于升、舒一田、尹希进

尹和魁　笔

同见

道光二十二年四月十四日

立讨阴地文约人：李荣升、李荣福

---

① "知"同"是"之意。

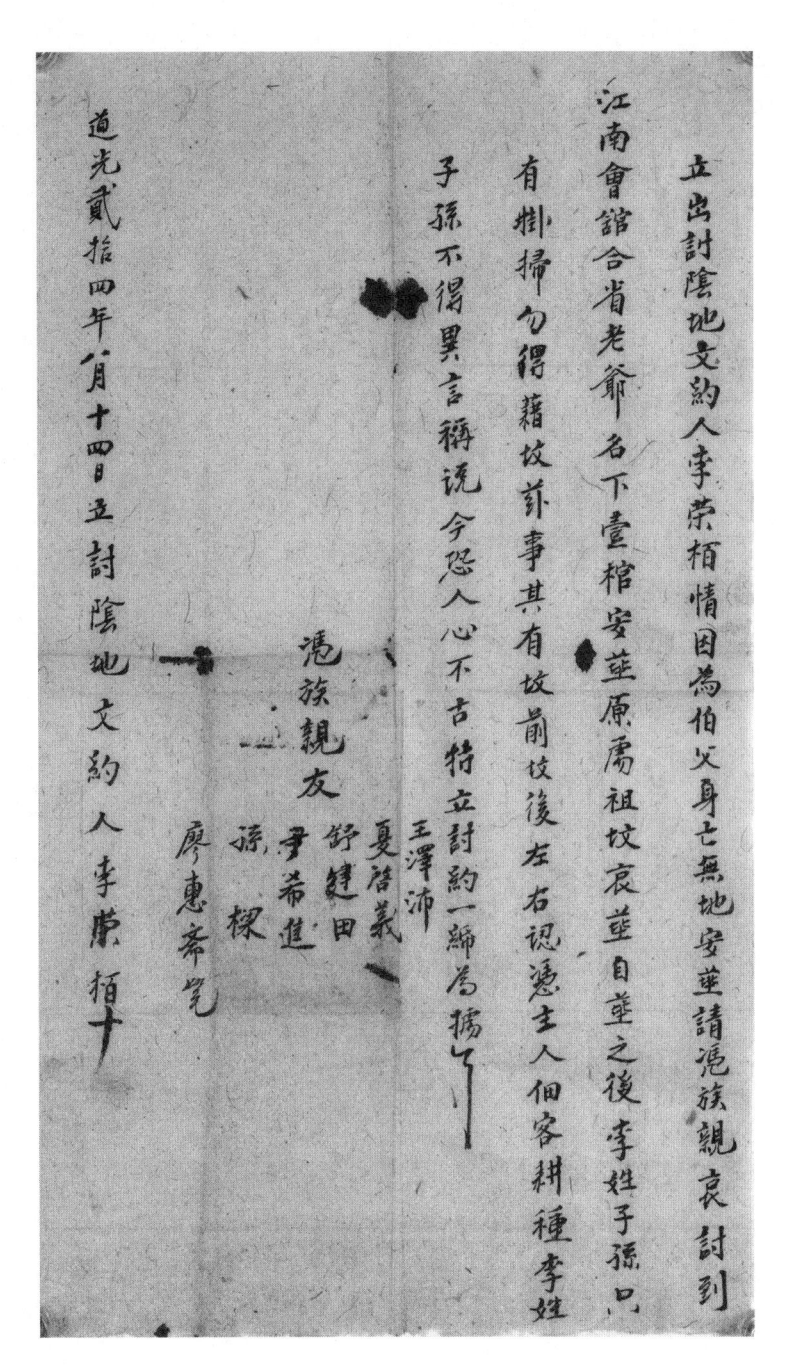

立出討陰地文約人李榮柏情因為伯父身亡無地安葬請憑族親哀討到江南會館合省老爺名下壹棺窀穸葬原屬祖墳哀葬自葬之後李姓子孫只有掛掃勿得藉坟訛事其有坟前坟後左右認憑主人佃客耕種李姓子孫不得異言稱說今恐人心不古特立討約一紙為據

憑族親友 夏唐義
舒建田
李希進
孫 楔
王澤沛

廖惠希筆

道光貳拾四年八月十四日立討陰地文約人李榮柏十

文物号：115122
名称：清道光二十四年李荣柏为伯父向江南公所立讨阴地文约
尺寸：纵43.3厘米，横24.8厘米

立出讨阴地文约人李荣栢,情因为伯父身亡,无地安葬,请凭族亲哀讨到江南会馆合省老爷名下壹棺安葬,原处祖坟哀葬。自葬之后,李姓子孙只有挂扫,勿得藉坟兹事。其有坟前坟后、左右,认凭主人佃客耕种,李姓子孙不得异言称说。今恐人心不古,特立讨约一纸为据。

凭族亲友:王泽沛、夏启义、舒建田、尹希进、孙梁

廖惠斋　笔

道光贰拾四年八月十四日

立讨阴地文约人:李荣栢

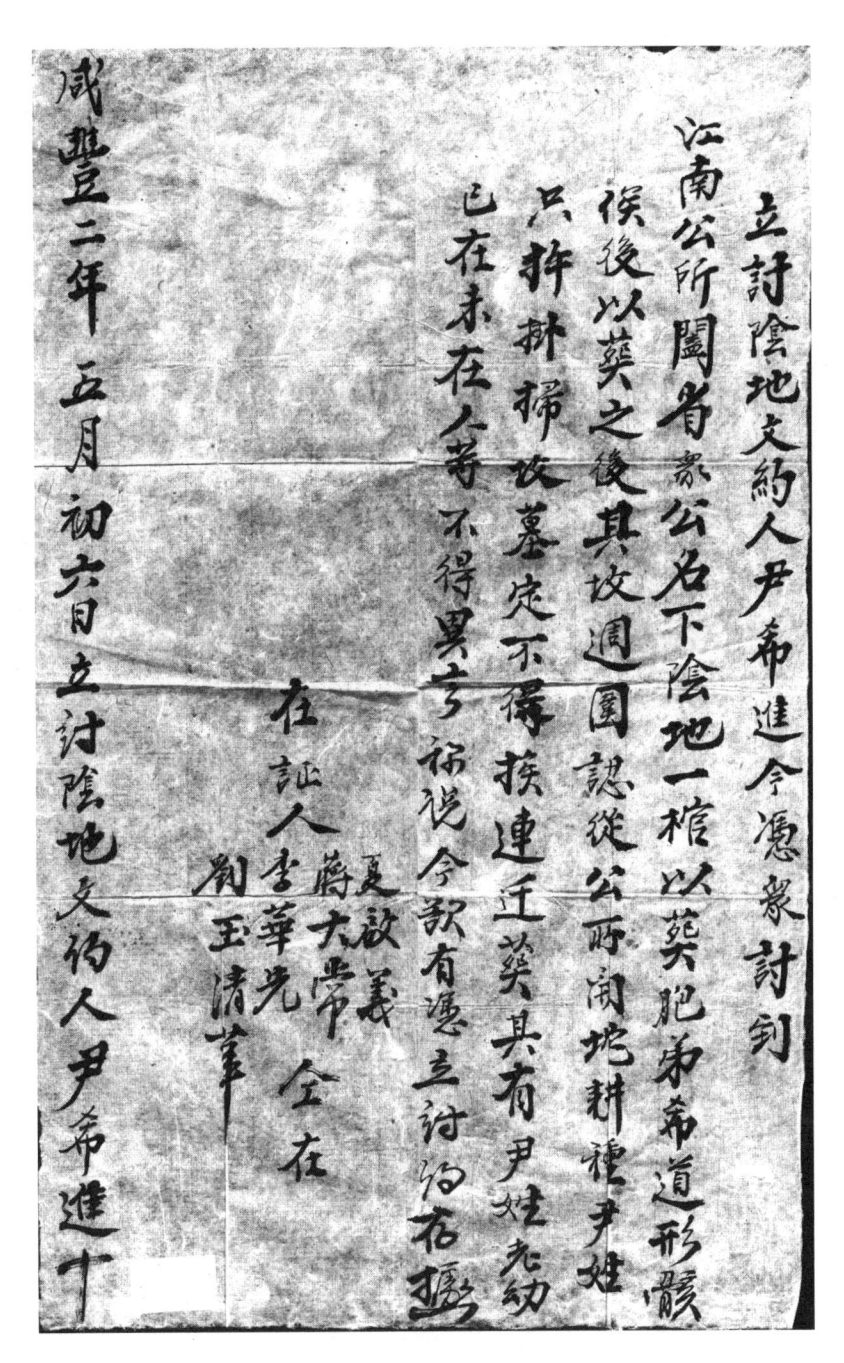

立讨阴地文约人尹希进今凭衆讨到

江南公所闽省寄㭍公名下阴地一棺以瘞肥弟希道形骸俟後以瘞之後其坟週围恁從公所闹地耕種尹姓只许耕掃故墓定不得挨連迁瘞其有尹姓老幼已在未在人等不得异亨㭍悦今欤有凭立讨约召撵

在証人 夏啟義
　　　　蒋大常先 全在
　　　人李華
　　　闫玉清筆

咸丰二年五月初六日立讨阴地文约人尹希进十

文物号：115130
名称：清咸丰二年尹希进向江南公所立讨阴地文约
尺寸：纵38厘米，横23.4厘米

立讨阴地文约人尹希进，今凭众讨到江南公所阖省众公名下阴地一棺以葬胞弟希道形骸，俟后以葬。之后，其坟周围，认从公所开拓①耕种，尹姓只许挂扫坟墓，定不得挨连迁葬，其有尹姓老幼已在、未在人等，不得异言称说。今欲有凭，立讨约存据。

在证人：夏启义、蒋大常、李华先

刘玉清　笔

同在

咸丰二年五月初六日

立讨阴地文约人：尹希进

---

①原文为"坨"，疑为方言用字或讹写，据文意改为"拓"。后同。

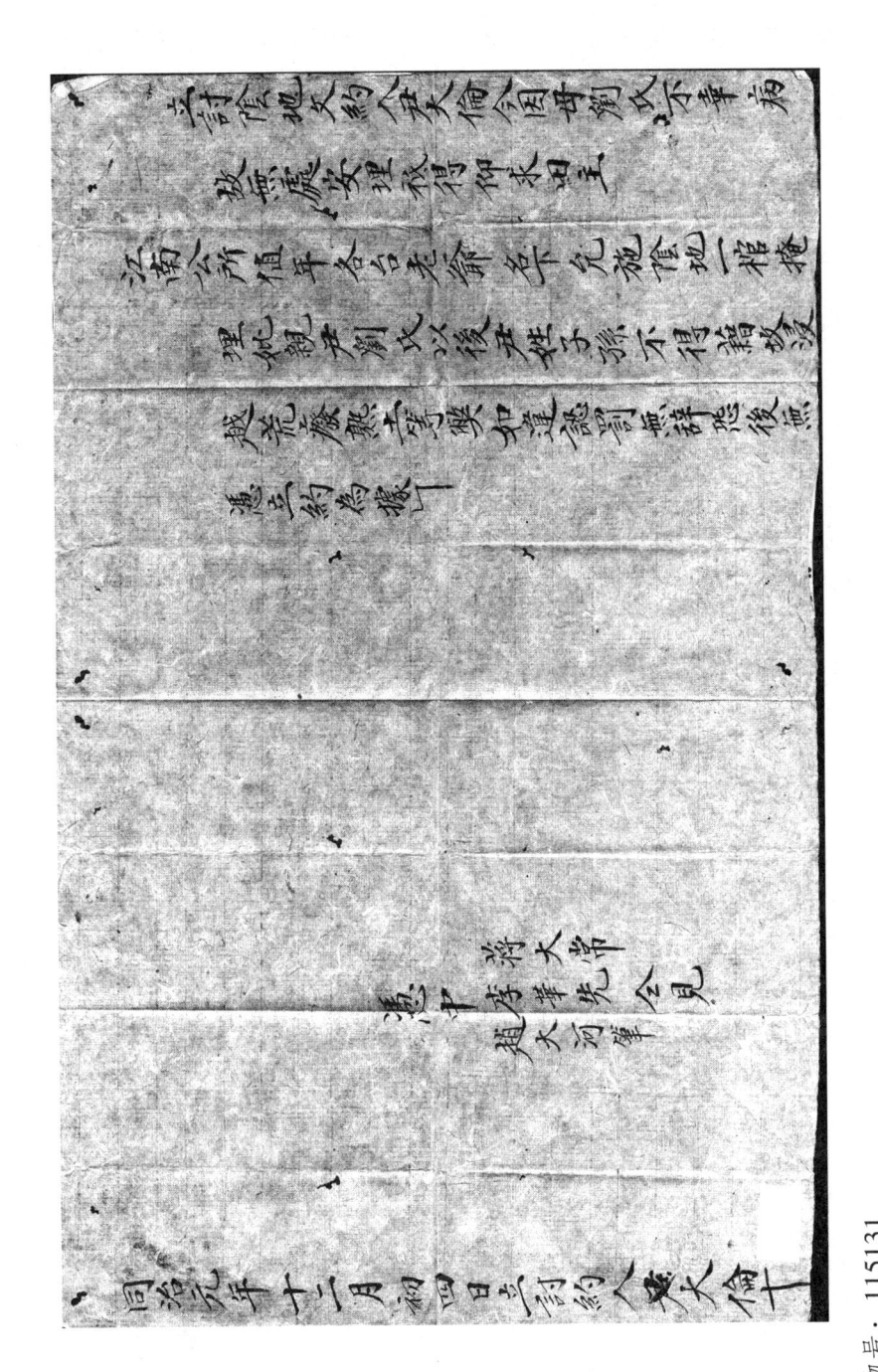

文物号：115131
名称：清同治元年尹大伦为母刘氏向江南公所立讨阴地文约
尺寸：纵26.5厘米，横43厘米

立讨阴地文约人尹大伦，今因母刘氏不幸病故，无处安埋，只得仰求田主江南公所值年各台老爷名下，允施阴地一棺，掩埋妣亲尹刘氏，以后尹姓子孙不得藉坟浸越荒废熟土等弊，如违认罚无辞。恐后无凭，立约为据。

凭中：蒋大常、李华先
赵大河　笔
同见
同治元年十二月初四日
立讨约人：尹大伦

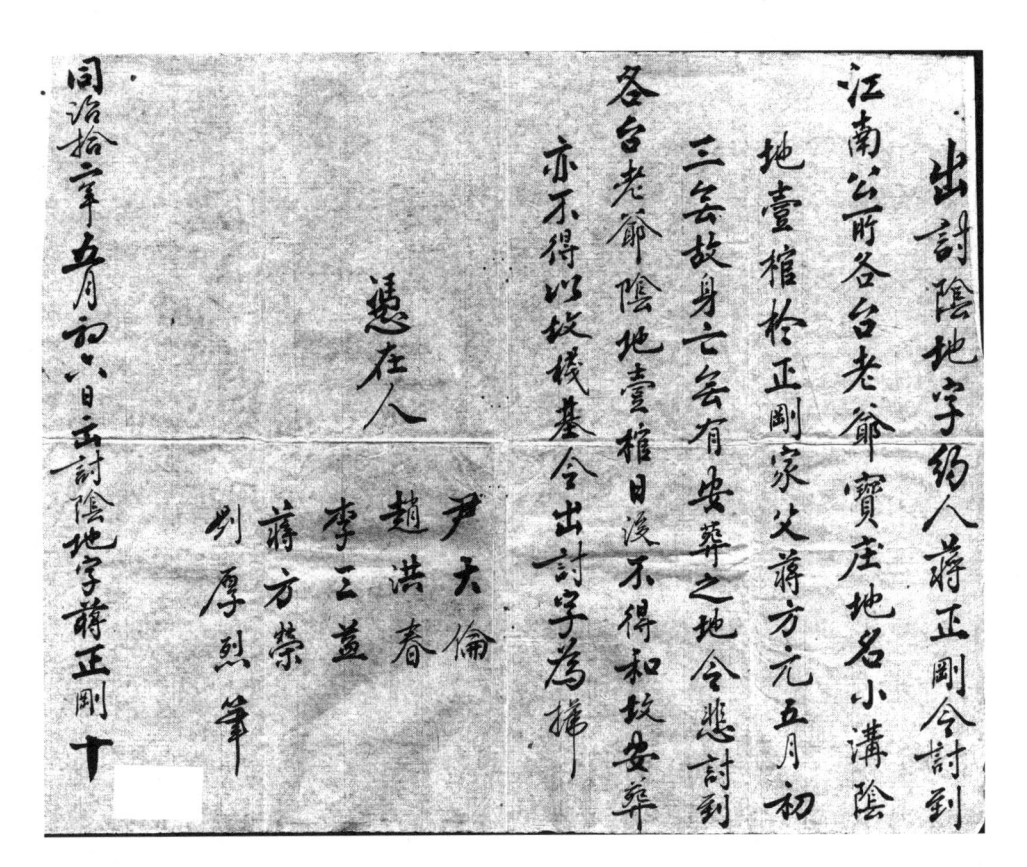

出討陰地字約人蔣正剛今討到
江南公所各位老爺寶莊地名小溝陰
地壹棺於正剛家父蔣方元五月初
三会故身亡今有安葬之地今悲討到
各位老爺陰地壹棺日後不得和坟安葬
亦不得以坟棧基今出討字為據

悲在人
　　尹天倫
　　趙洪春
　　李三蓋
　　蔣方榮
　　劉厚烈筆

同治拾二年五月初八日立討陰地字蔣正剛十

文物号：115132
名称：清同治十二年蔣正剛向江南公所立討陰地文約
尺寸：纵22厘米，横27.5厘米

出讨阴地字约人蒋正刚，今讨到江南公所各台老爷宝庄，地名小沟，阴地壹棺。于正刚家父蒋方元五月初三无故身亡，无有安葬之地。今悲讨到各台老爷阴地壹棺，日后不得和坟安葬，亦不得以故栈基。今出讨字为据。

凭在人：尹大伦、赵洪春、李三益、蒋方荣
刘厚烈　笔
同治拾二年五月初六日
出讨阴地字：蒋正刚

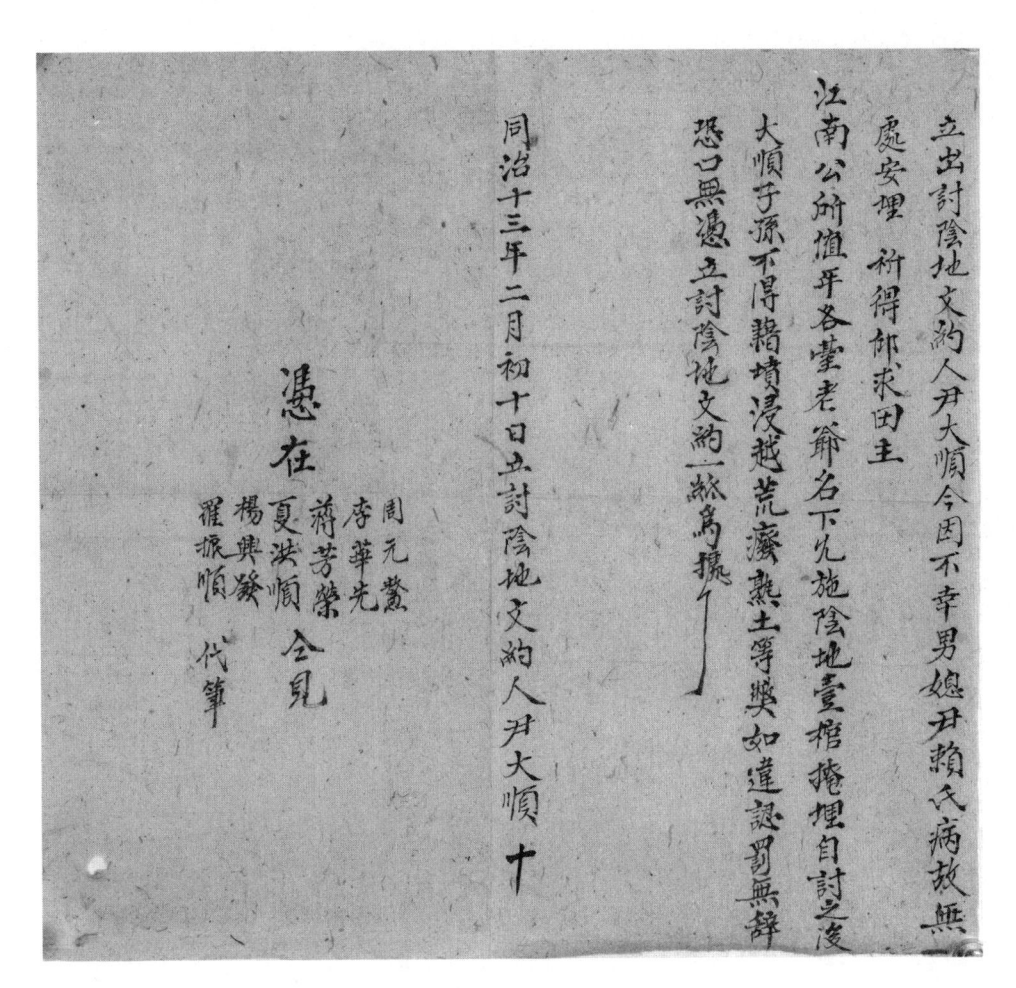

立出讨阴地文约人尹大顺今因不幸男媳尹赖氏病故无

处安埋 祈得邱求田主

江南公所值平各堂老爷名下先施阴地壹棺掩埋自讨之後

大顺于源不得靠墙浸越荒癹熟土等奖如違認罰無辤

恐口無憑立討陰地文約一紙爲據

同治十三年二月初十日立討陰地文約人尹大順 十

憑在 夏洪順 全見
周元鰲
李華先 楊興發
蔣芳榮 瞿振順 代筆

文物号：115133
名称：清同治十三年尹大顺为媳尹赖氏向江南公所立讨阴地文约
尺寸：纵34厘米，横36.1厘米

立出讨阴地文约人尹大顺，今因不幸男媳尹赖氏病故，无处安埋，祈得仰求田主江南公所值年各台老爷名下，允施阴地壹棺掩埋。自讨之后，大顺子孙不得藉坟浸越荒废熟土等弊①。如违，认罚无辞。恐口无凭，立讨阴地文约一纸为据。

同治十三年二月初十日

立讨阴地文约人：尹大顺

凭在：周元鳌、李华先、蒋芳荣、夏洪顺、杨兴发

罗振顺　代笔

同见

---

①原文为"獘"，为"弊"俗体。

立讨阴地文约人李华先今将胞叔李云福不幸病故无处安埋祇得仰求田主江南公所值年各台老爷名下允施阴地一宫掩埋今因胞叔李荣福以後李姓子孙不得藉故侵越荒废墊土等弊大如違認討無辭恐後無憑持立此挺

憑中人彭義元

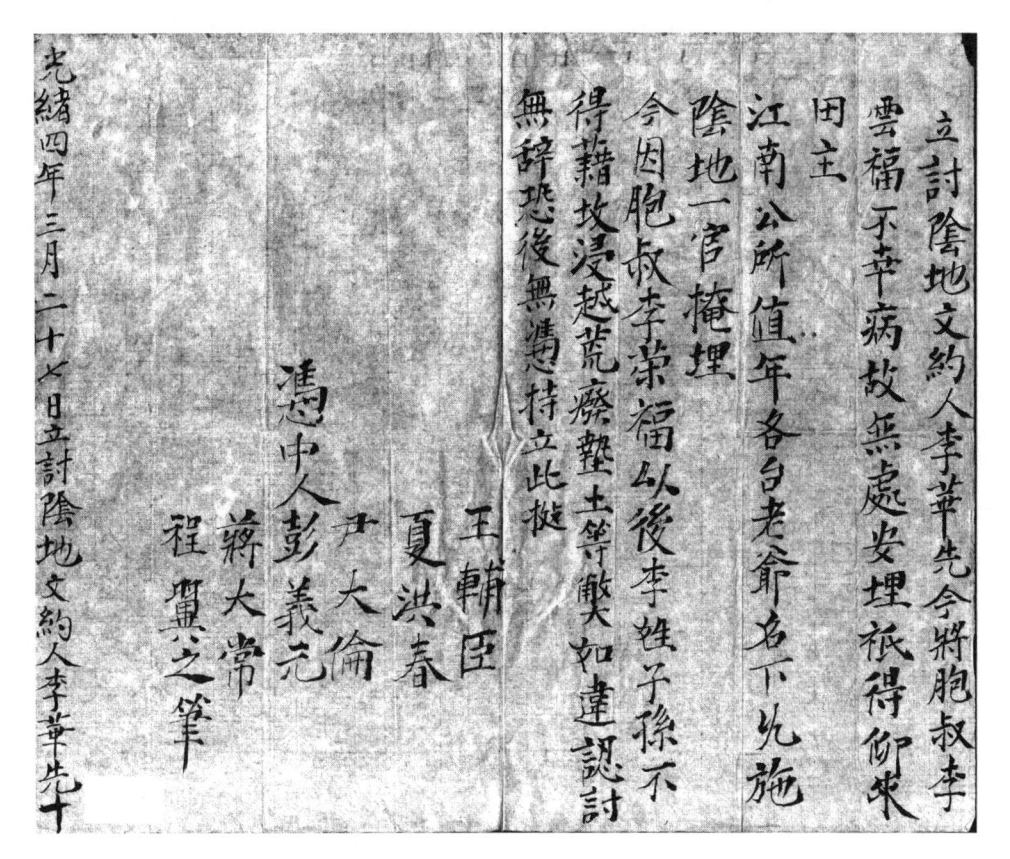

王輔臣
夏洪春
尹大倫
蔣大常
程盟之筆

光緒四年三月二十七日立討陰地文約人李華先十

文物号：115190

名称：清光绪四年李华先向江南公所立讨阴地文约

尺寸：纵25厘米，横30厘米

立讨阴地文约人李华先，今将胞叔李云福不幸病故，无地安埋，只得仰求田主江南公所值年各台老爷名下，允施阴地一棺掩埋。今因胞叔李荣福，以后李姓子孙不得藉坟浸越、荒废熟①土等弊。如违，认讨无辞。恐后无凭，特立此据。

    凭中人：王辅臣、夏洪春、尹大伦、彭义元、蒋大常
      程翼之　笔
    光绪四年三月二十七日
    立讨阴地文约人：李华先

---

①原文为"垫"，据文意改为"熟"。

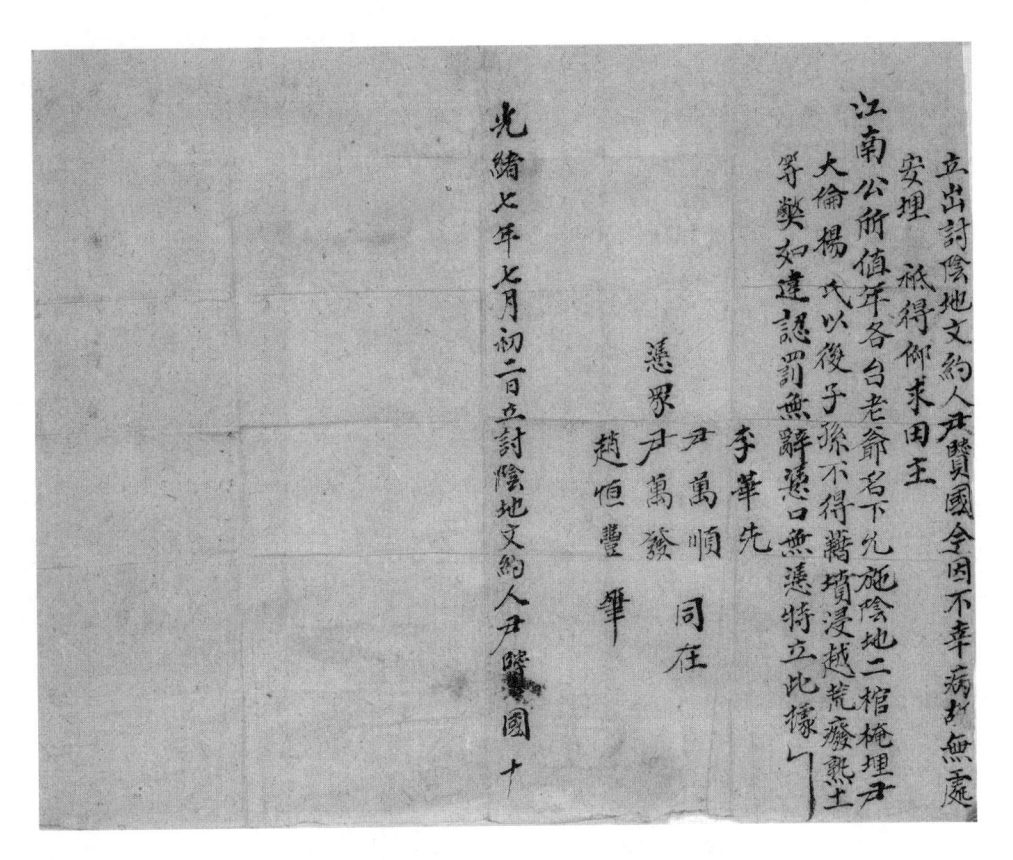

立出討陰地文約人尹賢國今因不幸病故無處
安埋 祇得仰求

江南公所值年各位老爺名下允施陰地二棺掩埋于
大倫楊氏以後子孫不得驚墳漫越荒蕪熙土
等獎如違認罰無辭恐口無憑特立此據

李華先
尹萬順 同在
憑眾 尹萬發
趙恆豐 筆

光緒七年七月初二日立討陰地文約人尹賢國十

文物号：115182
名称：清光绪七年尹贤国向江南公所立讨阴地文约
尺寸：纵27厘米，横44厘米

立出讨阴地文约人尹贤国，今因不幸病故，无处安埋，只得仰求田主江南公所值年各台老爷名下，允施阴地二棺，掩埋尹大伦杨氏。以后子孙不得藉坟浸越、荒废熟土等弊。如违，认罚无辞。凭口无凭，特立此据。

凭众：李华先、尹万顺、尹万发
赵恒丰　笔
同在
光绪七年七月初二日
立讨阴地文约人：尹贤国

立讨阴地文约人蒋芳成今因母亲新近无处安埋祗得仰求田主江南公所值年首士各台老爷名下允施阴地一棺掩埋母亲丁氏安埋之后坟前坟后坟左坟右恕意栽种蒋姓子孙不得藉故浸越荒瘗塾土寺弊如违恕罚无辞不得异言恐口无凭持立讨约一纸为据

凭证 简兴发 仝在

吴松林代笔
李羊先

光绪九年九月十六日立讨阴地文约人蒋芳成十

文物号：115187
名称：清光绪九年蒋芳成向江南公所立讨阴地文约
尺寸：纵26.3厘米，横20厘米

立讨阴地文约人蒋芳成，今因母亲新逝，无处安埋，只得仰求田主江南公所值年首士各台老爷名下，允施阴地一棺，掩埋母亲丁氏。安埋之后，坟前、坟后、坟左、坟右认意栽种，蒋姓子孙不得藉故浸越荒废熟土等弊。如违，认罚无辞，不得异言。恐口无凭，特立讨约一纸为据。

吴松林　代笔
凭证：李华先、简兴发
同在
光绪九年九月十六日
立讨阴地文约人：蒋芳成

文物号：115177

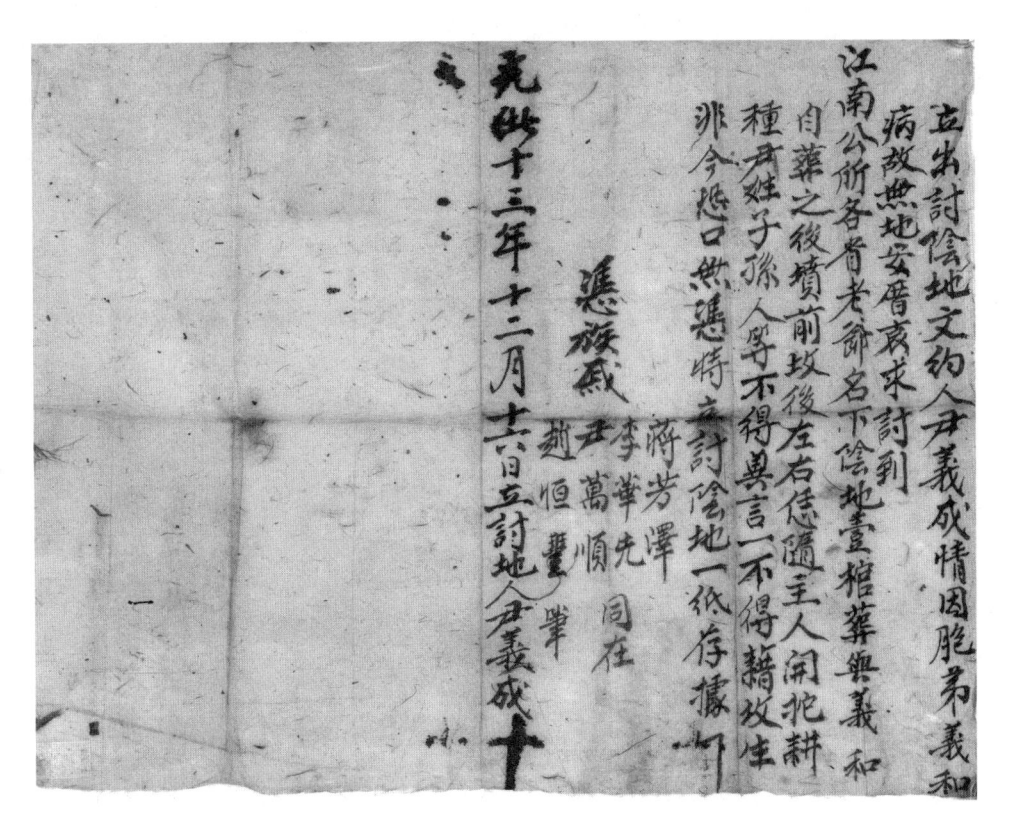

名称：清光绪十三年尹义成为弟尹义和向江南公所立讨阴地文约

尺寸：纵 30.8 厘米，横 40 厘米

立出讨阴地文约人尹义成，情因胞弟义和病故，无地安厝，哀求讨到江南公所各省老爷名下阴地壹棺，葬与义和。自葬之后，坟前、坟后、左右悉随主人开拓①耕种，尹姓子孙人等不得异言，亦②不得藉坟生非。今恐口无凭，特立讨阴地一纸存据。

凭族戚：蒋芳泽、李华先、尹万顺

赵恒丰　笔

同在

光绪十三年十二月十六日

立讨地人：尹义成

---

①原文为"挖"，疑为方言用字或讹写，据文意改为"拓"。后同。
②原文为"一"，当系讹写，据文意改为"亦"。

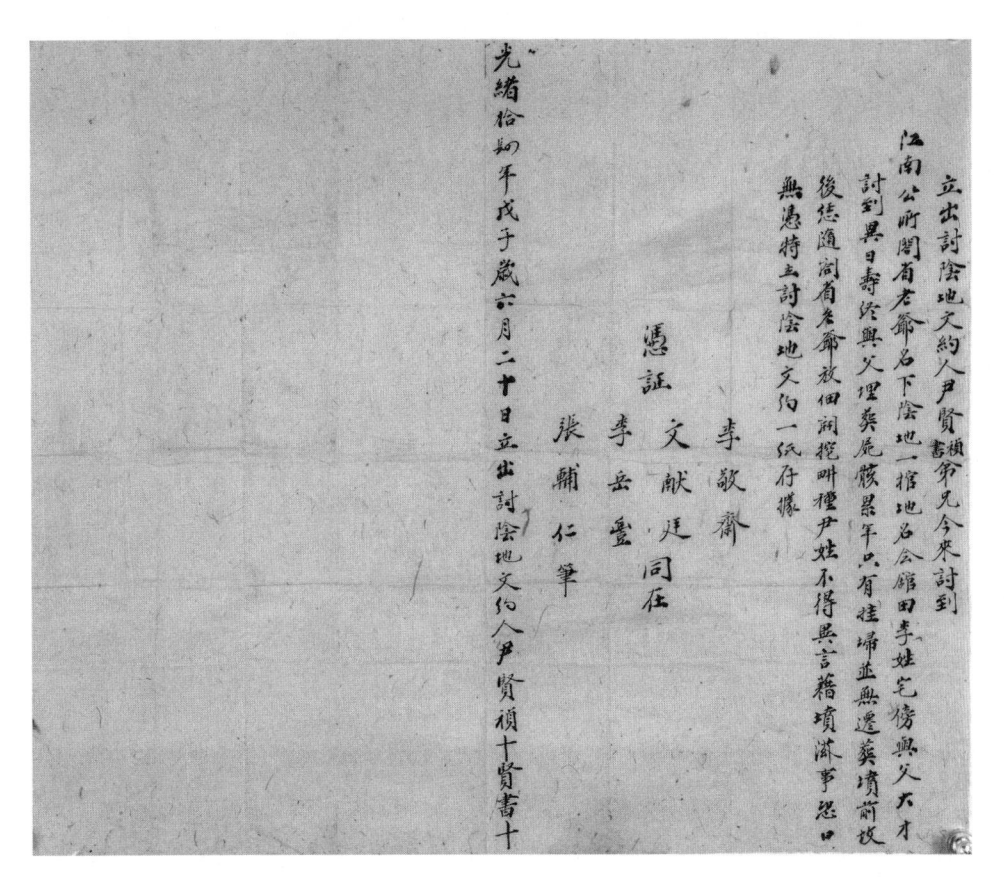

立出討陰地文約人尹賢禎弟兄今來討到
江南公所閣有老爺名下陰地一塊地名会館田李姓宅傍與父天才
討到異日壽終與父理葬屍骸茔内有挂碍並無遺棄項前议
後恐遇閒省各爺放佃詞控叫禋尹姓不得異言藉项滋事恐口
無憑特立討陰地文約一纸存據

　　　　　　　　　李敬齋
　　　　憑証　文献廷同在
　　　　　　　李岳壹
　　　　　　　張輔仁筆

光緒拾肆年戊子歲六月二十日立出討陰地文約人尹賢禎十賢書十

文物号：115178
名称：清光绪十四年尹贤祯尹贤书为父母向江南公所立讨阴地文约
尺寸：纵43厘米，横51.5厘米

立出讨阴地文约人尹贤祯、尹贤书弟兄，今来讨到江南公所合省老爷名下阴地一棺，地名会馆田李姓宅傍，与父大才讨到。异日寿终与父埋葬尸骸，累年只有挂扫，并无迁葬。坟前坟后恁随合省老爷放佃开拓[①]耕种，尹姓不得异言，藉坟滋事。恐口无凭，特立讨阴地文约一纸存据。

        凭证：李敬斋、文献廷、李岳丰
        张辅仁　笔
        同在
        光绪拾肆年戊子岁六月二十日
        立出讨阴地文约人：尹贤祯、贤书

---

①原文为"托"，疑为方言用字或讹写，据文意改为"拓"。后同。

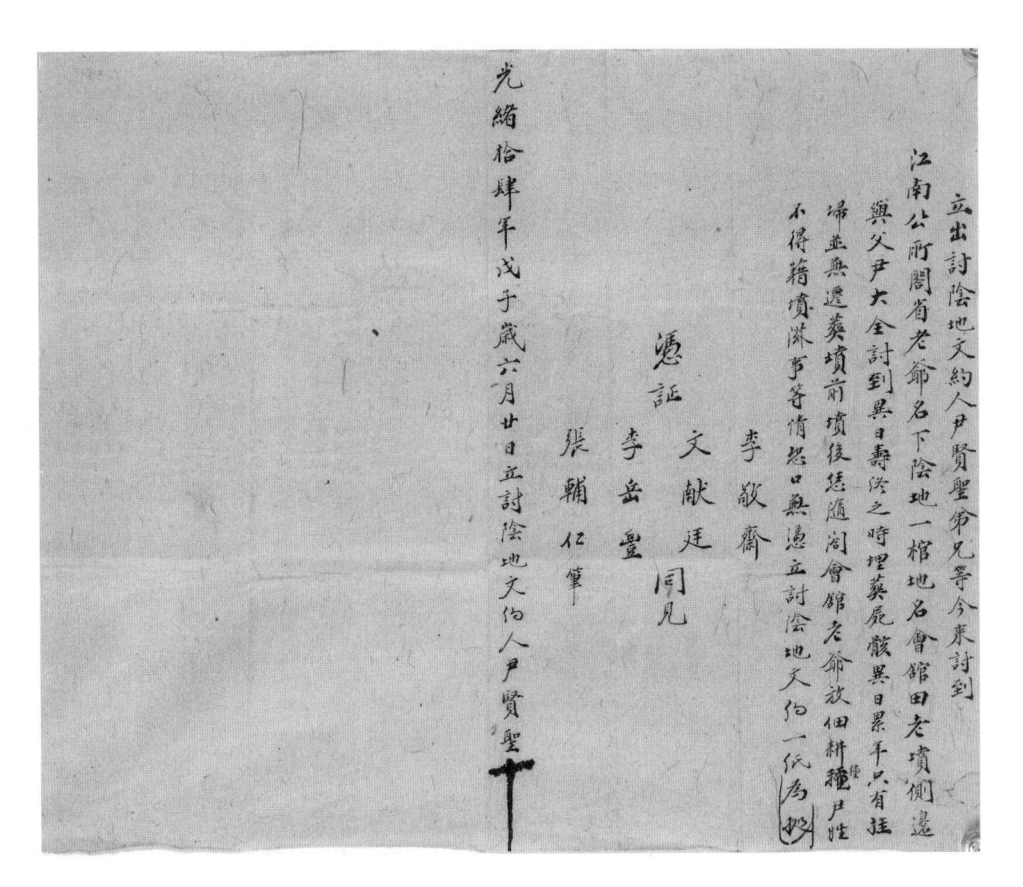

立出討陰地文約人尹賢聖弟兄等今來討到
江南公所閻首老爺名下陰地一棺地名會館田老墳側邊
與父尹大全討到異日壽終之時埋葬屍骸異日累子六有莊
歸並無遷葬墳後慈隨洞會館名爺秋佃耕種尹姓
不得藉墳滋事情終口無憑立討陰地文約一紙為

憑証　文獻廷　同見
　　　李岳豐
　　　張輔仁筆
　　李敬齋

光緒拾肆年戊子歲六月廿日立討陰地文約人尹賢聖十

文物号：115186
名称：清光绪十四年尹贤圣向江南公所立讨阴地文约
尺寸：纵43厘米，横52.7厘米

立出讨阴地文约人尹贤圣弟兄等，今来讨到江南公所合省老爷名下阴地一棺，地名会馆田老坟侧边，与父尹大全讨到。异日寿终之时埋葬尸骸，异日累年只有挂扫，并无迁葬。坟前、坟后恁随合会馆老爷放佃耕种，尹姓不得藉坟滋事等情。恐口无凭，立讨阴地文约一纸为据。

凭证：李敬斋、文献廷、李岳丰

张辅仁　笔

同见

光绪拾肆年戊子岁六月廿日

立讨阴地文约人：尹贤圣

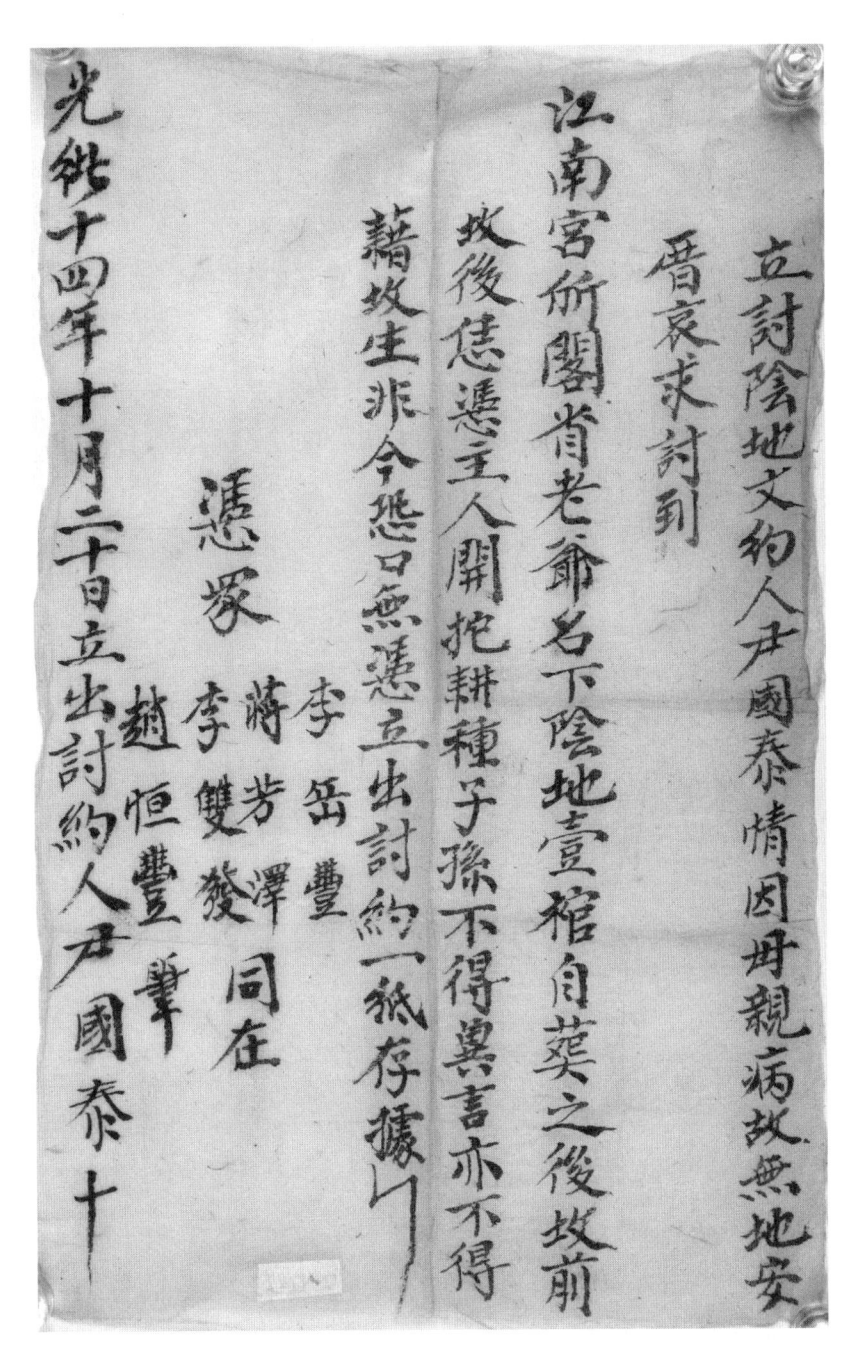

立讨阴地文约人尹国泰情因母亲病故无地安

晋哀求讨到

江南宫所阁省老爷名下阴地壹棺自葵之後故前

故後恁凭主人开把耕种子孙不得異言亦不得

藉故生非今恐口无凭立出讨约一祇存據

憑眾
李岳豐
蔣芳澤　同在
李雙發
趙恒豐筆

光绪十四年十月二十日立出讨约人尹国泰十

文物号：115189
名称：清光绪十四年尹国泰为母向江南公所立讨阴地文约
尺寸：纵 31.5 厘米，横 20.5 厘米

立讨阴地文约人尹国泰，情母亲病故，无地安厝，哀求讨到江南公[①]所各省老爷名下阴地壹棺。自葬之后，坟前、坟后恁凭主人开拓耕种，子孙不得异言，亦不得藉坟生非。今恐口无凭，立出讨约一纸存据。

凭众：李岳丰、蒋芳泽、李双发

赵恒丰　笔

同在

光绪十四年十月二十日

立出讨约人：尹国泰

[①] 原文为"官"，当系讹写，据文意改为"公"。

文物号：115188
名称：清光绪十六年尹国明为父向江南公所立讨阴地文约
尺寸：纵 30 厘米，横 53 厘米

立讨阴地文约人尹国明，情因父贤盛病故，无地安葬，哀求讨到江南公所各省老爷名下阴地壹棺。自葬之后，坟前、坟后恁随主人开拓耕种，尹姓子孙不得异言，亦不得借坟生非。今恐人心不古，特立讨阴地文约一纸存据。

凭众：尹万发、李华先、蒋芳泽
赵恒丰　笔
同在
光绪拾陆年七月十四日
立讨阴地人：尹国明

立出讨阴地文约人尹恒山情因胞兄海山病故无处安厝哀求
江南公所各者老爷名下阴地壹棺唉葜胞兄殡葬后德匝主佃开把
种尹姓老幼人等不得恶言亦不得藉端生事今恐口凭立讨约为据

凭族戚团俦同佃仝在

赵恒丰 笔

光绪拾柒年十二月十六日立出讨阴地文约人尹恒山 十

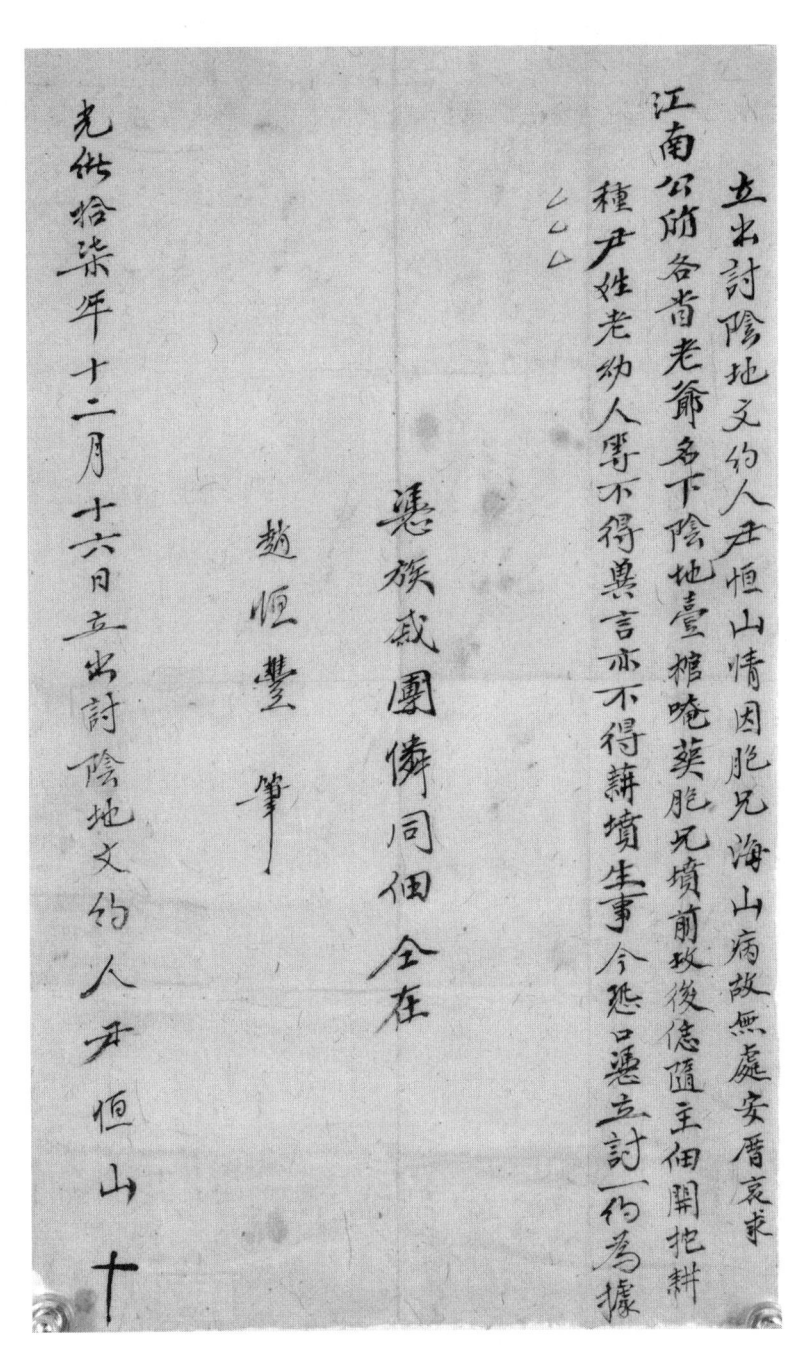

文物号：115183
名称：清光绪十七年尹恒山为胞兄尹海山向江南公所立讨阴地文约
尺寸：纵44厘米，横26厘米

立出讨阴地文约人尹恒山，情因胞兄海山病故，无处安厝，哀求江南公所各省老爷名下阴地壹棺，掩[①]葬胞兄。坟前、坟后恁随主佃开拓耕种，尹姓老幼人等不得异言，亦不得藉坟生事。今恐口凭，立讨一约为据。

凭：族戚团邻同佃
同在
赵恒丰　笔
光绪拾柒年十二月十六日
立出讨阴地文约人：尹恒山

---

①原文为"唵"，当系讹写，据文意改为"掩"。

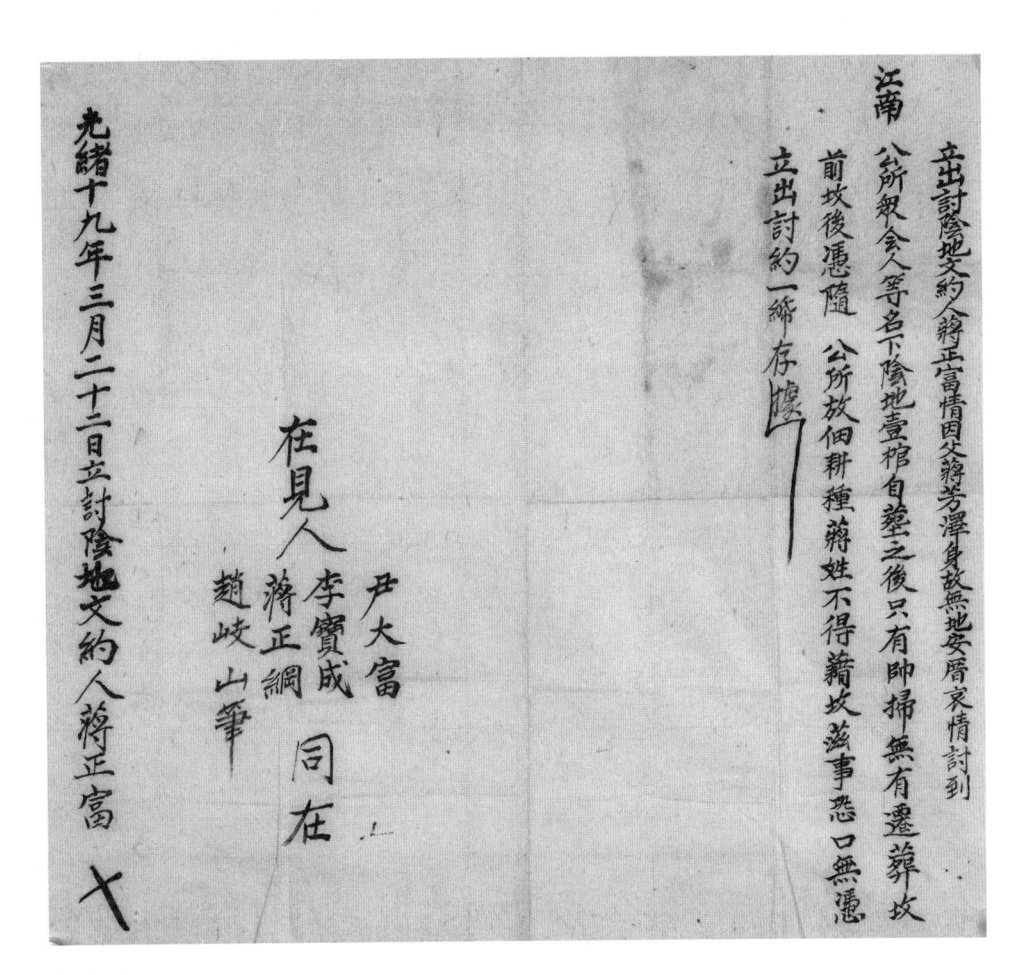

立出討陰地文約人蔣正富情因父蔣芳澤身故無地安厝哀情討到
江南公所衆會人等名下陰地壹棺自葬之後只有時掃無有遷葬坟
前坟後憑隨　公所放佃耕種蔣姓不得藉坟滋事恐口無憑
立出討約一紙存腋

在見人 李寶成　尹大富
　　　　蔣正綱　　　　同在
　　　　趙岐山筆

光緒十九年三月二十二日立討陰地文約人蔣正富 ✗

文物号：115185
名称：清光绪十九年蒋正富为父蒋芳泽向江南公所立讨阴地文约
尺寸：纵42.5厘米，横46.5厘米

立出讨阴地文约人蒋正富，情因父蒋芳泽身故，无地安厝，哀情讨到江南公所众会人等名下阴地壹棺。自葬之后，只有挂[①]扫，无有迁葬，坟前坟后凭随公所放佃耕种，蒋姓不得藉坟滋事。恐口无凭，立出讨约一纸存据。

在见人：尹大富、李宝成、蒋正纲

赵岐山　笔

同在

光绪十九年三月二十二日

立讨阴地文约人：蒋正富

[①] 原文为"帅"，当系讹写，据文意改为"挂"。

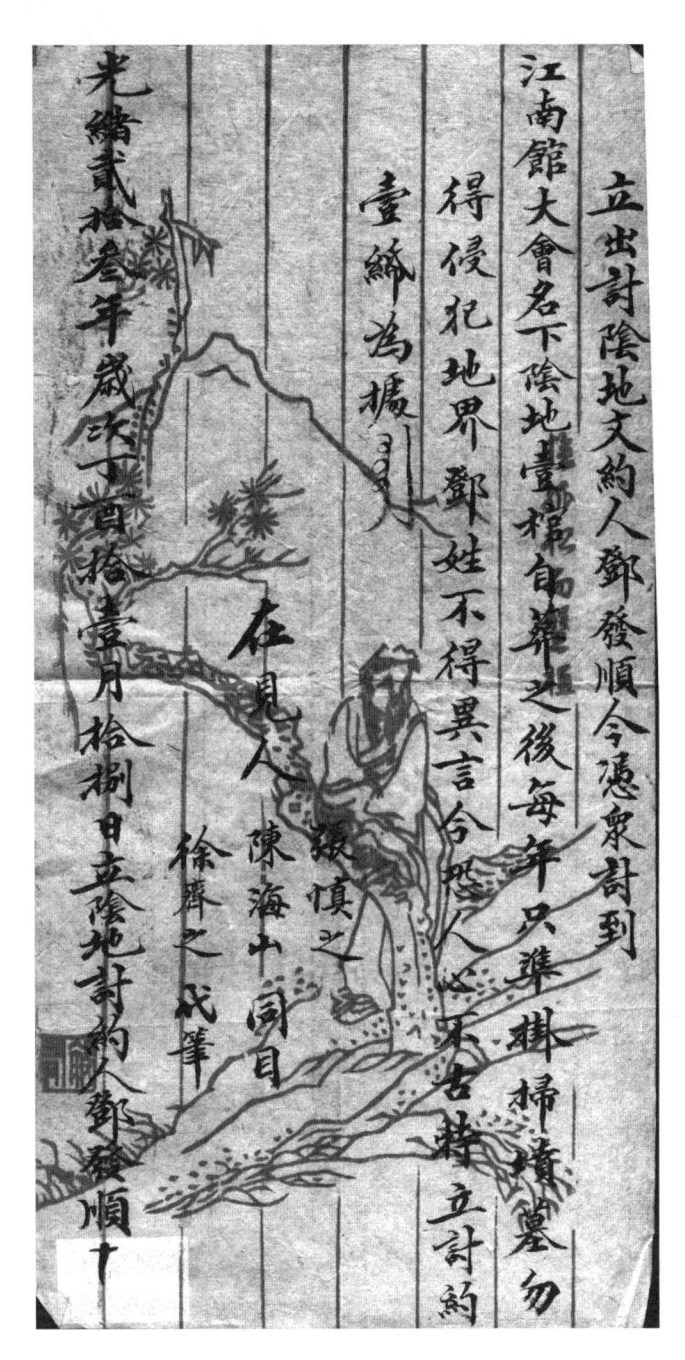

立出討陰地文約人鄧發順今憑衆討到江南館大會名下陰地壹穴的靠之後每年只準掛掃墳墓勿得侵犯地界鄧姓不得異言今恐人必不古特立討約壹紙為據

在見人 陳海山同目
跟慎之
徐聲之代筆

光緒貳拾叁年歲次丁酉拾壹月拾捌日立陰地討約人鄧發順十

文物号：115148
名称：清光绪二十三年邓发顺立江南会馆阴地文约
尺寸：纵24厘米，横12厘米

立出讨阴地文约人邓发顺,今凭众讨到江南馆大会名下阴地壹棺。自葬之后,每年只准挂扫坟墓,勿得侵犯地界,邓姓不得异言。今恐人心不古,特立讨约壹纸为据。

　　　　　　　　　　　　　　在见人:张慎之、陈海山
　　　　　　　　　　　　　　　　徐齐之　代笔
　　　　　　　　　　　　　　　　　　同日
　　　　　　　　　　光绪贰拾叁年岁次丁酉拾壹月拾捌日
　　　　　　　　　　　　　　　立阴地讨约人:邓发顺

文物号：115179
名称：清光绪二十四年日本领事为使女长岛夕向江南会馆立讨阴地文约
尺寸：纵 25.5 厘米，横 59.5 厘米

钦加四品衔赏戴花翎补用同知直隶州署理重庆府巴县事即补县正堂，以铭加三级，纪录十次，记大功九次，王为札饬事案，奉道宪札开准。

日本领事加藤函称使女长岛夕身病故无地埋葬，请饬指地暂行借葬，并妥为保护等。因查渝城各处义地，多系狭隘，惟对江野猫溪江南会馆义地尚可暂行借葬一棺。地面坟堆计匠尺长一丈一尺，宽七尺，坐山东北，朝向西南。依照会规，挨次进葬，不得紊乱。除禀请函覆照办外，合行札饬。为此札，仰该首事等于该故使女进葬时，令其按照丈尺卜堆，并妥为保护。

切上特札

右札仰江南馆首事等准此
光绪二十四年闰三月初八日

立討約人楊文氏今討到江安閤省各位首事名下陰地壹副理葬故夫楊泰軒壹棺至埋之後至許後人祭掃不得侵佔妄修地土石木等件如若不遵與楊文氏是問恐候楊姓准及會上提邌另埋如興言生枝及會上提邌另埋不得異言今恐人心不古特立一紙存據〇

在見人 程大興全
鄧發順
文興祥目
朱瑞臣代書

光緒二十四年戊戌二月吉日立討約楊文氏。

文物号：115180
名称：清光绪二十四年杨文氏为故夫杨泰轩向江南公所立讨阴地文约
尺寸：纵 21.8 厘米，横 32 厘米

立讨约人杨文氏，今讨到江安合省各位首事名下阴地壹副，埋葬故夫杨泰轩壹棺。至埋之后，只①许后人祭扫，不得侵占、妄修地土石木等件。如若不遵，与杨文氏是问。恐俟候杨姓以见、未见人等，如异言生枝，准及会上提迁另埋，不得异言。今恐人心不古，特立一纸存据。

在见人：程大兴、邓发顺、文兴祥

朱瑞臣　代书

同目

光绪二十四年戊戌二月吉日

立讨约人：杨文氏

---

①原文为"至"，当系讹写，据文意改为"只"。

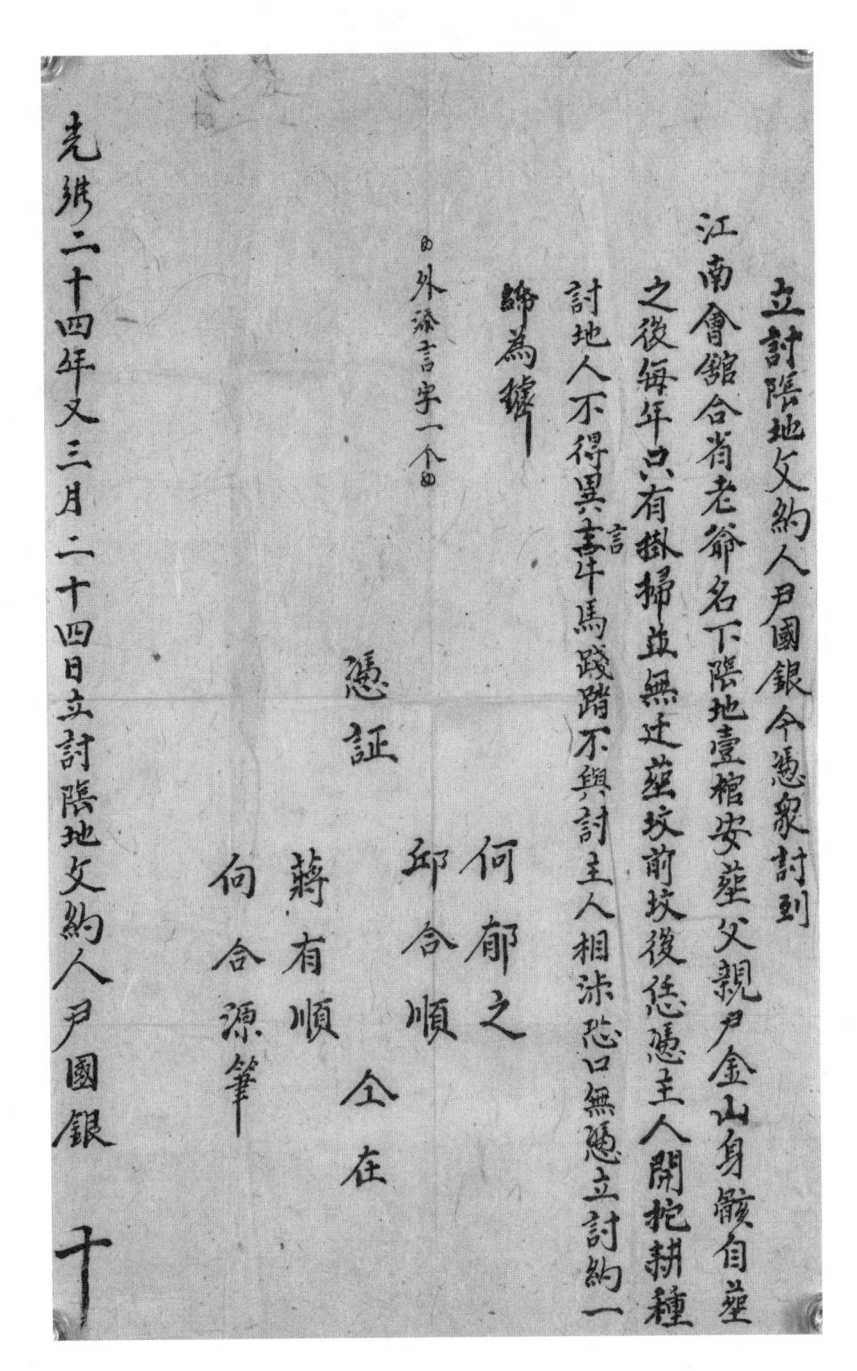

立討隂地文約人尹國銀今憑衆討到
江南會舘合肖老爺名下隂地壹棺安葬父親尹金山身骸自葬
之後每年只有掛掃並無迁葬坟前坟後悉憑主人開挖耕種
討地人不得異言
討地人不得異言牵牛馬踐踏不與討主人相涉恐口無憑立討約一
紙為據

由外添言字一个四

憑証
　　何郁之
　　邱合順　仝在
　　蔣有順
　　向合源筆

光緒二十四年又三月二十四日立討隂地文約人尹國銀十

文物号：115181
名称：清光绪二十四年尹国银为父亲尹金山向江南公所立讨阴地文约
尺寸：纵 43.2 厘米，横 27 厘米

立讨阴地文约人尹国银，今凭众讨到江南会馆合省老爷名下阴地壹棺，安葬父亲尹金山身骸。自葬之后，每年只有挂扫，并无迁葬，坟前坟后恁凭主人开拓耕种，讨地人不得异言，牛马践踏，不与讨主人相涉。恐口无凭，立讨约一纸为据。

凭证：何郁之、邱合顺、蒋有顺
向合源　笔
同在
光绪二十四年又三月二十四日
立讨阴地文约人：尹国银

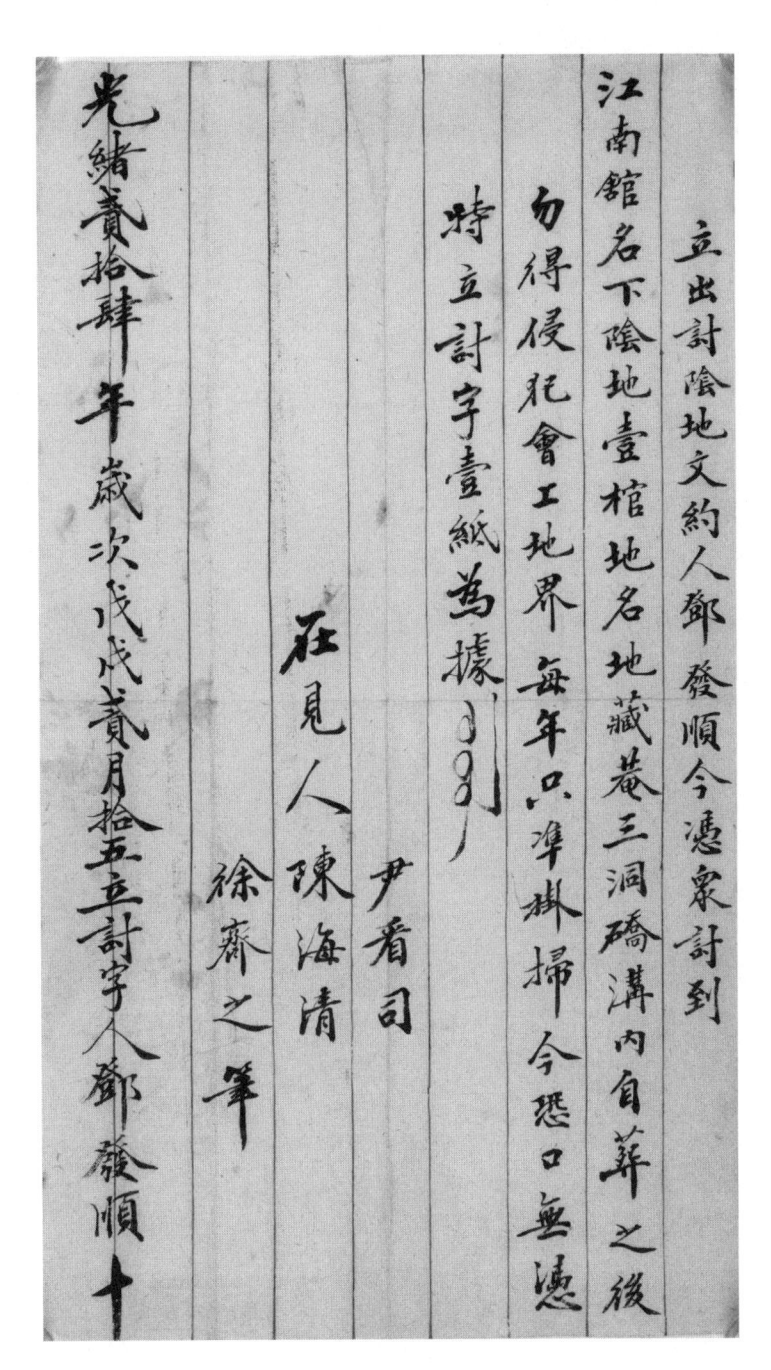

立出討陰地文約人鄧發順今憑眾討到江南館名下陰地壹棺地名地藏菴三洞橋溝內自葬之後勿得侵犯會工地界每年只準掛掃今恐口無憑特立討字壹紙為據

在見人 陳海清
尹着司
徐齋之筆

光緒貳拾肆年歲次戊戌貳月拾五立討字人鄧發順十

文物号：115184
名称：清光绪二十四年邓发顺向江南公所立讨阴地文约
尺寸：纵26厘米，横14.5厘米

立出讨阴地文约人邓发顺，今凭众讨到江南馆名下阴地壹棺，地名地藏庵三洞硚沟内。自葬之后，勿得侵犯会上地界，每年只准挂扫。今恐口无凭，特立讨字壹纸为据。

在见人：尹看司、陈海清

徐齐之　笔

光绪贰拾肆年岁次戊戌贰月拾五

立讨字人：邓发顺

第一章 慈善

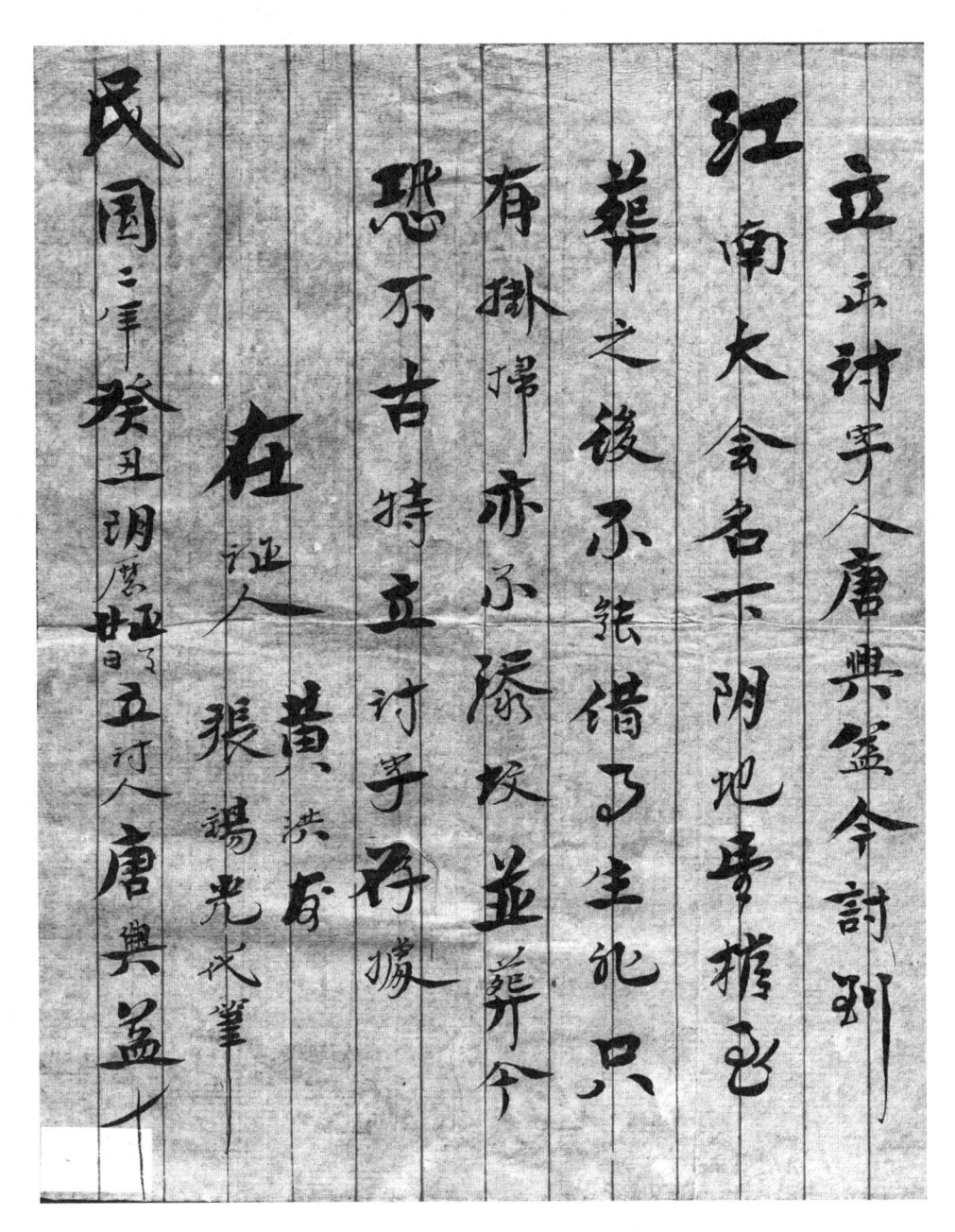

立讨字人唐典鉴今讨到江南大会名下阴地壹掩正葬之後不张借乃生施只有掛掃亦不添坟並葬今恐不古特立讨字存據

在証人 黄洪春
張錫光代筆

民國二年癸丑胡月廿五日讨字人唐典益

文物号：115264
名称：民国二年唐兴益向江南公所立讨阴地文约
尺寸：纵 25.5 厘米，横 20 厘米

立出讨字人唐兴益，今讨到江南大会名下阴地壹棺。至葬之后，不能借事生非，只有挂扫，亦不添坟并葬。今恐不古，特立讨字存据。

在证人：黄洪发

张锡光　代笔

民国二年癸丑阴历正月廿日

立讨人：唐兴益

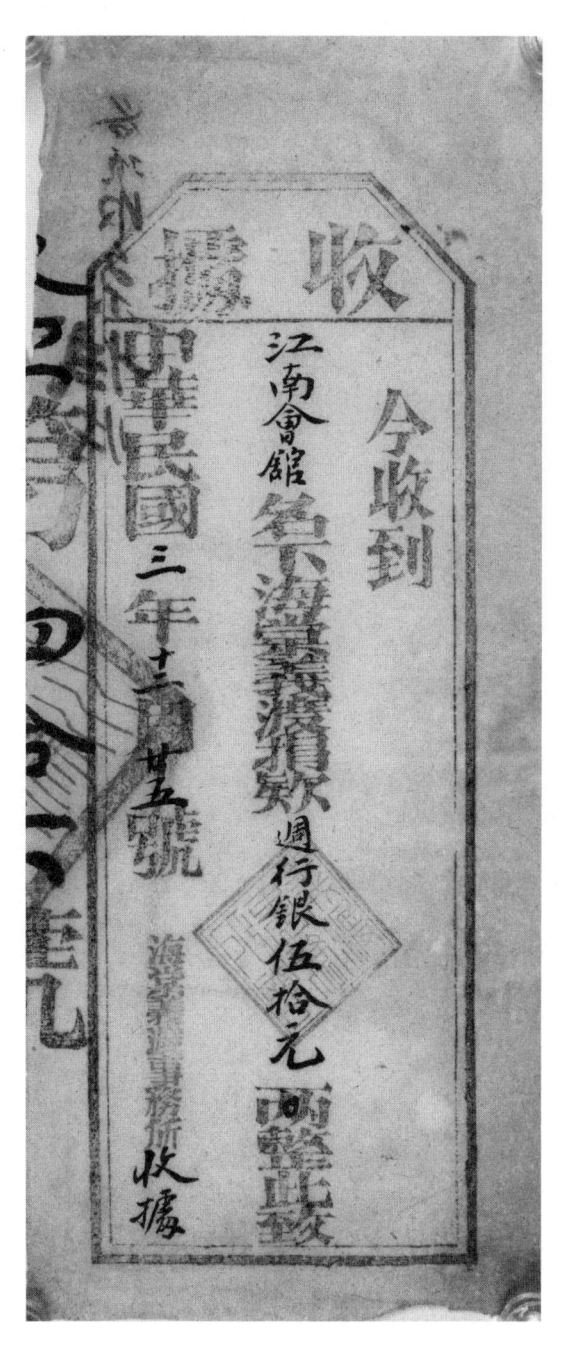

文物号：115231
名称：民国三年海棠义渡事务所付江南会馆收据
尺寸：纵29厘米，横12厘米

收据

今收到江南会馆名下海棠义渡捐款周行银伍拾元整,此致。

中华民国三年十二月廿五号

海棠义渡事务所　收据

收據

今收到江南館大善士捐助銀洋貳拾元正除另行登報誌謝外合掣收條存據

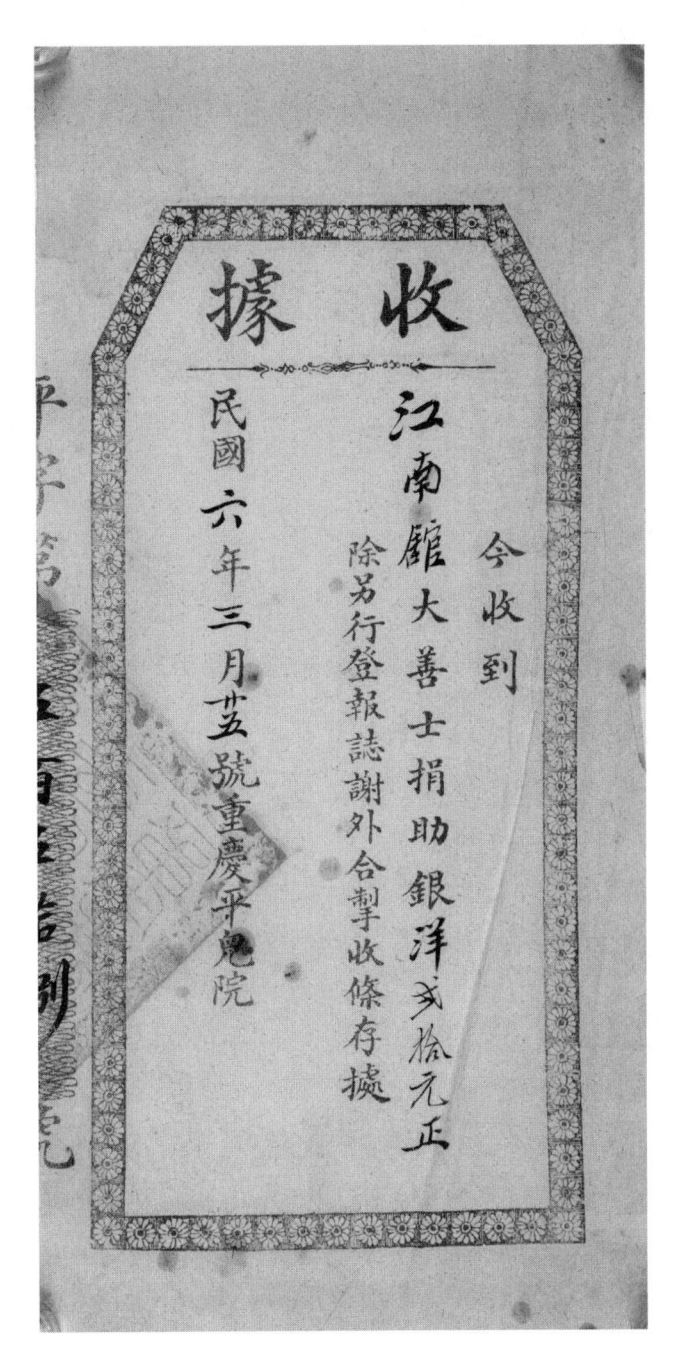

民國六年三月廿五號重慶平兒院

文物号：115207
名称：民国六年江南馆捐重庆平儿院银洋二十之收据
尺寸：纵24.5厘米，横12厘米

收据

今收到江南馆大善士捐助银洋贰①拾元正,除另行登报志谢外,合掣收条存据。

民国六年三月廿五号

重庆平儿院

---

① 原文为"弍",为"二"字古文,按现行规范改为"贰"。后同。

文物号：115350

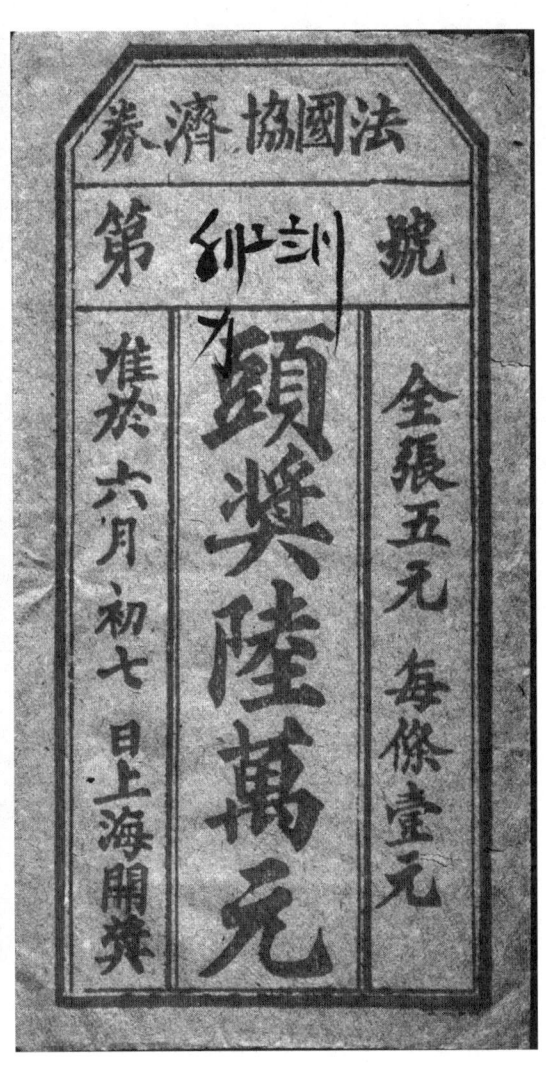

名称：民国时期法国欧战协济会票据

尺寸：左：纵 19.1 厘米，横 7.8 厘米；右：纵 15 厘米，横 7.8 厘米

法国欧战协济会

大法国政府批准发行慈善奖励券　法国驻京公使奉令监理

壹圆

定于一千九百十八年七月十四日在上海法公董局议事厅当众抽签,每张价洋伍圆分为伍条,每条壹圆。

法国协济券

第 52683 号

头奖陆万元

全张五元

每条壹元

准于六月初七日上海开奖

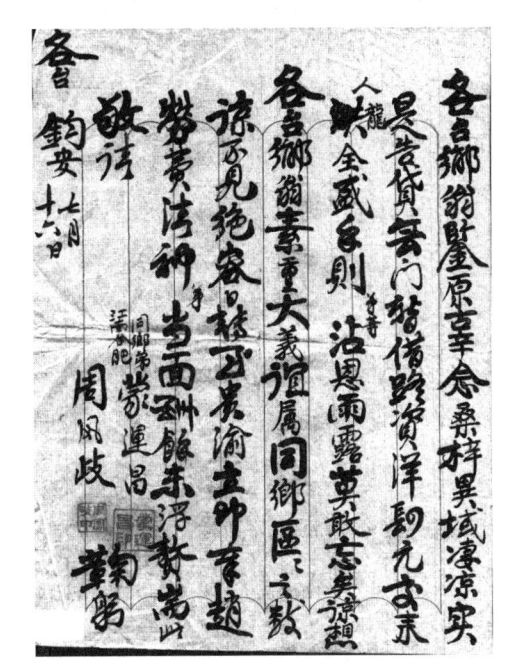

文物号：115369
名称：民国蒙运昌、周凤歧乞借路资借条
尺寸：纵 30.4 厘米，横 23 厘米

敬维

江南会馆值年首事各台乡翁钧鉴：异地相隔，未复恳亲，不胜饥渴之慕。兹此乡弟等，因到万办要事，转至贵渝。因有病，在斯调治半月有余。现病稍愈，欲往前进。衣物当完，缺乏路资，人地两生，实是无法起身。辄见会馆平地生出故乡，只得草函来敬请，邀求各台乡翁鉴，原幸念桑梓异域凄凉，实是告贷无门，暂借路资洋肆元，交来人龙全盛，余则弟等沾恩雨露，莫敢忘矣。谅想各台乡翁素重大义，谊属同乡，区区之数，谅不见绝容。日转至贵、渝，立即奉赵。劳费清神，弟当面酬。余未浮赘，专此敬请。

      同乡弟　江南合肥蒙运昌、周凤歧　鞠躬
         各台　钧安
         七月十六日

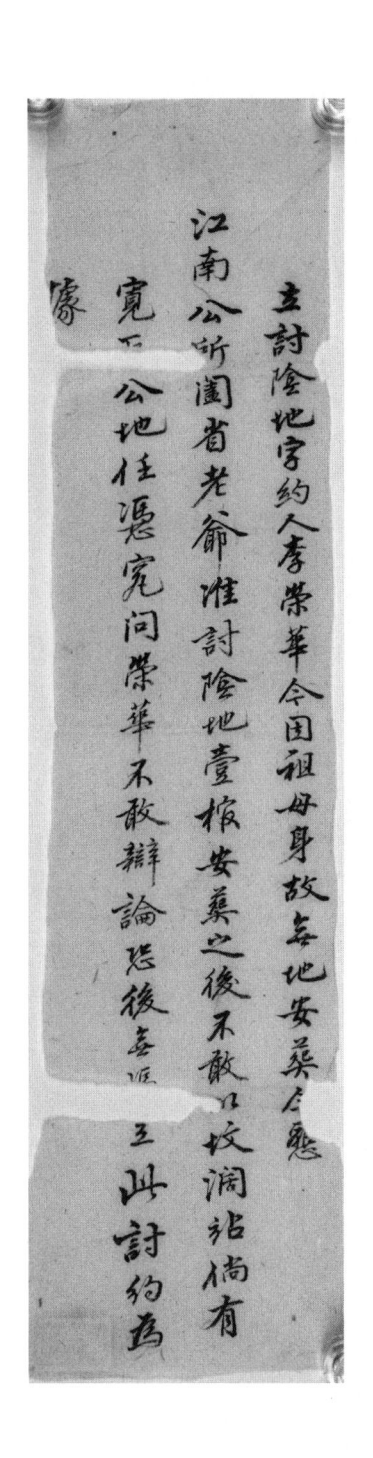

立討陰地字約人李榮華今因祖母身故無地安葬今懇
江南公所聽閩省老爺准討陰地壹桍安葬之後不敢以坟澗粘偶有
寬下公地任憑寬問榮華不敢辯論恐後無証立此討約為
憑

文物号：115265
名称：民国李荣华为祖母向江南公所立讨阴地文约
尺寸：纵38.1厘米，横8.7厘米

立讨阴地字约人李荣华，今因祖母身故，无地安葬，今恳江南公所阖省老爷，准讨阴地壹棺。安葬之后，不敢以坟扩占①，倘有宽占公地，任凭究问，荣华不敢辩论。恐后无凭，立此讨约为据。

---

①原文为"阔站"，当系讹写，据文意改为"扩占"。

第二章　工商

一、概述

　　重庆中国三峡博物馆藏江南会馆文书工商类有32件套，本书选录了其中的24件套，时间上自清代同治年间到民国时期。会馆的建设经费主要来自工商业者的捐款，在建设之后，会馆主要职责之一是参与工商业及管理，工商业者因此可以借助会馆的影响力不断壮大自身财力和影响。会馆参与的工商业活动有两大类，一是传统工商业，二是购买股票，如购买川汉铁路股票[1]。在江南会馆的文契中，文物号115192的文契为《江南馆完交铁路租股收据》，记载了江南会馆交给巴县铁路租股局的租股，自光绪三十年（1904）至宣统年间到民国时期，共十年的租股；[2]还有购买南洋劝业会股票。[3]

　　会馆的建立与商人活动关系密切。协调商贸纠纷、制定行业规则，以及与政府进行接洽，是设立会馆的重要目的。重庆八省会馆在维护商业秩序、保护商帮利益、分担政府忧患、解决社会事务等方面做得非常出色。清代重庆各行各业，都定有行规，凡商业纠纷，概以行规为断；而解释行规，调处纠纷，皆以八省客长意见为主，在八省客长处理之后，再禀官判决。八省会馆在很多情况下，代替政府行使工商行政管理的职能。为了更有效地解决商贸纠纷，在政

---

[1] 重庆中国三峡博物馆藏，文物号115141。
[2] 重庆中国三峡博物馆藏，文物号115192。
[3] 重庆中国三峡博物馆藏，文物号115196-1。

府的促成下，嘉庆二十二年（1817），几大会馆建立了联合办公机制，成立八省公所，办公地址设在长安寺，即今之新华路第二十五中学校内。

会馆行帮受政府委托，参与牙帖调查。重庆为川东重要码头，人员、货物流动量大，商业迅速发展起来，到康熙末年，已是相当发达，成为中心城市了，诚如史料所云："巴为泉货薮，商贾丛集，行帖一项，十倍他邑。"①在雍正二年（1724），恢复了牙课司，给重庆城内各商帮颁帖经营，共颁152张，规范了重庆商业活动。所谓牙帖，就是官府发给商户的经营许可证，商户凭此证纳税，可以得到官府的保护，但商户也要承担官府的差役。具体而言，前述152张牙帖包括山货55帖，广货20帖，杂粮12帖，药材8帖，青靛8帖，竹木8帖，还有棉花、瓷器、布行、麻行、花板行、猪行、酒行、烟行、油行、糖行、毛货行、纱缎行、丝行等等，以山货、杂粮、广货等为大宗。

到了嘉庆六年（1801），根据重庆府谕示八省会馆客长："确查渝城有帖行户，共有若干，某人系何省民人，开设何行；其无帖开行之家共有几家，所开何行，为人是否信实，家道充足与否。尔等系属同乡，自必深知底里，着就本省客长联名具保，方准开设。倘有拐骗放筏，亏空客本，着落具保之客长分赔……该客长等务须逐细清查，共同酌议，亲身赴辕具禀，以凭出示，勒石永远遵行。本府并不假手胥役，恐致滋扰。该客长等亦当秉公妥办，勿得藉端生事，定干重究，特谕。"②

根据府宪（重庆知府）的要求：一要八省会馆客长确查重庆城内的工商业户，官府不派人参与；二要由客长担保牙帖工商户；三是对资本不够或无本商户，要取缔其经营；四是对"有事故、歇业、资本消乏，即令退帖"，再另募商户持帖经营。这是对重庆城工商业秩序的一次全面清查和整顿。其目的是为了避免"将来亏空客本者"，即杜绝本地坐贾欺骗外地行商。

八省会馆清理结果，总共开行者牙帖有109张，其中江西移民40户，湖广移民43户，福建移民11户，陕西移民6户，江南移民5户，广东移民2户，

---

① （清）王尔鉴等：《巴县志》卷3《课税》，清乾隆二十五年（1760），第40页。
② 四川省档案馆、四川大学历史系主编：《清代乾嘉道巴县档案选编》，成都：四川大学出版社，1989年，第252页。

四川保宁移民2户，浙江、山西两省以及重庆土著无开行领帖之人。①

牙帖的颁发与管理，有效地规范了重庆工商业秩序。从牙帖的管理和对工商业的清理中，可知会馆与政府的合作是何等配合。若牙帖持有人不能经营等，须缴存官府另募。若要转于他人或后人继承，亦必须报请官府审核批准。巴县档案中就保存有较多这样的帖文。

会馆对商业秩序的调节作用是非常明显的。重庆许多商业纠纷的处理，官府都是先询八省会馆意见，或者直接委派八省会馆调解。主要表现在以下事例中：乾隆二十八年（1763）发生的一起诉状，因重庆锡匠铺秤的轻重，刘起龙等供述："小的今年四十九岁，在本城开锡匠铺，打锡生理。向来行内买锡的秤是十八两五钱，有卖客刘域们，私把行秤砝码都改轻了。小的们具控捕府批委七省客长公议禀复。"②当时尚有广东会馆正在建设之中而未被纳入。

嘉庆元年（1796），渝城胰染绸绫布匹头绳红坊众艺师友等公议章程中就说："今我等胰染绸绫布匹头绳红坊染匠一业，先起自立禹王庙，兴会百多余年，并无紊乱行规"，"我等红坊同行做艺师友，公请各铺户老板至禹主（王）庙公议，演戏治酒叙咨"。③

嘉庆九年（1804），有陈大丰、金海望、吴起彦、吴老五等合伙开裕兴棉花行，筹银29700余两，但吴起彦、吴老五二人尚差2490余两，后发生诉案，"请经八省客长公议，行归海望承开"，其余合伙银两归还。④

在渝城，陕、楚商帮向以经营棉花为主，"由外省贩运棉花，投渝城千厮门、朝天门，凭行发售。其价因所时市高下，而秤自有一定成规。自乾隆三十六年（1771）始置针秤，以十六两成斤，迄今五十年外，货物倍多，一遇行情疲钝，买者贪贱，卖者求速，以致行户图销客货，其秤不惟不以对针为度，且额外推叫数斤，遂废旧规。是以于五十八年请凭八省客首将推叫之数斤情愿加

---

① 四川省档案馆编：《清代巴县档案汇编·乾隆卷》，北京：档案出版社，1991年，第263—265页。
② 四川省档案馆编：《清代巴县档案汇编·乾隆卷》，北京：档案出版社，1991年，第269页。
③ 四川省档案馆、四川大学历史系主编：《清代乾嘉道巴县档案选编》，成都：四川大学出版社，1989年，第236页。
④ 四川省档案馆、四川大学历史系主编：《清代乾嘉道巴县档案选编》，成都：四川大学出版社，1989年，第338页。

入秤内，比较花秤砰码，以一千七百二十八两为一百斤，铸有铁制，以冀永远无紊"。后以"年久弊生，较前尤甚，故买卖争竞"。于嘉庆十四年（1809）正月陕、楚商民"仍请八省客首选照五十八年旧规定以对针为准，无叫无推，另铸铁制，计重一百二十斤，分给各行，并议程规，已行数月，买卖公允。至买卖棉花银色仍照旧规办理"。嗣并禀请巴县知事叶，"示谕各行户买卖棉花，遵照旧规铸定铁制，较准砰码针秤，务以对针为度，不得于秤内推暗叫，以及错针不对，至起争端。其银仍照旧规成色，平照原码交兑，更不得以低色潮银轻平勒交"，"倘行户胆敢故违，混乱不遵者，许尔各商民等据实指名具禀"，"以凭究办，决不姑宽"。①

　　会馆有效地调整了不同省籍间同行商人间的纠纷，规范了商业秩序。正如窦季良先生所言："同乡人士的纠纷案件一经'八省'公断，双方便无异议，即便是有不服公断者再诉于官府，官府也是以'八省'所断的为依归。自康熙以后历至咸同而益盛。"②会馆不但经营工商事项，还直接参与管理，代替地方政府承担了部分工商管理的职能。

---

　　①《嘉庆十四年六月初六日八省客长暨总理首事刊立"永定章程"碑记》，转引自窦季良：《同乡组织之研究》，上海：正中书局，民国三十五年（1946），第70页。
　　②社会部研究室主编，窦季良编著：《同乡组织之研究》，上海：正中书局，民国三十五年（1946），第35页。

二、文书

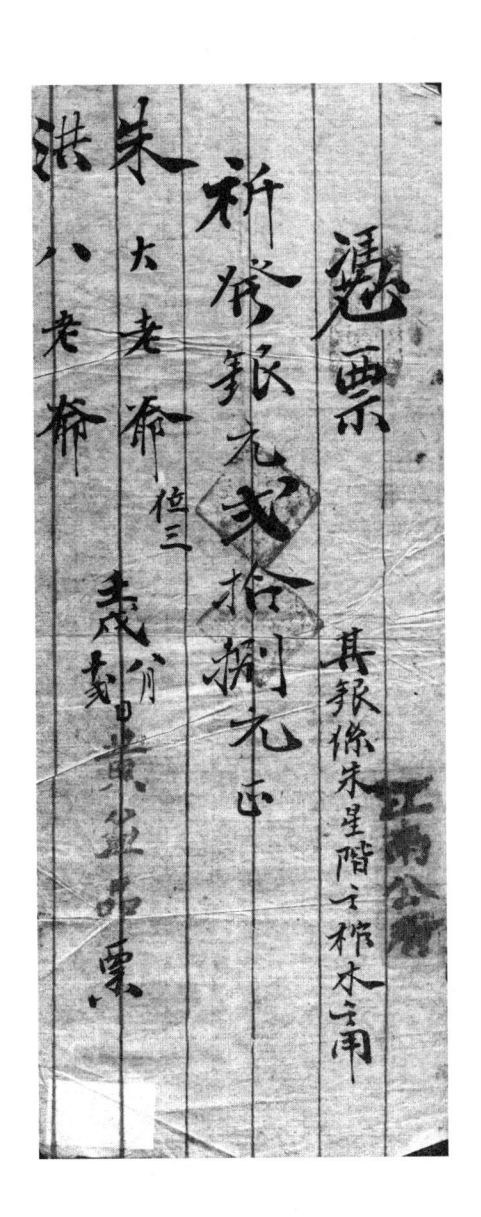

文物号：115134
名称：清江南公所黄益品票
尺寸：纵 25 厘米，横 10 厘米

凭票

江南公所

其银系朱星阶之榨木之用

祈发银元贰拾捌元正

朱大老爷　位三　洪八老爷

壬戌八月十贰日　黄益品　票

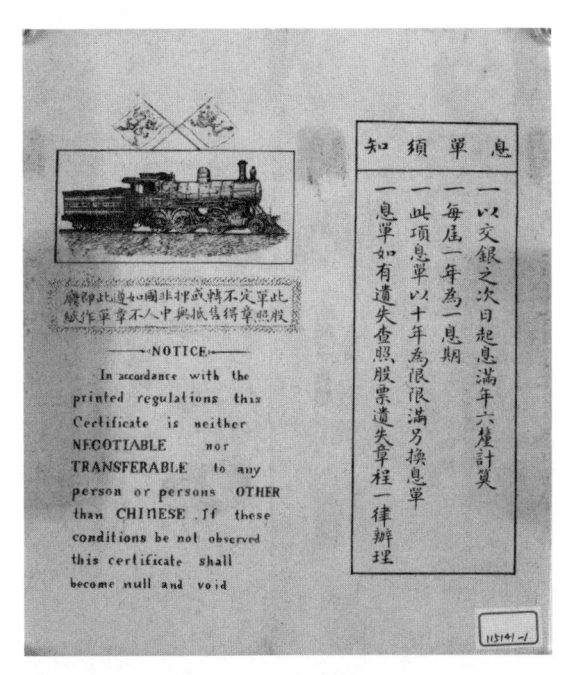

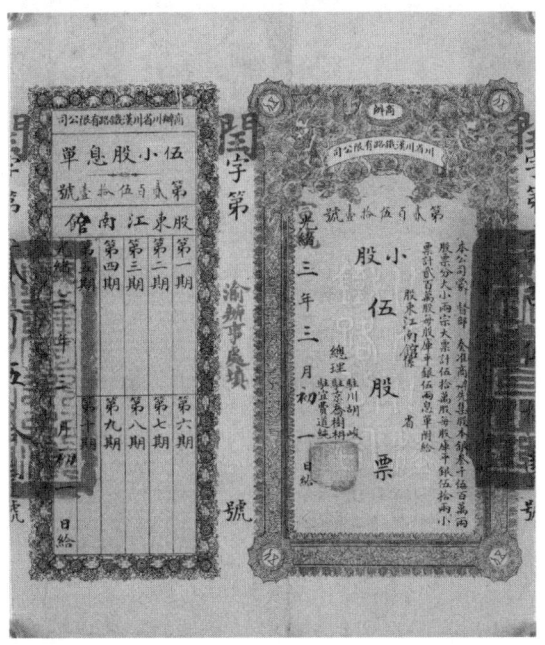

文物号：115141
名称：光绪三年江南会馆购川省川汉铁路有限公司股票
尺寸：纵23厘米，横20厘米

川省川汉铁路有限公司
第贰百伍拾壹号

本公司蒙督部奏准商办，先集股本银叁千伍百万两。股票分大小两宗，大票计伍拾万股，每股库平银伍拾两，小票计贰百万股，每股库平银伍两，息单附给。

股东江南馆　系　　　省

小股伍股票

总理驻川胡峻、驻京乔树枬、驻宜费道纯

宣统三年三月初一日给

息单须知

一、[①]以交银之次日起息，满年六厘计算；

一、每届一年为一息期；

一、此项息单以十年为限，限满另换息单；

一、息单如有遗失，查照股票遗失章程一律办理。

---

①原文中的"一"为每行开头的符号，故录入文中在"一"后加顿号，表项目符号。后同。

文物号：115192
名称：清光绪、宣统、民国年间江南馆完支铁路租股收据
尺寸：纵16厘米，横89.6厘米

重庆府巴县铁路租股局为给发息折事

今据江南馆租户完缴租股，特给此折①，并将收银日期、数目分年填注于后。照新章三十三年五月初一日起，周年陆厘行息，所有三十三年应付前两年之利息，仍照肆厘计算。至于三十四年应付前三年之利息，一律截至三十三年四月底止，按照肆厘计算，自五月起即照陆厘计算。以后无论新抽旧抽，均照陆厘行息，年归年款，按年截清。每年缴租股时即凭此折支息，幸勿遗失自误。除填给收票外，发给此折存据。

光绪三十年　月　日给

光绪三十一年第一年实抽租谷　石　斗　升　合　勺
折收库平银　拾　两　钱　分　厘　毫　月交年
连前　无
付息　无
除换去股票　张存银　两　钱　分　厘　毫

光绪三十二年第二年实抽租谷　石　斗　升　合　勺
折收库平银　拾　两　钱　分　厘　毫　月交年
连前共收库平银　拾　两　钱　分　厘　毫
付去第　年息，库平银　两　钱　分　厘　毫
除换去股票　张存银　两　钱　分　厘　毫

光绪三十三年第三年实抽租谷　石　斗　升　合　勺
折收库平银〇②拾〇两〇钱〇分〇厘〇毫　月交年
连前共收库平银壹拾九两壹钱叁分〇厘〇毫〇
付去第　年息，库平银〇两〇钱〇分〇厘〇毫〇

---

①原文为"摺"，据今人用字习惯改为"折"，"折子"之意。
②据原件，此处"〇"保留原貌，义为没有、零。后同。

除换去股票〇张，存银〇两〇钱〇分〇厘〇毫〇

光绪三十四年第四年实抽租谷　石　斗　升　合　勺
折收库平银壹拾三两四钱叁分〇厘〇毫　月交年
连前共收库平银三拾贰两五钱六分〇厘〇毫
付去第　年息，库平银壹两叁钱叁分玖厘□毫
除换去股票〇张，存银叁拾贰两五钱六分〇厘〇毫

宣统元年第五年实抽租谷　石　斗　升　合　勺
折收库平银壹拾壹两三钱〇分八厘五毫　月交年
连前共收库平银四拾三两八钱六分八厘五毫
付去第　年息，库平银壹两九钱五分三厘六毫
除换去股票壹张，存银三两八钱六分八厘五毫

宣统贰年第六年实抽租谷　石　斗　升　合　勺
折收库平银〇拾〇两〇钱〇分〇厘〇毫　月交年
连前共收库平银拾三两八钱六分八厘五毫
付去第　年息，库平银〇两贰钱三分贰厘□毫
除换去股票〇张，存银三两八钱六分八厘五毫

　　　年第七年实抽租谷　石　斗　升　合　勺
折收库平银　拾　两　钱　分　厘　毫　月交年
连前共收库平银　拾　两　钱　分　厘　毫
付去第　年息，库平银　两　钱　分　厘　毫
除换去股票　张，存银　两　钱　分　厘　毫

　　　年第八年实抽租谷　石　斗　升　合　勺

折收库平银　拾　两　钱　分　厘　毫　月交年
连前共收库平银　拾　两　钱　分　厘　毫
付去第　年息，库平银　两　钱　分　厘　毫
除换去股票　张，存银　两　钱　分　厘　毫

　　　　　年第九年实抽租谷　石　斗　升　合　勺
折收库平银　拾　两　钱　分　厘　毫　月交年
连前共收库平银　拾　两　钱　分　厘　毫
付去第　年息，库平银　两　钱　分　厘　毫
除换去股票　张，存银　两　钱　分　厘　毫

　　　　　年第十年实抽租谷　石　斗　升　合　勺
折收库平银　拾　两　钱　分　厘　毫　月交年
连前共收库平银　拾　两　钱　分　厘　毫
付去第　年息，库平银　两　钱　分　厘　毫
除换去股票　张，存银　两　钱　分　厘　毫

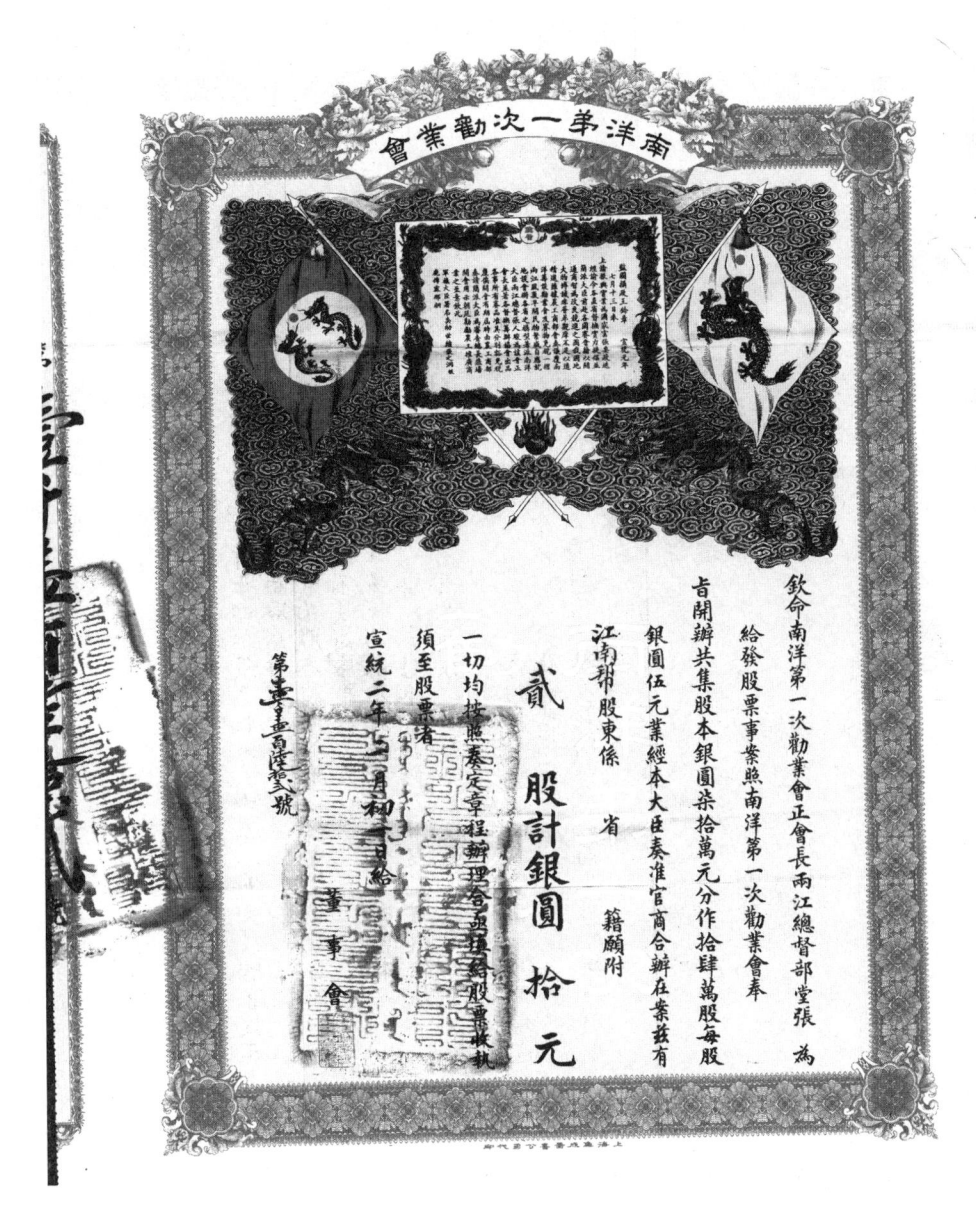

文物号：115196-1
名称：清宣统二年南洋第一次劝业会江南会馆股票
尺寸：纵33.5厘米，横27.5厘米

南洋第一次劝业会

钦命南洋第一次劝业会正会长两江总督部堂张为给发股票事，案照南洋第一次劝业会奉旨开办，共集股本银圆柒拾万元，分作拾肆万股，每股银圆伍元，业经本大臣奏准，官商合办在案。兹有江南帮股东系　　省　　籍，愿附贰股，计银圆拾元。

一切均按照奏定章程办理，合亟填给股票。收执须至股票者。

宣统二年二月初一日给
董事会
第壹千壹百陆拾贰号

南洋第一次勸業會有限公司股票

股東江南帮

第壹千壹百陸拾貳號 計 貳 股

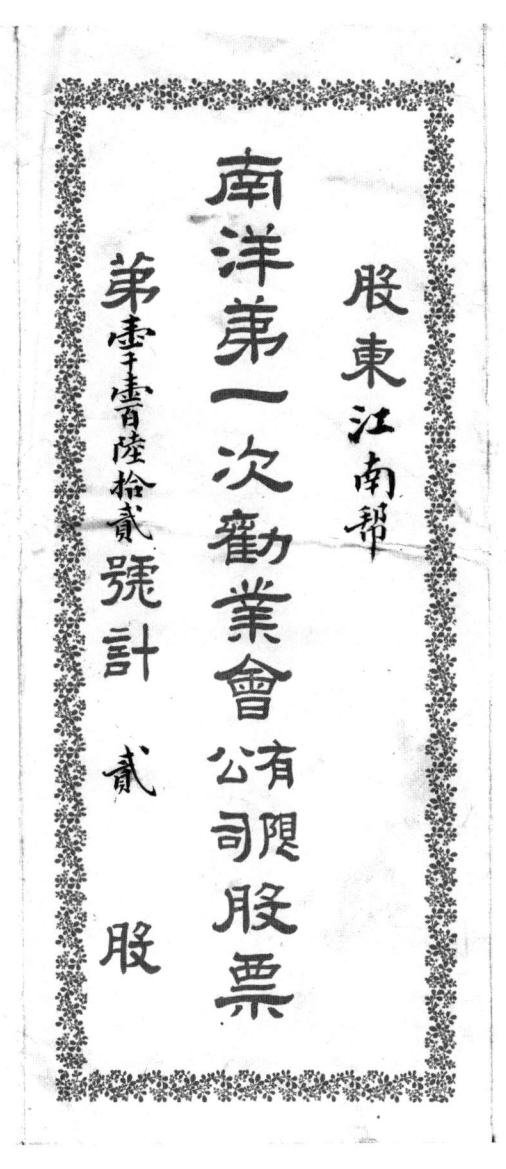

文物号：115196-2
名称：清宣统二年南洋第一次劝业会江南会馆股票
尺寸：纵33.5厘米，横27.5厘米

股东：江南帮

南洋第一次劝业会有限公司股票

第壹千壹百陆拾贰号　计贰股

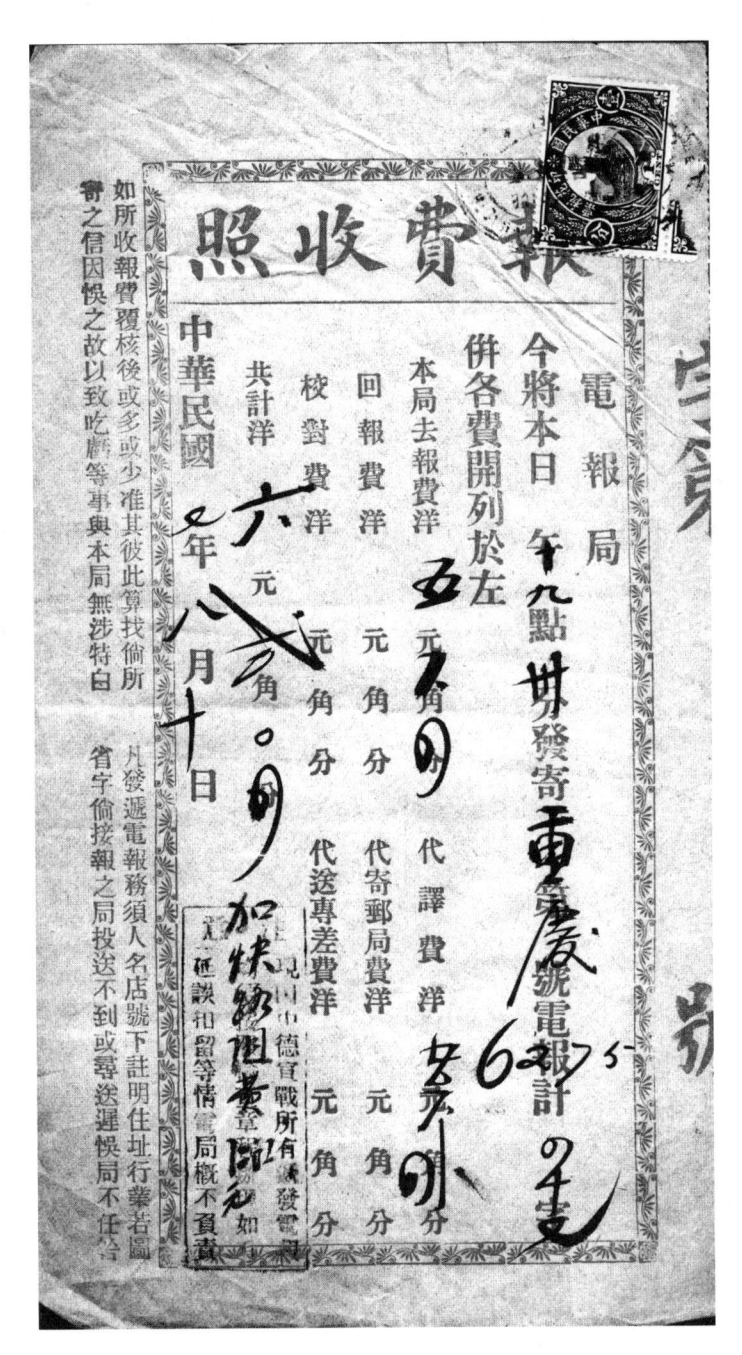

文物号：115362
名称：民国七年江南会馆电报收据
尺寸：纵23.5厘米，横12.5厘米

报费收照

电报局

今将本日　午十九点卅分发寄重庆第 6275 号电报，计四十七字，并各费开列于左。本局去报费洋五元六角四分，代译费洋九元六角四分，回报费洋　元　角　分，代寄邮局费洋　元　角　分，校对费洋　元　角　分，代送专差费洋　元　角　分，共计洋六元贰角○分

中华民国七年八月十日

注：现因中德宣战，所有递发电报须按照章程办理，加快路阻费 1276 元，意如有延误扣留等情，电局概不负责。

通知單

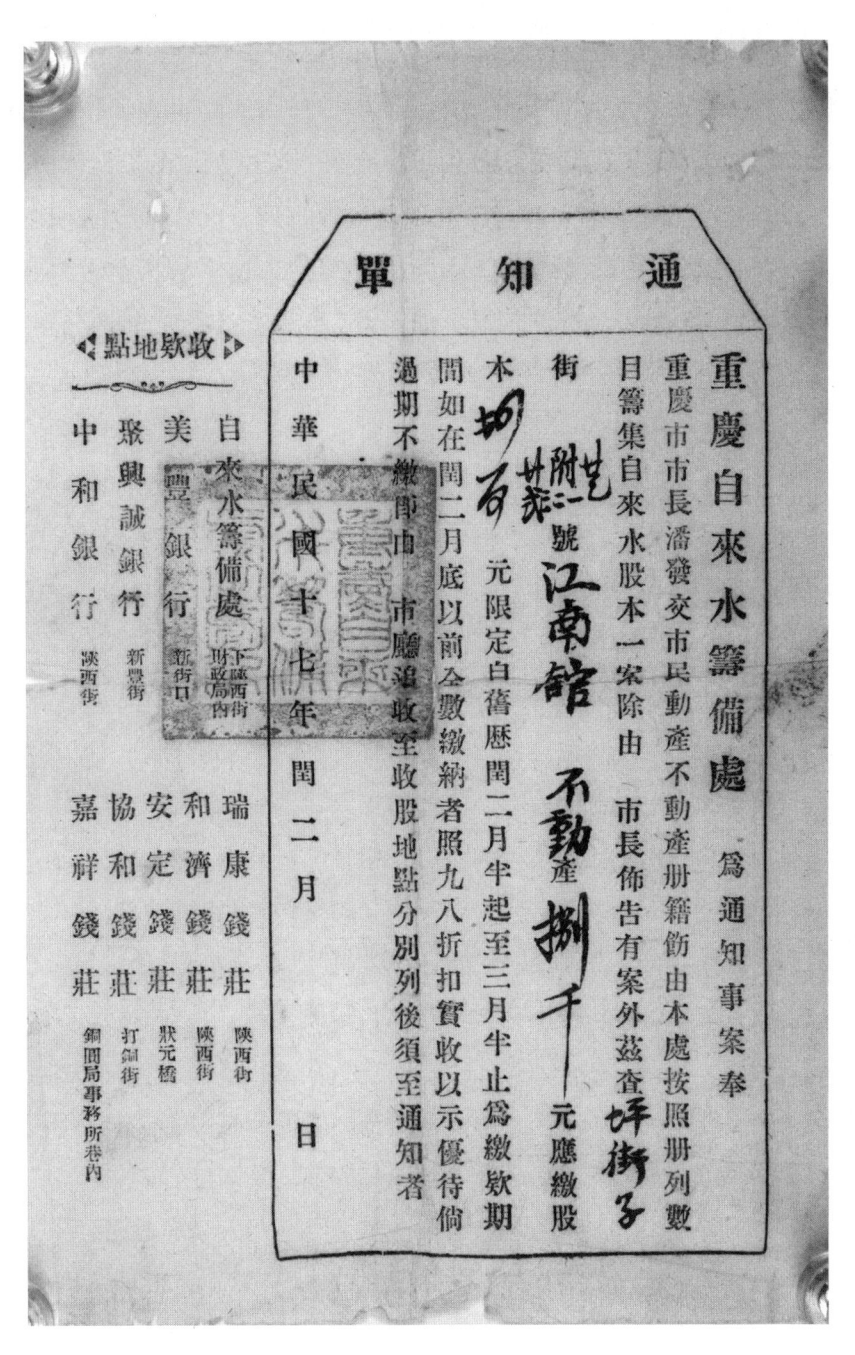

重慶自來水籌備處 為通知事案奉

重慶市市長潘發交市民動產不動產冊籍飭由本處按照冊列數目等籌集自來水股本一案除由市長佈告有案外茲查坪街子

街 ○○ 先 廿 附 貳 號 江南館 不動產 捌千 元應繳股

本 ○○ 元限定自舊歷閏二月半起至三月半止為繳欠期間如在閏二月底以前全數繳納者照九八折扣實收以示優待倘過期不繳即由市廳追收至收股地點分別列後須至通知者

中華民國十七年閏二月 日

◆敬欠地點◆

自來水籌備處 下臟西街財政局內
美豐銀行 新街口
聚興誠銀行 新豐街
中和銀行 漢西街

瑞康錢莊 陝西街
和濟錢莊 陝西街
安定錢莊 狀元橋
協和錢莊 打銅街
嘉祥錢莊 銅圓局事務所巷內

文物号：115345-1
名称：民国十七年重庆自来水筹备处催江南馆交费通知书
尺寸：纵 24.5 厘米，横 16 厘米

重庆自来水筹备处为通知事案

奉重庆市市长潘,发交市民动产、不动产册籍,饬由本处按照册列数目筹集自来水股本一案,除由 市长布告有案外,兹查坪街子街廿一附一、二、三、廿二号江南馆不动产捌千元,应缴股本肆百元。限定自旧历闰二月半起,至三月半止为缴款期间。如在闰二月底以前全数缴纳者,照九八折扣实收,以示优待。倘过期不缴,即由市厅追收。至收股地点分别列后,须至通知者。

重庆自来水筹备处(印)
中华民国十七年闰 二 月 日

收款地点:

自来水筹备处	下陕西街财政局内
美丰银行	新街口
聚兴诚银行	新丰街
中和银行	陕西街
瑞康钱庄	陕西街
和济钱庄	陕西街
安定钱庄	状元桥
协和钱庄	打铜街
嘉祥钱庄	铜圆局事务所巷内

通知單

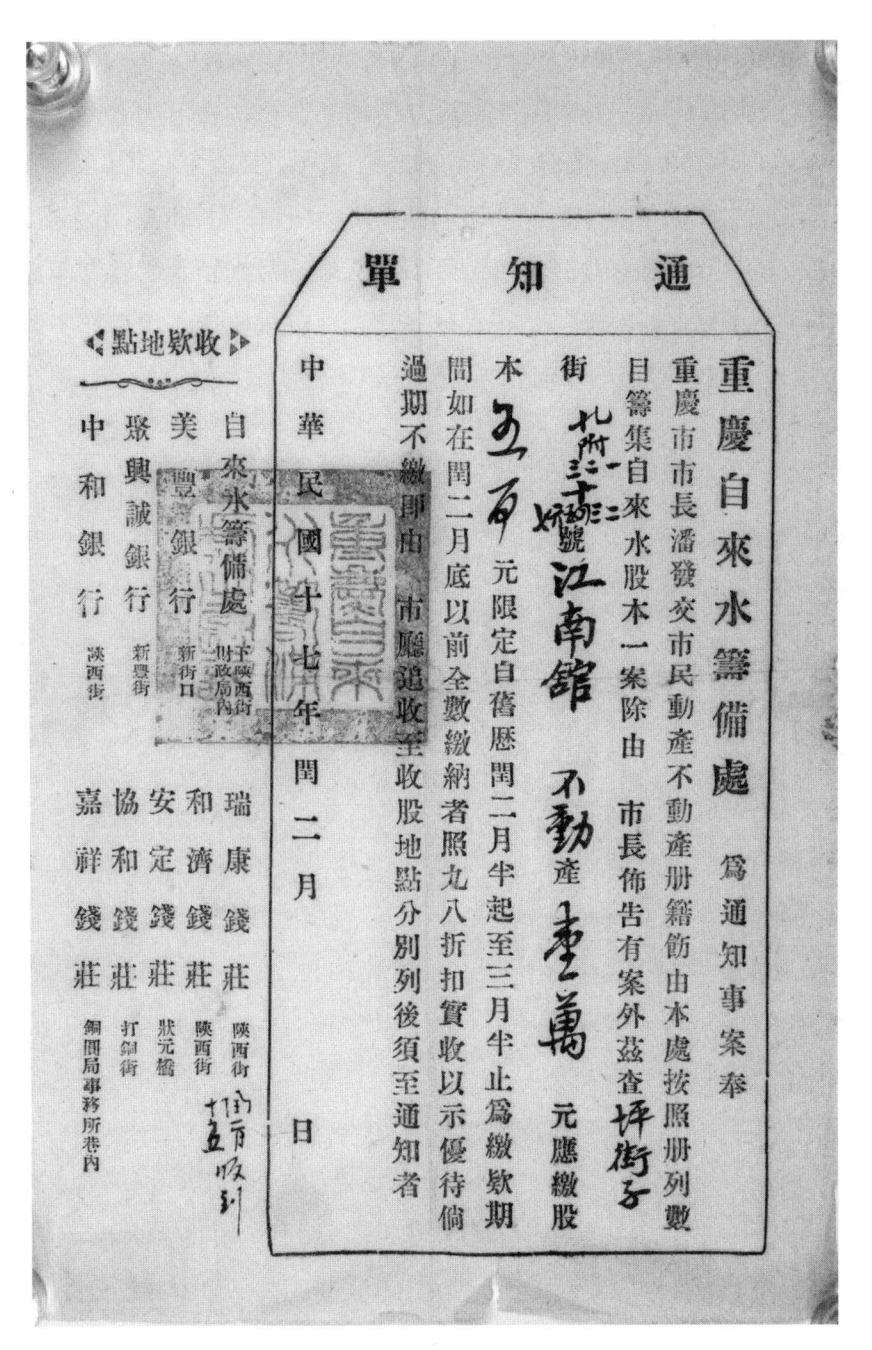

重慶自來水籌備處　為通知事案奉

重慶市市長潘發交市民動產不動產冊籍飭由本處按照冊列數目籌集自來水股本一案除由市長佈告有案外茲查坪街子

街 九附三十橋號 江南館 不動產 李二萬 元應繳股

本 五百 元限定自舊歷閏二月半起至三月半止為繳欵期間如在閏二月底以前全數繳納者照九八折實收以示優待倘過期不繳即由市廳追收至收股地點分別列後須至通知者

中華民國十七年閏二月　日

◆收欵地點◆

自來水籌備處　下陝西街財政局內

美豐銀行　新街口

中和銀行　漢西街

聚興誠銀行　新豐街

瑞康錢莊　陝西街

和濟錢莊　陝西街

安定錢莊　狀元橋

協和錢莊　打銅街

嘉祥錢莊　銅關局事務所巷內

文物号：115345-2
名称：民国十七年重庆自来水筹备处催江南馆交费通知书
尺寸：纵24.5厘米，横16厘米

重庆自来水筹备处为通知事案

奉重庆市市长潘，发交市民动产、不动产册籍，饬由本处按照册列数目筹集自来水股本一案，除由　市长布告有案外，兹查坪街子街十一附一、二、三、十二、十三、十四、十五、十六、十七号江南馆不动产壹万元，应缴股本五百元。限定自旧历闰二月半起，至三月半止为缴款期间。如在闰二月底以前全数缴纳者，照九八折扣实收，以示优待。倘过期不缴，即由市厅追收。至收股地点分别列后，须至通知者。

重庆自来水筹备处（印）

中华民国十七年　闰　二　月　日

收款地点：

自来水筹备处	下陕西街财政局内
美丰银行	新街口
聚兴诚银行	新丰街
中和银行	陕西街
瑞康钱庄	陕西街　闰二月十五　收到
和济钱庄	陕西街
安定钱庄	状元桥
协和钱庄	打铜街
嘉祥钱庄	铜圆局事务所巷内

东水坊修街通知单

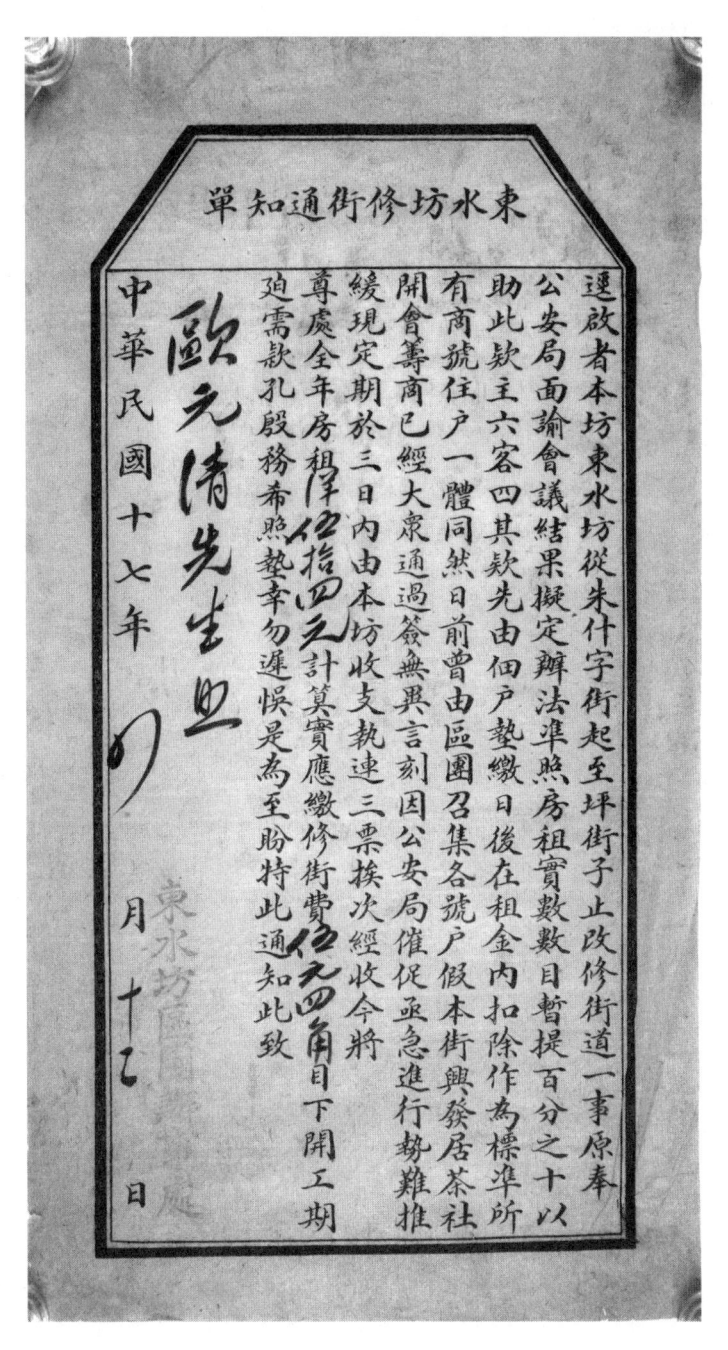

逕啟者本坊東水坊從朱什字街起至坪街子止改修街道一事原奉公安局面諭會議結果擬定辦法準照房租實數數目暫提百分之十以助此欵六其欵主四客先由佃戶墊繳日後在租金內扣除作為標準所有商號住戶一體同然日前曾由區團召集各號戶假本街興發居茶社開會籌商已經大衆通過簽無異言刻因公安局催促亟急進行勢難推緩現定期於三日內由本坊收支執事速三票挨次經收今將尊處全年房租洋伍拾四元計算實應繳修街費伍元四角目下開工期迫需欵孔殷務希照墊幸勿遲悞是為至盼特此通知此致

歐元清先生台照

中華民國十七年　月　日

東水坊區團辦處

文物号：115364-1
名称：民国十七年东水坊区团办事处修街通知单
尺寸：纵 27.3 厘米，横 14.8 厘米

东水坊修街通知单

迳启者：

本坊东水坊，从朱什字街起，至坪街子止，改修街道一事，原奉公安局面谕会议结果，拟定办法，准照房租实数数目，暂提百分之十，以助此款，主六客四，其款先由佃户垫缴，日后在租金内扣除，作为标准，所有商号、住户一体同然。日前曾由区团召集，各号户假本街兴发居茶社开会筹商，已经大众通过，签无异言。刻因公安局催促，亟急进行，势难推缓。现定期于三日内，由本坊收支执连三票，挨次经收。今将尊处全年房租洋伍拾四元计算，实应缴修街费伍元四角，目下开工期迫，需款孔殷，务希照垫，幸勿迟误，是为至盼。特此通知。

此致欧元清先生照

东水坊区团办事处（印）

中华民国十七年四月十二日

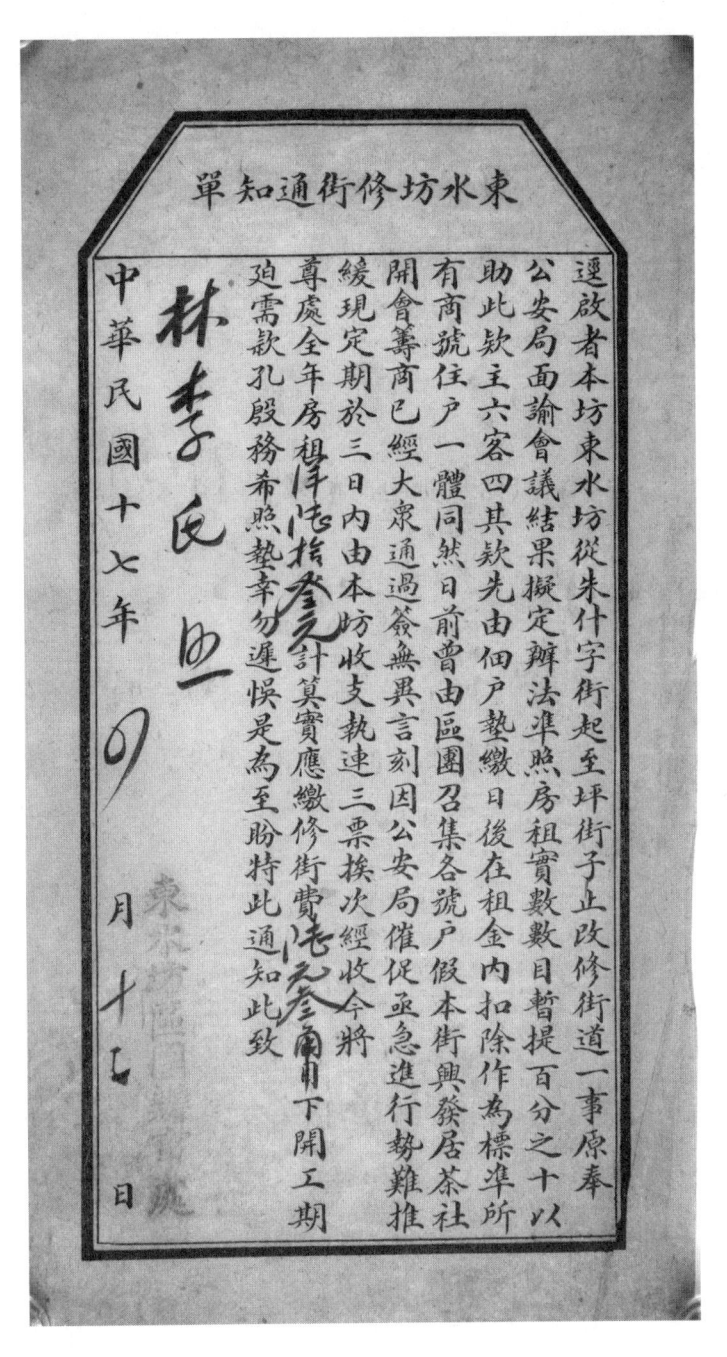

东水坊修街通知单

逕啟者本坊東水坊從朱什字街起至坪街子止改修街道一事原奉公安局面諭會議結果擬定辦法準照房租實數數目暫提百分之十以助此款主六客四其款先由佃戶墊繳日後在租金內扣除作為標準所有商號住戶一體同然日前曾由區團召集各號戶假本街興發居茶社開會籌商已經大眾通過簽無異言刻因公安局催促亟急進行勢難推緩現定期於三日內由本坊收支執連三票挨次經收今將尊處全年房租洋佰指叁元計算實應繳修街費佰叁角下開工期迫需款孔殷務希照墊幸勿遲悮是為至盼特此通知致

林李氏 旦

中華民國十七年　月　十七　日

东水坊修街通知单

迳启者：

本坊东水坊从朱什字街起，至坪街子止，改修街道一事，原奉公安局面谕会议结果，拟定办法，准照房租实数，数目暂提百分之十，以助此款，主六客四，其款先由佃户垫缴，日后在租金内扣除，作为标准，所有商号住户一体同然。日前曾由区团召集各号户假本街兴发居茶社开会筹商，已经大众通过，签无异言。刻因公安局催促，亟急进行，势难推缓。现定期于三日内，由本坊收支执连三票，挨次经收。今将尊处全年房租洋陆拾叁元计算，实应缴修街费陆元叁角。目下开工期迫，需款孔殷，务希照垫，幸勿迟误，是为至盼。特此通知。

此致林李氏照

东水坊区团办事处（印）
中华民国十七年四月十二日

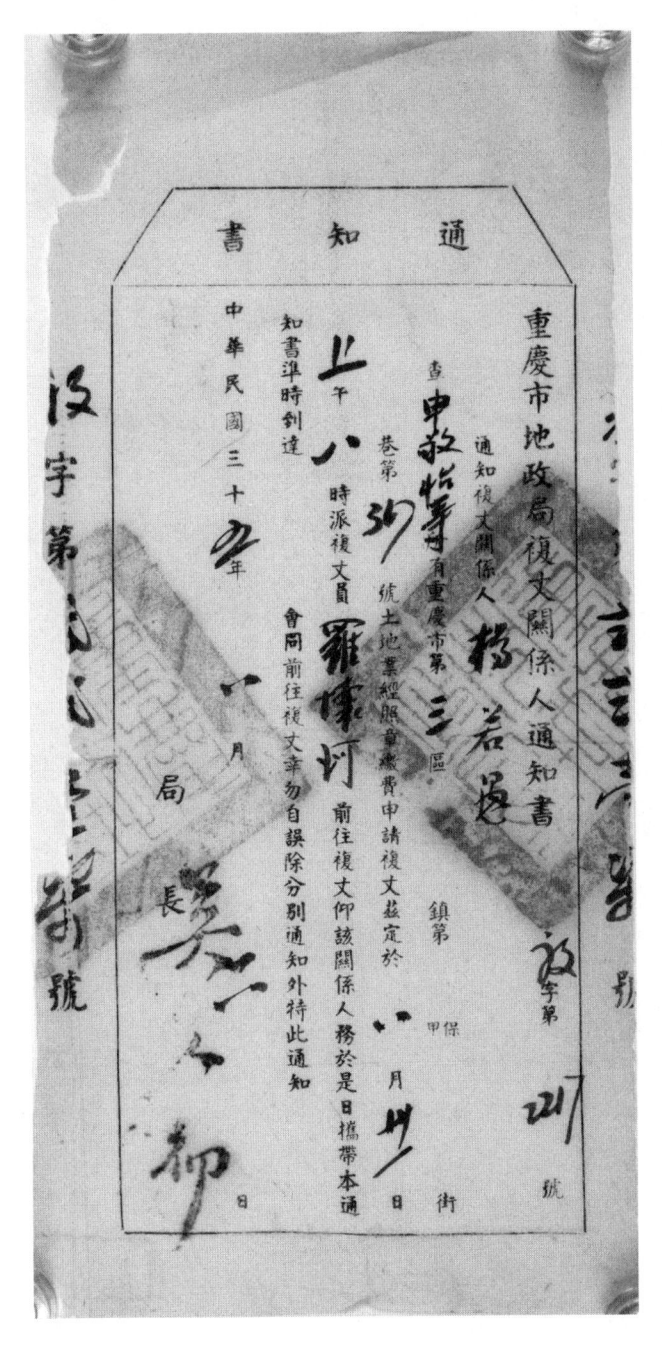

文物号：115342-1
名称：民国三十五年重庆市地政局复丈土地关系人杨若愚的通知书
尺寸：纵25厘米，横11.5厘米

重庆市地政局复丈关系人通知书

复字第 2217 号

通知复丈关系人杨若愚：

查申敬怡等所有重庆市第三区　镇第　保甲　街　巷第 367 号土地业经照章缴费，申请复丈。兹定于八月卅一日上午八时派复丈员罗怀珂前往复丈。仰该关系人务于是日携带本通知书准时到达，会同前往复丈。幸勿自误。除分别通知外，特此通知。

中华民国三十五年八月六日

局长　吴人初（印）

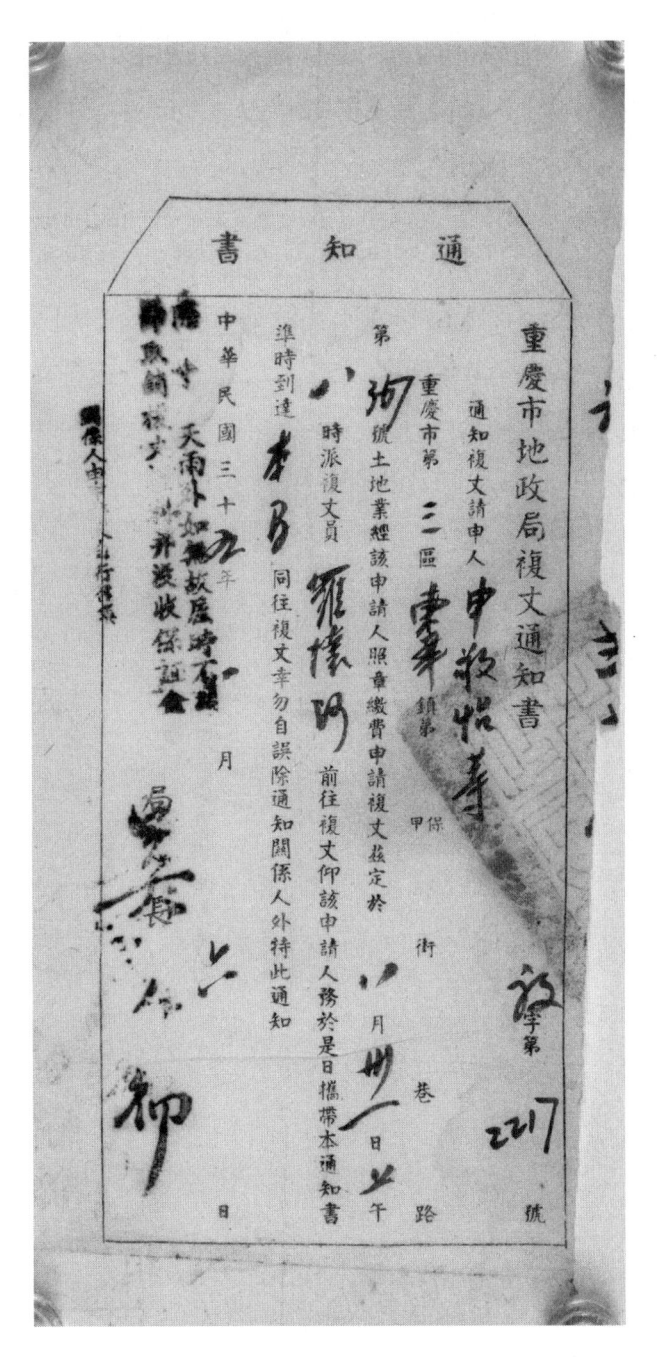

文物号：115342-2

名称：民国三十五年重庆市地政局复丈土地关系人申敬怡等的通知书

尺寸：纵 25 厘米，横 11.5 厘米

重庆市地政局复丈关系人通知书

复字第 2217 号

通知复丈关系人申敬怡等：

重庆市第三区东华镇第　保甲　街　巷　路第 367 号土地业经该申请人照章缴费，申请复丈。兹定于八月卅一日上午八时派复丈员罗怀珂前往复丈。仰该申请人务于是日携带本通知书准时到达。本人同往复丈。幸勿自误。除通知关系人外，特此通知。

　　□□天雨外如无故屋□□时不□□

　　□□取消复丈□□外并没收保证金

中华民国三十五年八月六日

局长　吴人初（印）

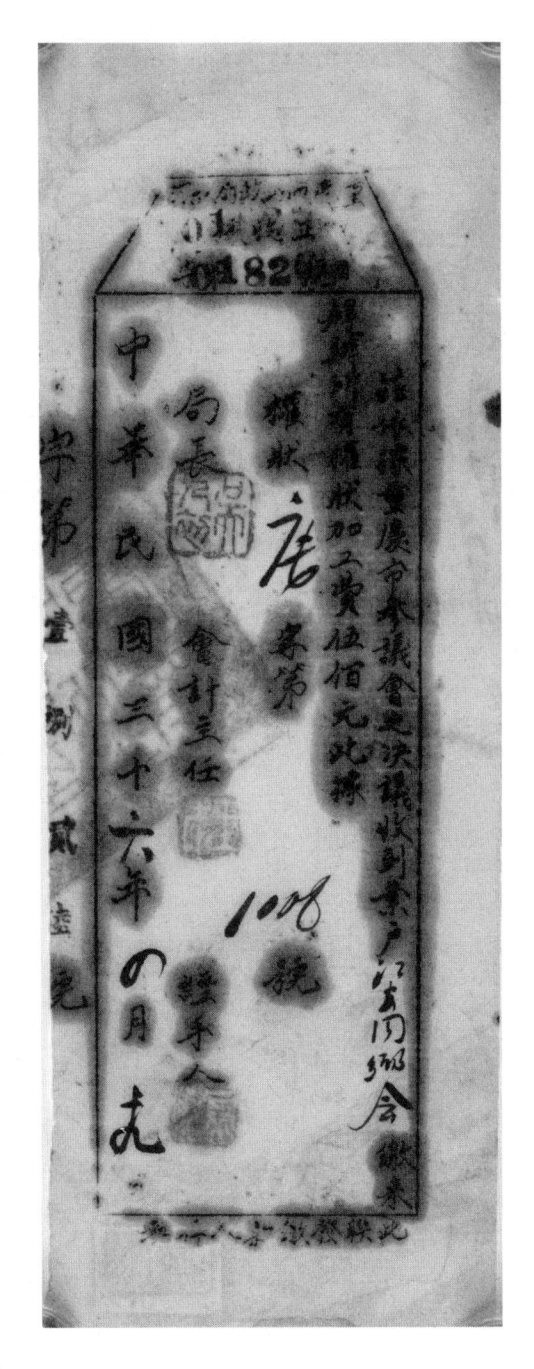

文物号：115325
名称：民国三十六年重庆市地政局收据字第01826号
尺寸：纵25厘米，横9厘米

重庆市地政局收据

正收据

字第 01826 号

兹依据重庆市参议会之决议，收到业户江安同乡会缴来赶办所有权状，加工费伍佰元，此据。

权状唐字第 1008 号

局长（印章）　会计主任（印章）　经手人（印章）

中华民国三十六年四月十九日

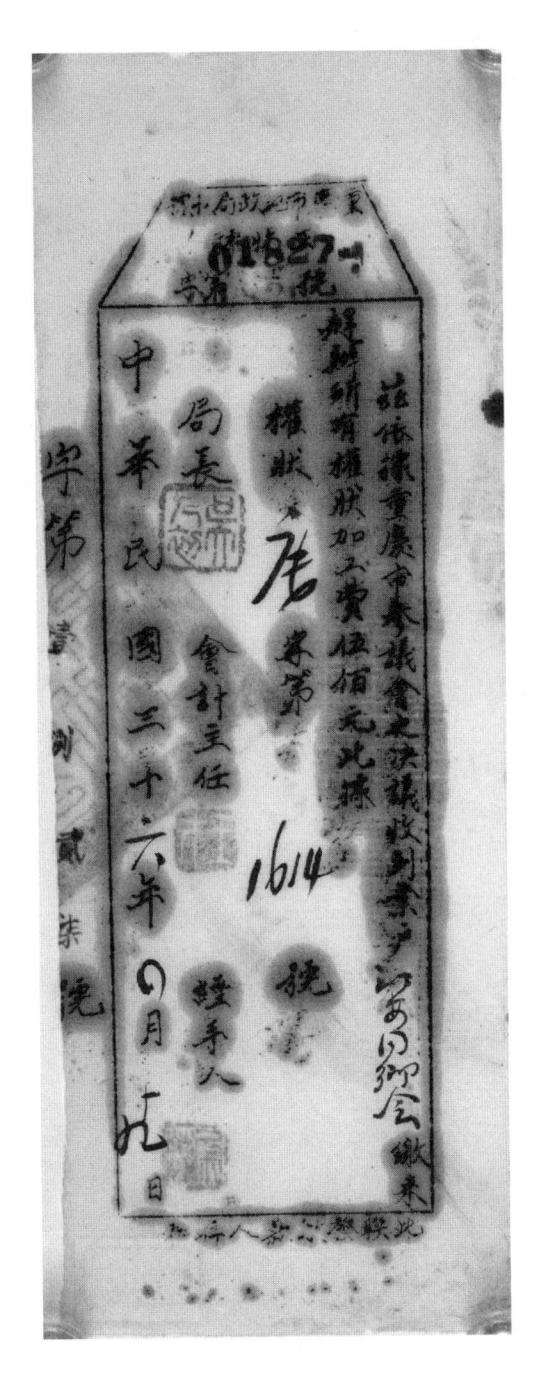

文物号：115326
名称：民国三十六年重庆市地政局收据字第 01827 号
尺寸：纵 25 厘米，横 9 厘米

重庆市地政局收据

正收据

字第 01827 号

兹依据重庆市参议会之决议,收到业户江安同乡会缴来赶办所有权状加工费伍佰元,此据。

权状唐字第 1614 号

局长(印章)　会计主任(印章)　经手人(印章)

中华民国三十六年四月十九日

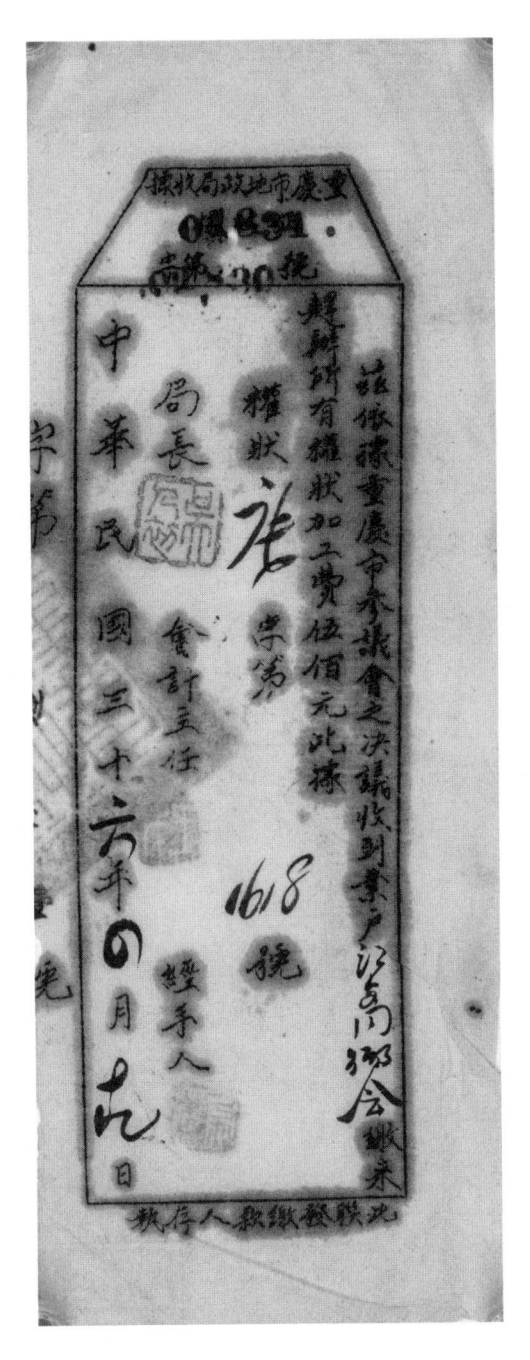

文物号：115330
名称：民国三十六年重庆市地政局收据字第01831号
尺寸：纵25厘米，横9厘米

重庆市地政局收据

正收据

字第 01831 号

兹依据重庆市参议会之决议，收到业户江安同乡会缴来赶办所有权状加工费伍佰元，此据。

权状唐字第 1618 号

    局长（印章）　会计主任（印章）　经手人（印章）
            中华民国三十六年四月十九日

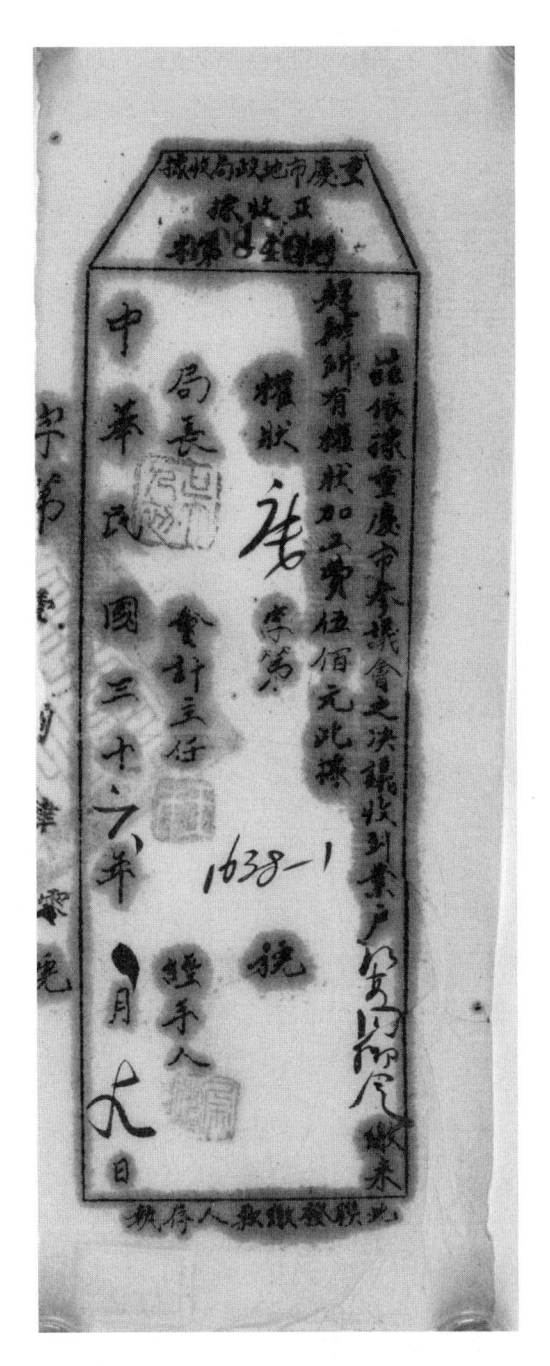

文物号：115338
名称：民国三十六年重庆市地政局收据字第 01840 号
尺寸：纵 25 厘米，横 9 厘米

重庆市地政局收据

正收据

字第 01840 号

兹依据重庆市参议会之决议，收到业户江安同乡会缴来赶办所有权状加工费伍佰元，此据。

权状唐字第 1638-1 号

局长（印章） 会计主任（印章） 经手人（印章）

中华民国三十六年四月十九日

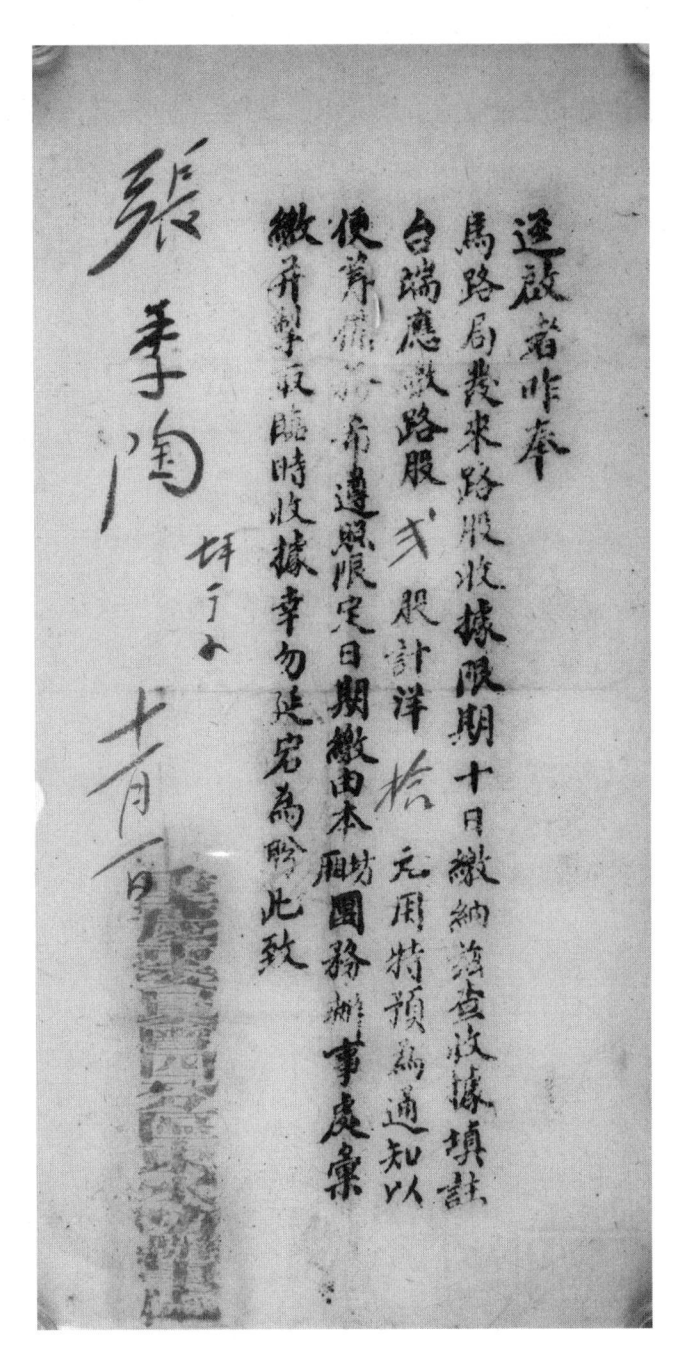

逕啟者昨奉
馬路局發來路股收據限期十日繳納並查收據填註
白端應繳路股弍股計洋拾元用特預為通知以
便莧備希遵照限定日期繳由本坊圓務辦事處彙
繳幸勿取臨時收據幸勿延宕為聘此致

張季陶

坪子上

七月百

文物号：115341
名称：民国重庆市委员会四分区东水坊办事处路股通知单
尺寸：纵 24.5 厘米，横 12.2 厘米

迳启者：

　　昨奉马路局发来路股收据，限期十日缴纳。兹查收据填注，台端应缴路股贰股，计洋拾元。用特预为通知，以便筹备。务希遵照限定日期，缴由本坊厢团务办事处汇缴，并掣取临时收据，幸勿延宕为盼。

　　此致

坪街子：张季陶

重庆市委员会四分区东水坊办事处（印）

十一月一日

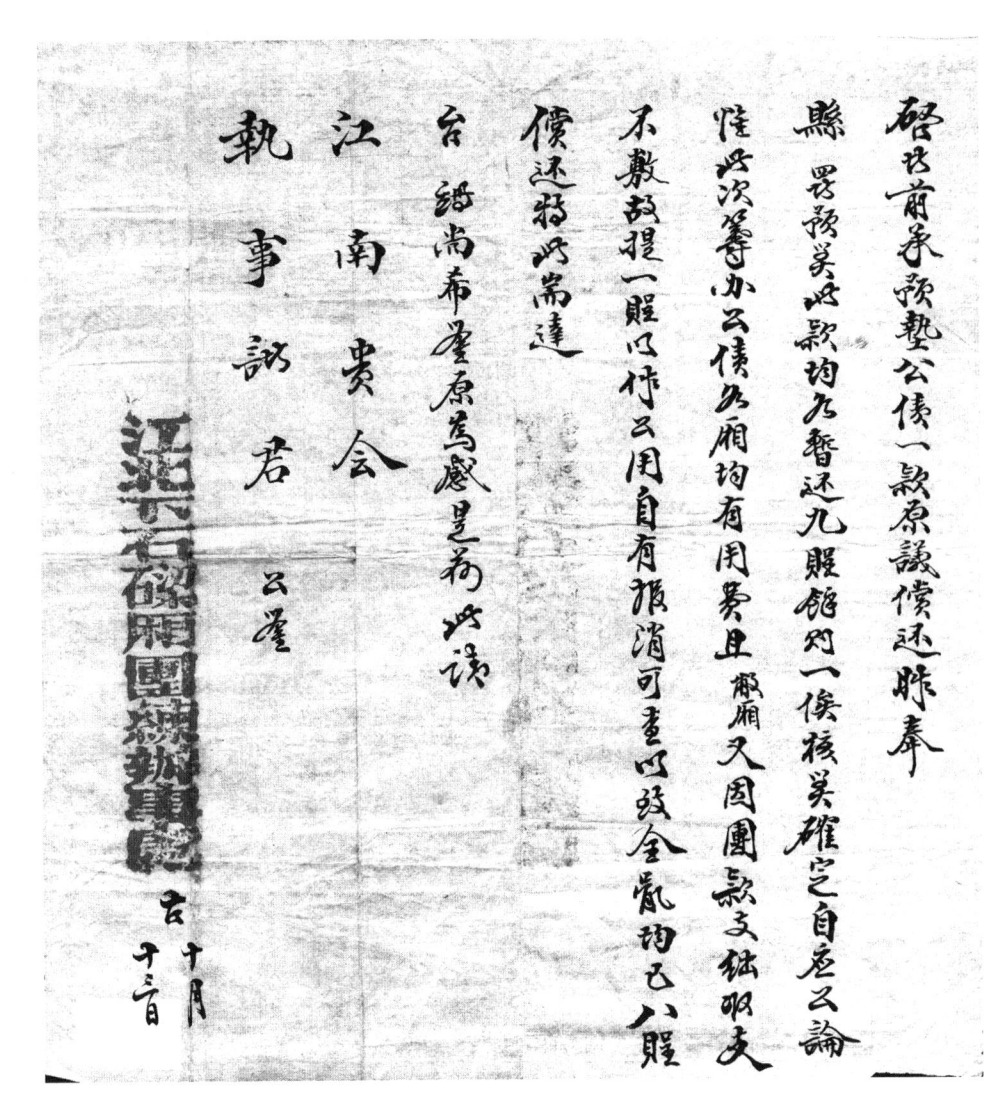

文物号：115343
名称：民国重庆江北下石梁乡团练办事处催江南馆交费通知书
尺寸：纵25厘米，横23厘米

启者：

　　前承预垫公债一款，原议偿还，昨奉县署预点，此款均各暂还九成[1]，余则（？）一俟核点确定，自应公论。惟此次筹办公债，各厢均有用费，且敝厢又因团款支绌，收支不敷，故提一成以作公用，自有报销[2]，可查。以致全款（？）均已八成偿还，特此专达。台端尚希鉴原，为感是荷，此请江南贵会执事诸君公鉴。

江北下石梁厢团练办事处
古十月十三日

---

[1] 原文为"赶"，据文意改为"成"。
[2] 原文为"消"，据文意改为"销"。

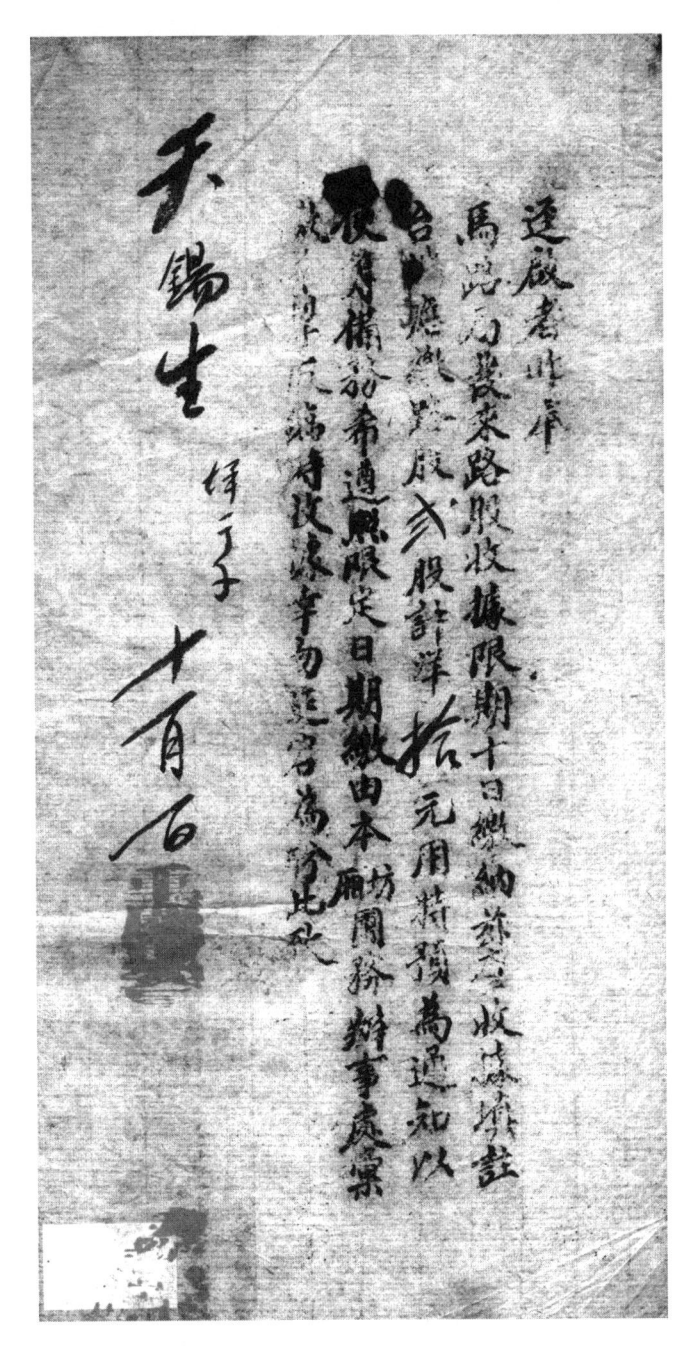

文物号：115344-1
名称：民国重庆马路局催江南馆交费通知书
尺寸：纵24.2厘米，横12.5厘米

迳启者：

　　昨奉马路局发来路股收据，限期十日缴纳。兹查收据填注，台端应缴路股贰股，计洋拾元。用特预为通知，以便筹备。务希遵照限定日期，缴由本厢坊团务办事处汇缴，并掣取临时收据，幸勿延宕为盼。

　　此致

坪街子：天锡生
十一月一日

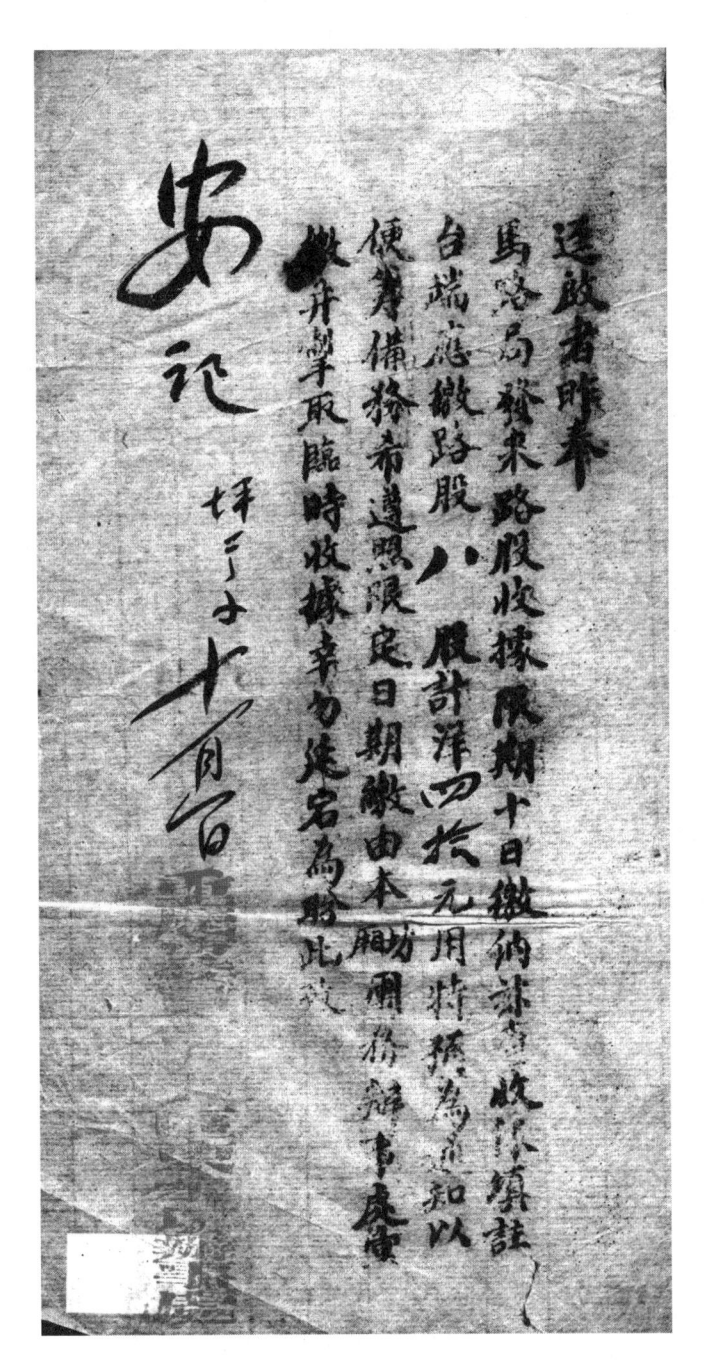

文物号：115344-2
名称：民国重庆马路局催江南馆交费通知书
尺寸：纵24.2厘米，横12.5厘米

迳启者：

　　昨奉马路局发来路股收据，限期十日缴纳。兹查收据填注，台端应缴路股八股，计洋四拾元。用特预为通知，以便筹备。务希遵照限定日期缴，由本坊厢团务办事处汇缴，并掣取临时收据，幸勿延宕为盼。

　　此致

坪街子：安记
十一月一日

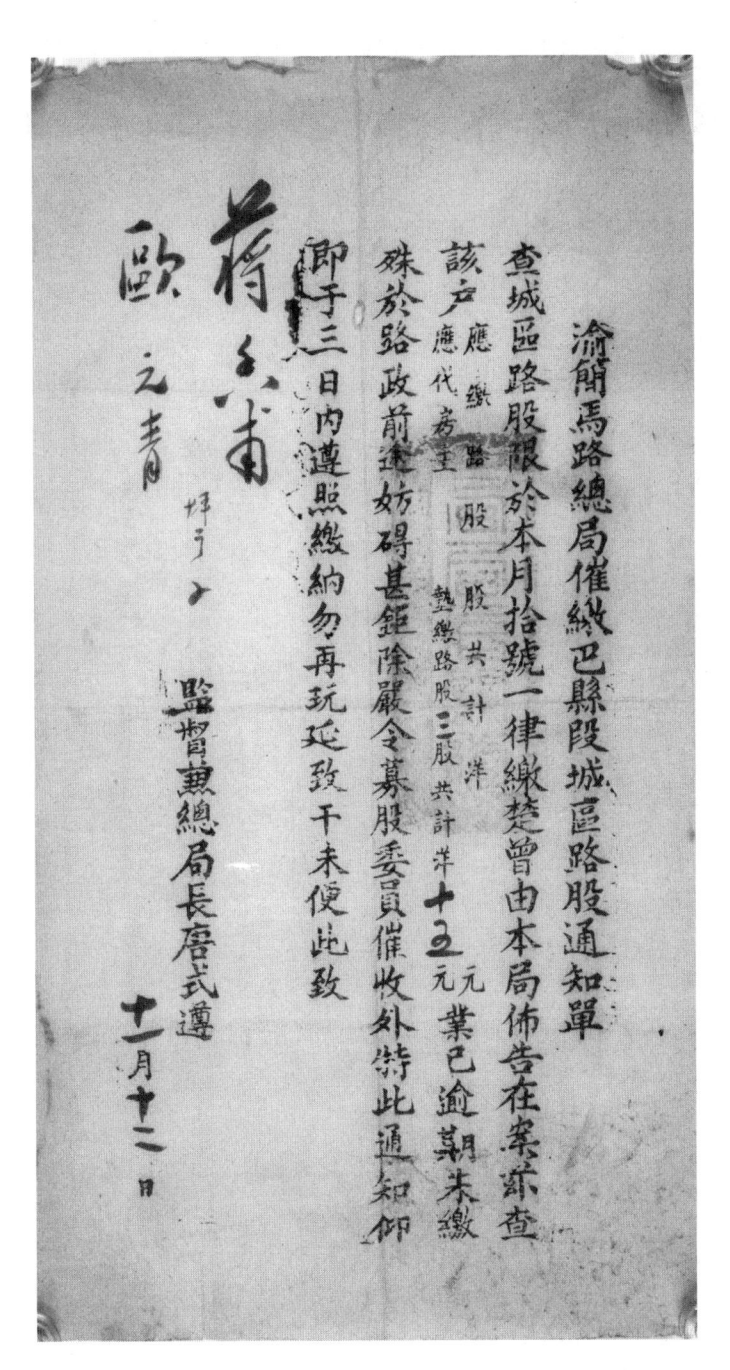

渝简马路总局催缴巴县段城区路股通知单

查城区路股限於本月拾號一律缴楚曾由本局佈告在案兹查
該戶應代房主 垫缴路股叁股共計洋十三元業已逾期未缴
殊於路政前途妨碍甚鉅除嚴令募股委員催收外特此通知仰
即于三日内遵照缴納勿再玩延致干未便此致

蒋永甫
欧元青 坪子上

監督兼總局長唐式遵
十一月十二日

文物号：115346-1
名称：民国渝简马路总局催缴巴县段城区路股通知单
尺寸：纵 31.5 厘米，横 17 厘米

渝简马路总局催缴巴县段城区路股通知单

查城区路股限于本月拾号一律缴楚,曾由本局布告在案。兹查该户应缴路股　股,共计洋　元,应代房主垫缴路股三股,共计洋十五元。业已逾期未缴,殊于路政前途妨碍甚巨,除严令募股委员催收外,特此通知。仰即于三日内,遵照缴纳,勿再玩延,致干未便。

此致

坪街子:蒋香甫、欧元青
监督兼总局长唐式遵
十一月十二日

渝簡馬路總局催繳巴縣段城區路股通知單

查城區路股限於本月拾號一律繳楚曾由本局佈告在案茲查

該戶應繳路股股共計洋

應代房主 茲繳路股 貳 股 共計洋 拾 元業已逾期未繳

殊於路政前途妨碍甚鉅除嚴令募股委員催收外特此通知仰

即于三日內遵照繳納毋再玩延致干未便此致

天錫生

監督兼總局長詹式遵

十一月十二日

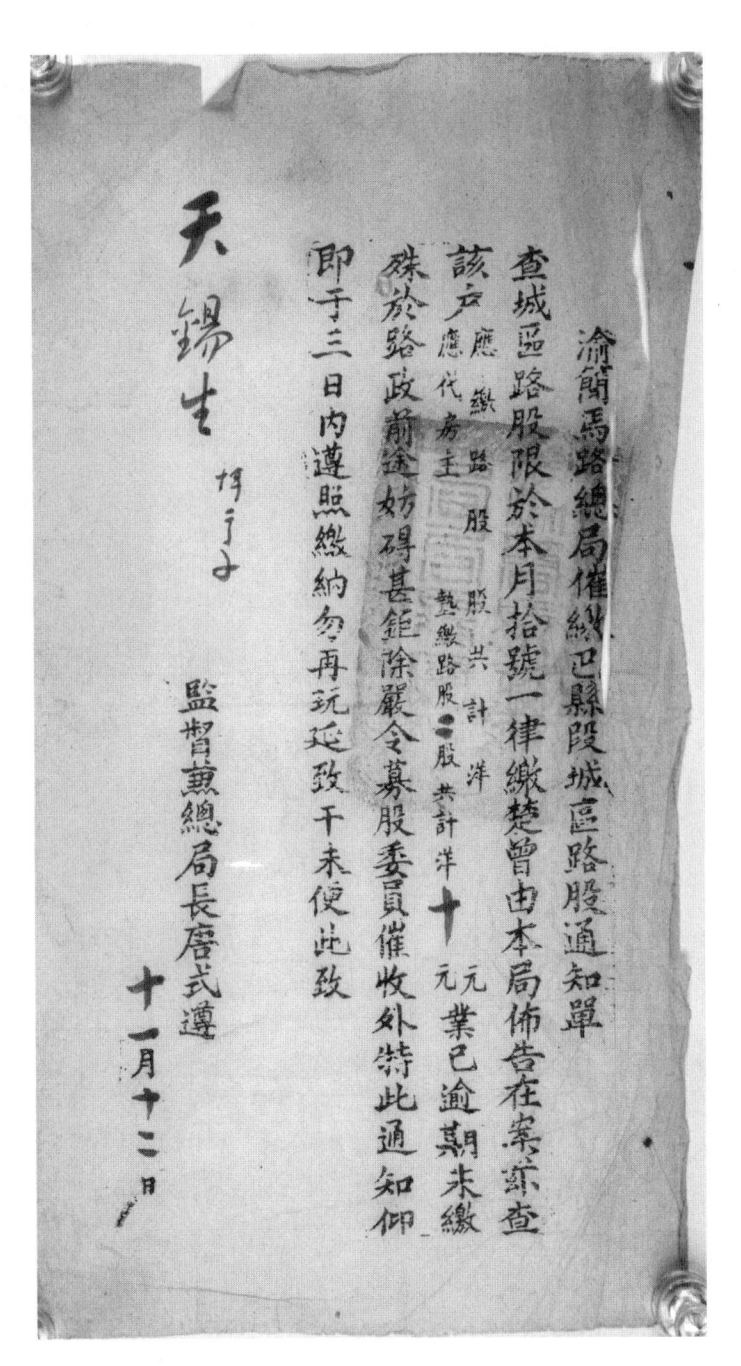

文物号：115346-2
名称：民国渝简马路总局催缴巴县段城区路股通知单
尺寸：纵31.5厘米，横17厘米

渝简马路总局催缴巴县段城区路股通知单

查城区路股限于本月拾号一律缴楚,曾由本局布告在案。兹查该户应缴路股　股,共计洋　元,应代房主垫缴路股二股,共计洋十元。业已逾期未缴,殊于路政前途妨碍甚巨,除严令募股委员催收外,特此通知。仰即于三日内,遵照缴纳,勿再玩延,致干未便。

此致

坪街子:天锡生
监督兼总局长唐式遵
十一月十二日

渝简马路总局催缴巴县段城区路股通知单

查城区路股限於本月拾号一律缴楚曾由本局佈告在案兹查

该户应缴路股二股应兴计洋 贰拾 元 业已逾期未缴

殊於路政前途妨碍甚鉅除严令募股委员催收外特此通知仰

即于三日内遵照缴纳勿再玩延致干未便此致

安记 垟子廿

监督兼总局长唐式遵

十一月十二日

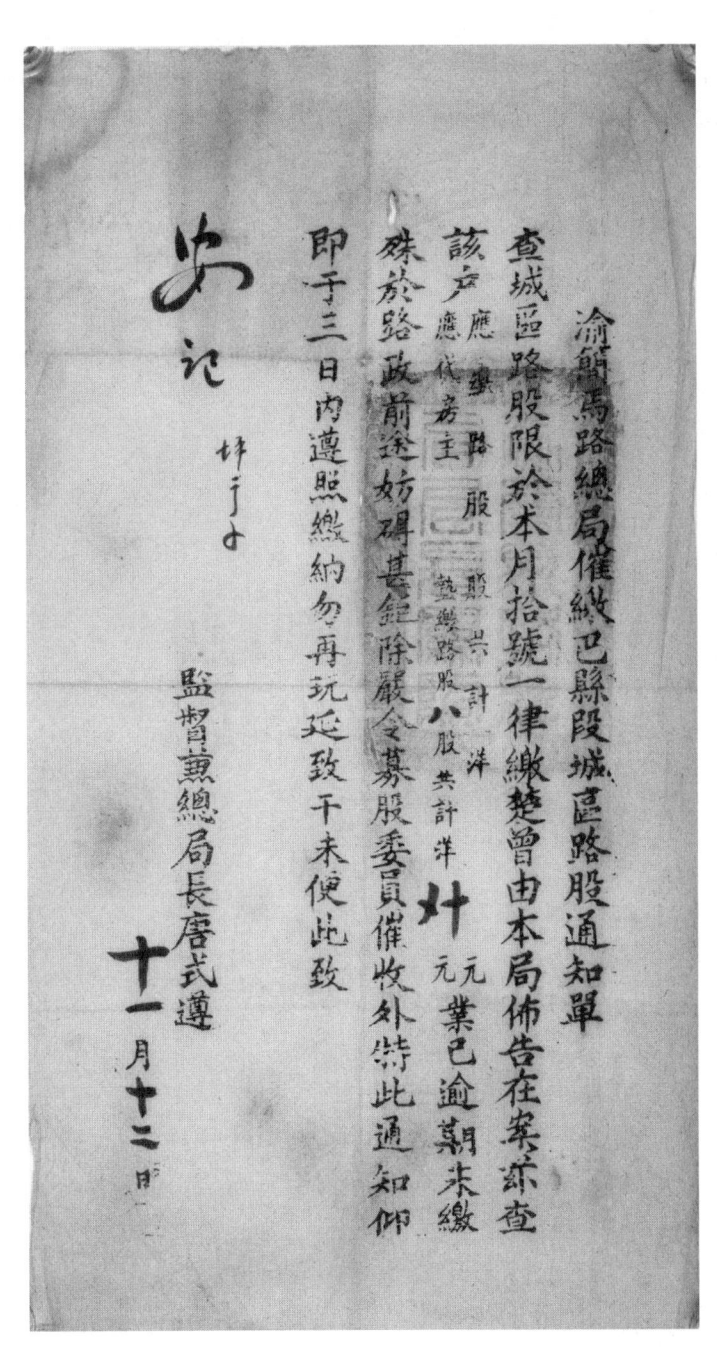

文物号：115347
名称：民国渝简马路总局催收巴县段城区路股通知单
尺寸：纵31厘米，横16.5厘米

渝简马路总局催缴巴县段城区路股通知单

　　查城区路股限于本月拾号一律缴楚，曾由本局布告在案。兹查该户应缴路股　股，共计洋　元，应代房主垫缴路股八股，共计洋四十元。业已逾期未缴，殊于路政前途，妨碍甚巨，除严令募股委员催收外，特此通知。仰即于三日内，遵照缴纳，勿再玩延，致干未便。

　　此致

坪街子：安记

监督兼总局长唐式遵

十一月十二日

第三章　捐赠

一、概述

重庆中国三峡博物馆藏江南会馆文书捐赠类有 10 件套，本书全录。捐赠类文书主要集中在民国时期。

会馆的捐赠很多，虽然现存文书只有 10 件套，但历史上，江南会馆实际发生的捐赠要远远多于这个数量。这些捐赠有捐给个人的，也有捐给政府、军队及社会的。江南会馆最初主要由朱、洪、胡、郑、汪五姓人士捐资创建。会馆的收入，还有"厘金"之说，即固定的会费，"由同乡商人按期抽出二厘货值，捐入会馆，作为会馆经费之一部。商号经营得愈大，则所捐出的厘金必愈多"①。

会馆较大的捐项主要如下：在乾隆二十八年（1763），修建重庆城垣，重庆府、巴县"及绅士、会馆、牙行、商民、寺僧、船帮共计九百二十四户，总共乐捐输银二万三千五百八十四两"，其中各省会首及牙行就捐钱三千九百六十两。②

同治二年（1863），重庆教案发生，经地方官协调，由八省会馆负责筹款修

---

① 社会部研究室主编，窦季良编著：《同乡组织之研究》，上海：正中书局，民国三十五年（1946），第 26 页。

② 四川省档案馆编：《清代巴县档案汇编·乾隆卷》，北京：档案出版社，1991 年，第 318 页。

复天主教堂，筹资白银 20 余万两。①

咸丰年间，太平天国兴起，各省奉令筹办军务积谷，重庆于咸丰八年（1858）始，由八省会馆负责筹办管理，史称"八省积谷"，至民国时期仍为八省会馆负责监理。各大会馆，一样要交积谷。江南会馆就在光绪七年（1881）交有积谷 1 石 4 斗的记录。②

光绪年间，举新政办实业，川东道署令八省会馆办理"八省蚕桑分社"，种良桑于佛图关之鹅项岭，名"八省桑园"，培养桑树苗和传习养蚕技术。宣统三年（1911），又奉巴县令，与县署合办"巴县八省蚕桑传习所"，于佛图关蚕神祠建讲堂，传习技术。八省会馆捐银 520 两，作常年经费。

文物号 115220 是民国十五年（1926）向孙中山先生追悼大会重庆筹备处捐款；文物号 115225 是向军队捐款；文物号 115215 是向东水厢十全分会捐款；文物号 115363 是为民国死难先烈调查处捐款；还有修公园的捐款，如文物号 115228 的文书。

由上可知，会馆的捐赠是不少的，无论政府、军队、社会、百姓事务，都有捐款。

---

①岳精柱：《"湖广填川"历史研究》，重庆：重庆出版社，2014 年，第 75 页。
②重庆中国三峡博物馆藏，文物号 115153。

二、文书

新正月初五日恭逢我同乡公所
路神胜会届期早晨虔备衣冠斋沐
肃堂演剧奉迓财神率集同人以便分派每位
诸君莅止随带名帖一分候齐公启
此布

敬邀
 刘 某某
 汤 某某
 陆 某某
 张 某某
 周 某某
 陈 某某
 沈 某某
 孔 某某
 王 某某
 刘 某某

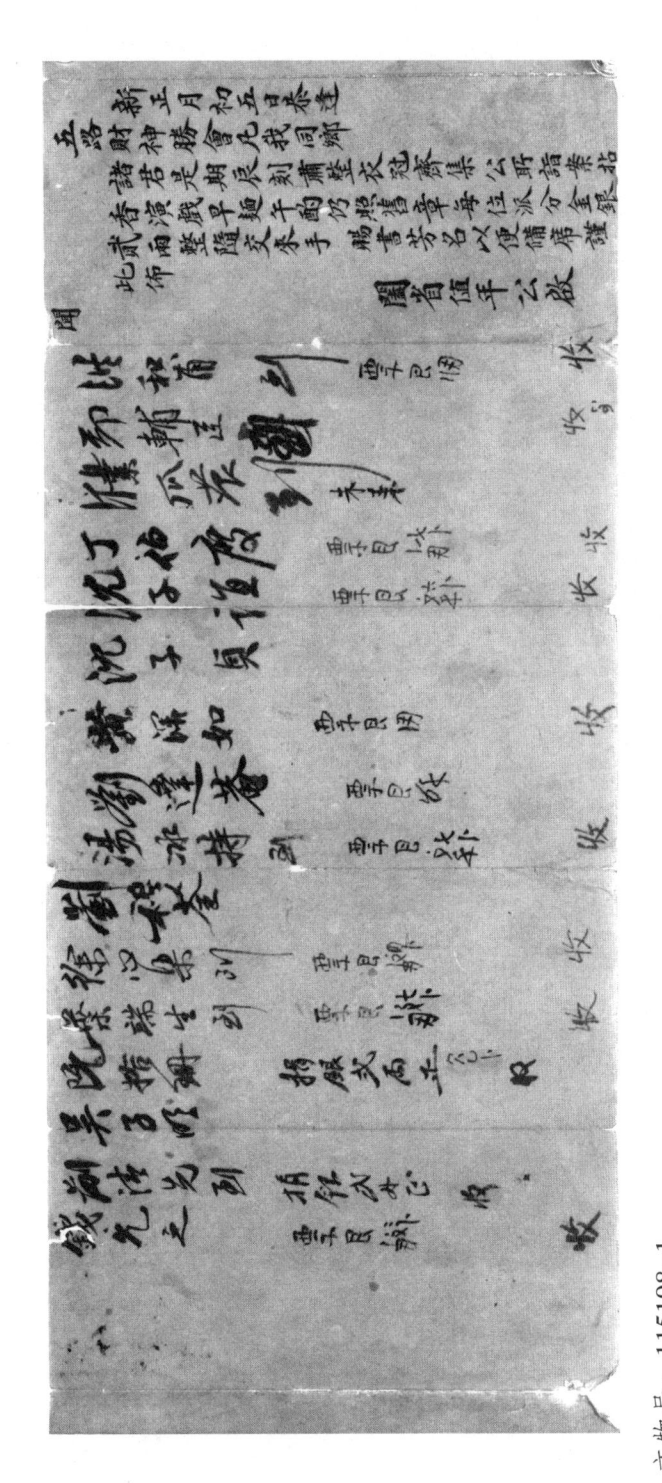

文物号：115198-1
名称：清江南公所神会庆典请帖及到会人员清单
尺寸：纵24厘米，横90厘米

文物号：115198-2
名称：清江南公所神会庆典请帖及到会人员清单
尺寸：纵24厘米，横90厘米

新正月初五日恭逢五路财神胜会，凡我同乡诸君，是期辰刻，肃整衣冠，齐集公所，诣案拈香演戏，早面午酌，仍照旧章，每位派分金银贰两整，随交来手，赐书芳名，以便备席，谨此布阖省值年公启闻。

洪和甫　到　票银二两　　　　　收

郑辅臣　到　　　　　　　　　收□□

濮瓜蓑　未来

丁伯度　　票银一两一钱七分　　收

沈子洭　　票银九钱八（？）分　收

沈子贞

黄泽如　　票银一两　　　　　　收

刘达庵　　票银五钱

汤冰持　到　票银九钱七分　　　收

刘礼（？）荃

徐心梁　到　票银一两九钱四分　收

叶端生　到　票银一两九钱七分　收

阮拾珊　　捐银贰两正（欠一分）收

吴子旺（？）

刘清先　　捐银贰两正　　　　　收

钱允之　　票银一两九钱二分　　收

阴历六月二十一日早八钟，庆祝关圣帝君神诞。凡我同乡在会诸公，是日肃整衣冠，上庙拈香，早汤午酌。因远近不一，未能备帖道知，特此知单早降，幸勿吝步为盼。

　　　　　　　　　　　　　　　江南阖省值年程达理谨启

申老太爷　绪翁
朱三老爷　叔翁
朱四老爷　苾翁
朱大老爷　杰翁
洪八老太爷　星翁
郑四老爷　庆翁
朱大老爷　住翁
洪大老爷　用翁
金大老爷　润翁
吴三老爷　实翁
戴大老爷　希翁
唐大老爷　华翁
葛二老爷　子翁
程大老爷　子翁
朱大老爷　寅翁
申二老爷　云翁
洪大老爷　寿翁
朱大老爷

李裴之 先生　　聂宝臣 先生
杨廷玉 先生　　黄绍廷 先生
赵缜卿 先生　　业庆之 先生
朱叔痴 先生　　程元直 先生
朱必谦 先生　　沈少函 先生
朱贾森 先生　　葛子云 先生
吴　老 先生　　马则卿 先生
温鹤汀 先生　　章洪源 宝号
温友松 先生　　袁心甫 先生

刘少樵 先生	金秀峯 先生
费叔刚 先生	伍香崖 先生
吴巽阶 先生	温赞亭 先生
吴杏生 先生	余南山 先生
何伯夔 先生	耿云伯 先生
何仲虞 先生	史幼云 先生
黄少伯 先生	丁象寅 先生
刘吉安 先生	陈桂馨 先生
刘杏生 先生	马西林 先生
刘兆清 先生	
朱寅臣 先生	

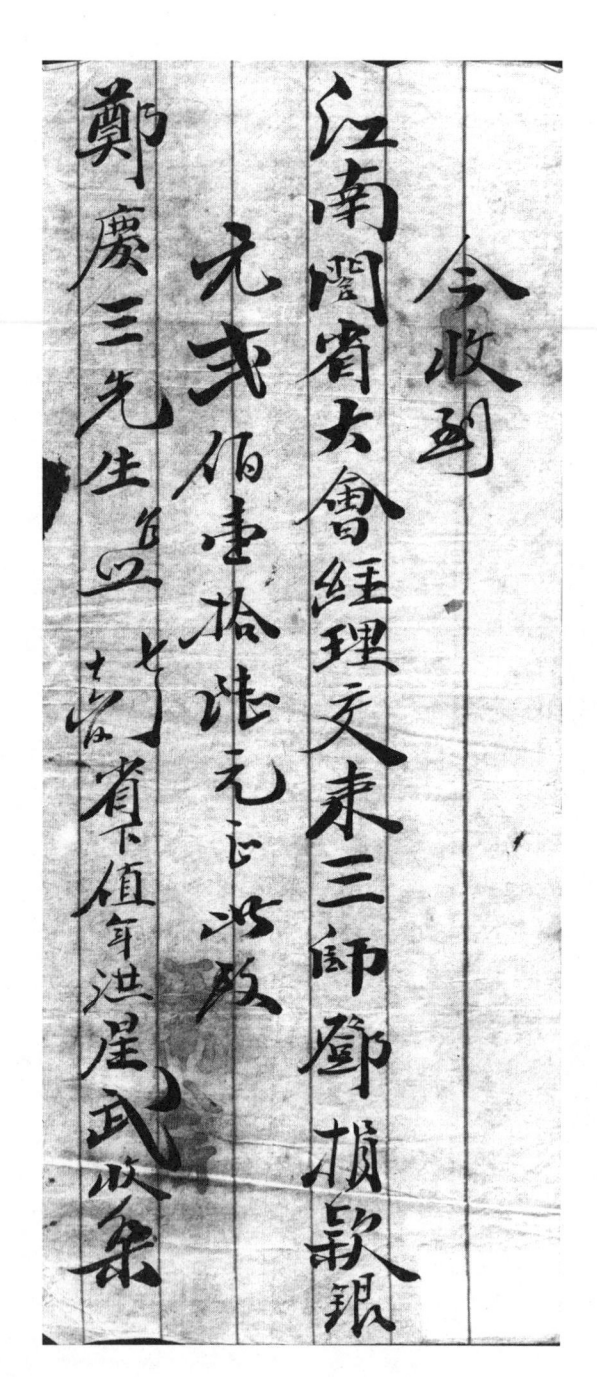

今收到江南闽省大會經理交東三師鄧捐款銀元式佰壹拾柒元正以及鄭慶三先生□□□省下值年進星武收条

今收到江南合省大会经理交来三师邓捐款银元贰佰壹拾陆元正。
此致郑庆三先生台照

　　　　　　　　　　　　　　　七月十六日省下值年洪星武收条

收到

江南省交来兰园捐生洋捌拾叁元贰角此据

壬戌阴历五月廿日 八省管理水会局收条

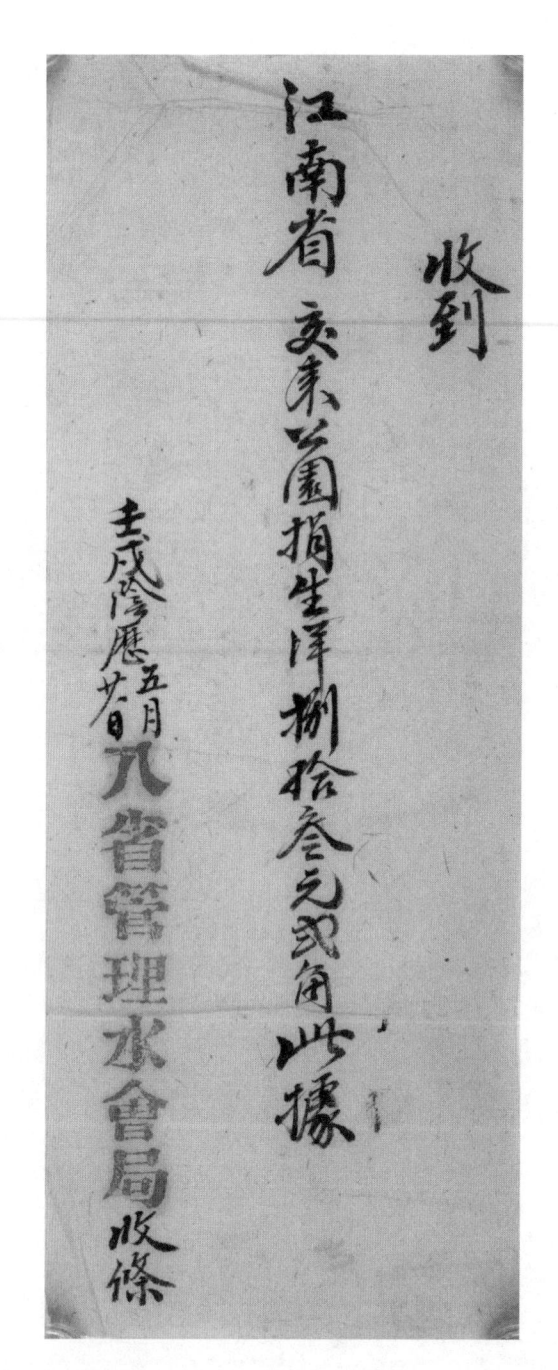

文物号：115228
名称：民国十一年八省管理水会局付江南省捐修收据
尺寸：纵24.4厘米，横9.6厘米

收到江南省交来公园捐生洋捌拾叁元贰角，此据。

　　　　壬戌阴历五月廿八日　八省管理水会局　收条

覆據

江南貴會館 今收到
捐洋伍拾元正

民國十五年九月四日

煥西年十二月卅日草收条

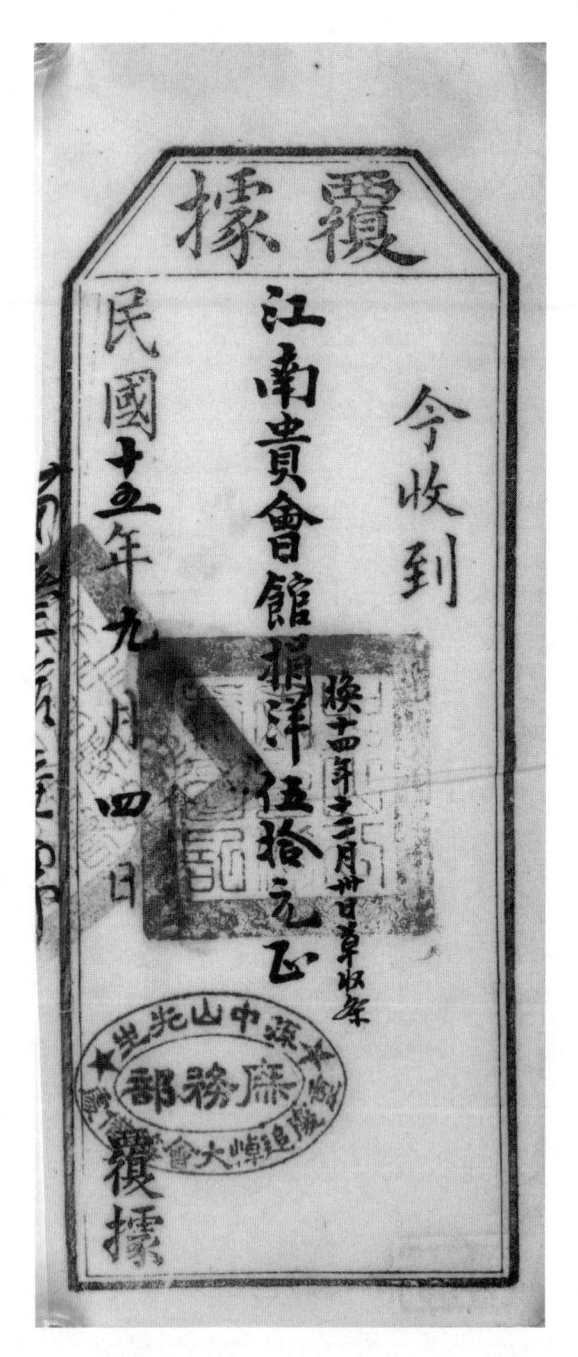

孫中山先生
重慶追悼大會
籌務部
覆據

文物号：115220
名称：民国十五年孙中山先生重庆追悼大会筹备处付江南会馆覆据
尺寸：纵 24.1 厘米，横 10 厘米

覆据

今收到江南贵会馆捐洋伍拾元正。

换十四年十二月卅日草收条。

民国十五年九月四日

孙中山先生重庆追悼大会筹备处庶务部（印）

复据

收條

今收到
江南省功果洋佃大元正此據

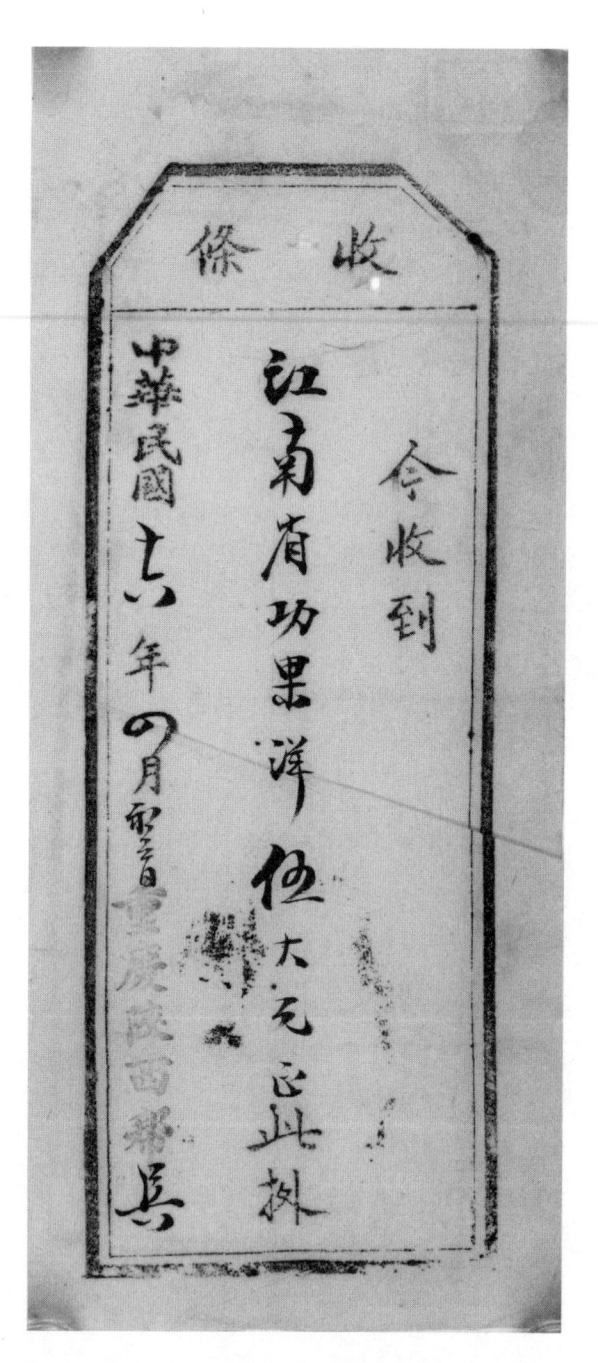

中華民國十六年〇月〇〇日 重慶陝西幫 具

文物号：115212
名称：民国十六年重庆陕西帮付江南省功果款收条
尺寸：纵24厘米，横10.4厘米

收条

今收到江南省功果洋伍大元正,此据。

中华民国十六年四月初三日

重庆陕西帮吴

收據

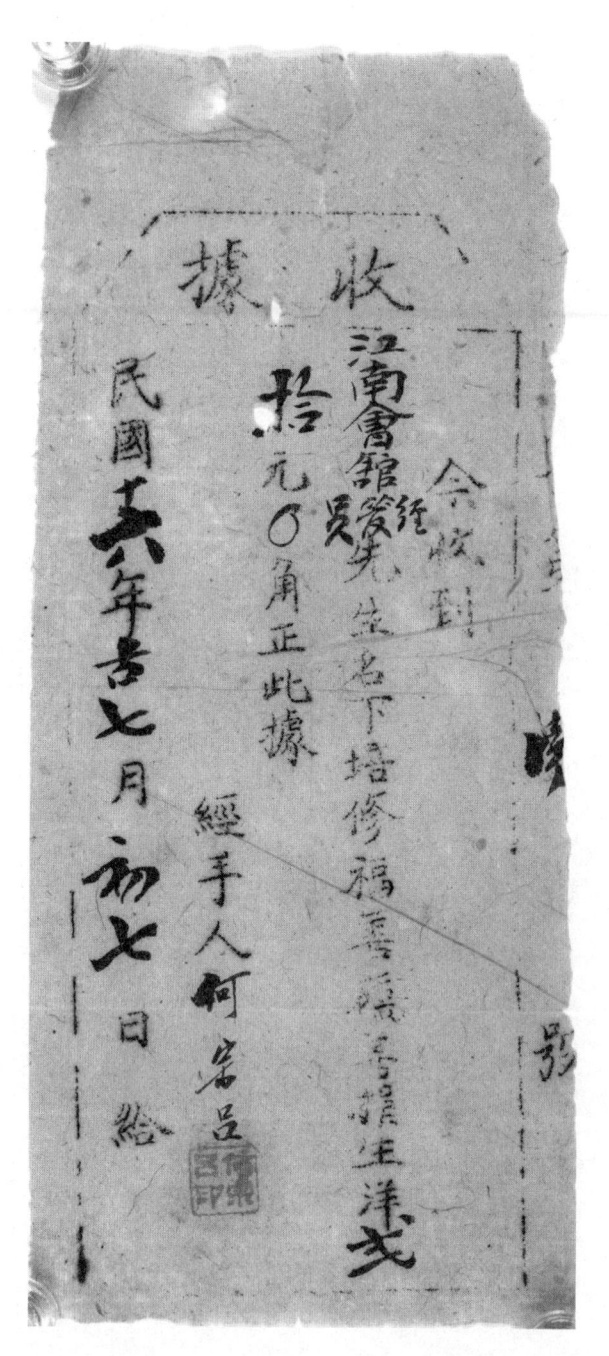

江南會館簽〇經收到
〇〇名下培修稿善壩善積注洋式
拾元〇角正此據

民國十六年吉七月初七日給

經手人何宗呂

收据

今收到江南会馆经管员先生名下培修福善禧善，捐生洋贰拾元〇角正，此据。

经手人：何宗吕

民国十六年古七月初七日　给

收據

江南公所捐銀洋拾陸元正此致

民國十七年臘月十八日

東水厢十全分會

經手人

文物号：115215
名称：民国十七年东水厢十全分会付江南会所收据
尺寸：纵24厘米，横10厘米

收据

收到 经手人（印章）江南公所捐银洋拾陆元正。

此致

民国十七年腊月十八日

东水厢十全分会（印）

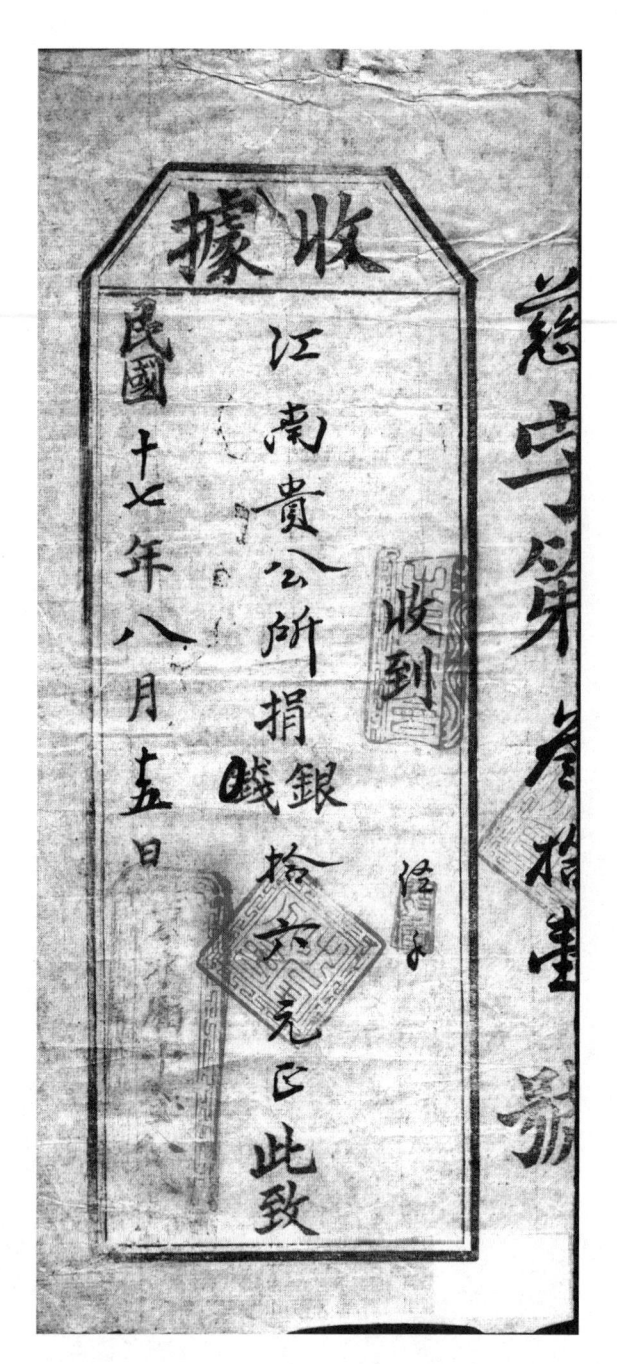

文物号：115233
名称：民国十七年东水厢十全分会付江南会所收据
尺寸：纵24厘米，横10.5厘米

收据

收到　经手江南贵公所捐银拾六元正。

此致

民国十七年八月十五日
东水厢十全分会

今代收到

江南貴會館捐助郭劉氏生洋五大元正此據

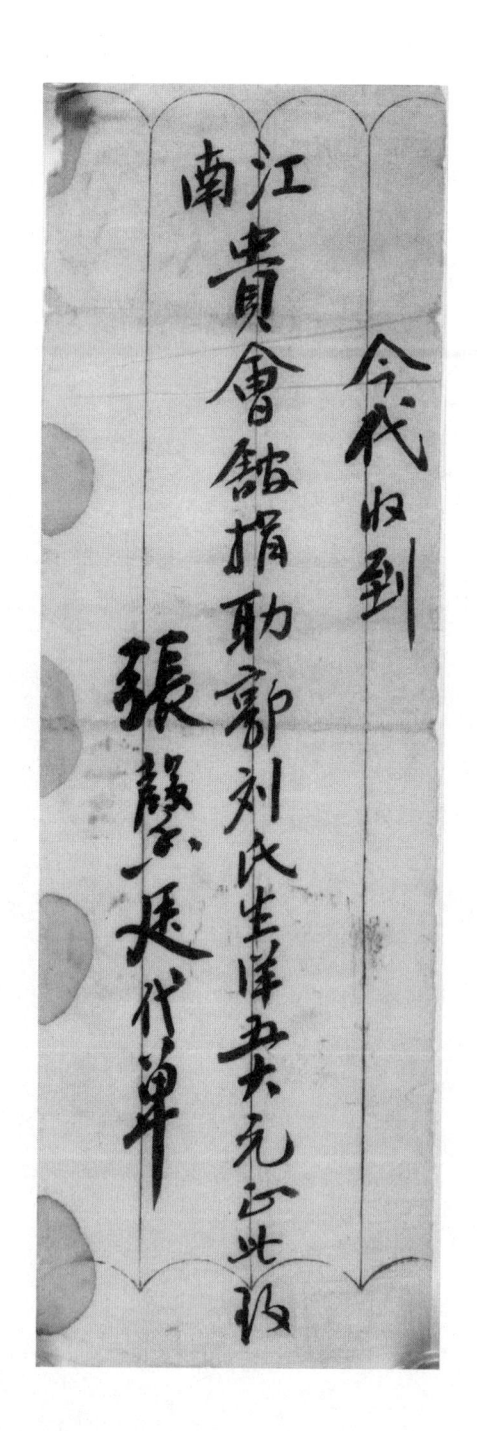

張馨廷代单

文物号：115247
名称：民国郭刘氏付江南会馆收条
尺寸：纵25.2厘米，横8厘米

今代收到江南贵会馆捐助郭刘氏生洋五大元正。

此致

张馨廷代单

今收到

捐助刊印先烈傳暨輓聯費銀貳拾元此據

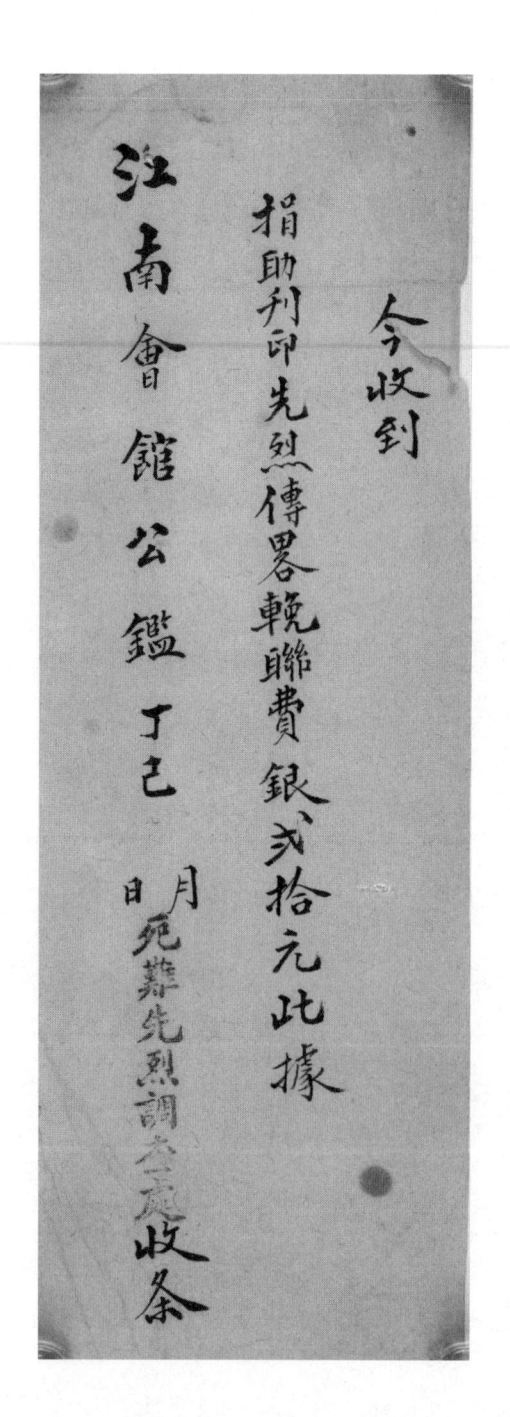

江南會館公鑒 丁巳 月 日

死難先烈調查處收條

文物号：115363
名称：民国死难先烈调查处付江南会馆捐助款收据
尺寸：纵25厘米，横9厘米

今收到捐助刊印先烈传略挽联费银贰拾元，此据。
江南会馆公鉴

丁巳　月　日
死难先烈调查处收条

第四章 土地房产

一、概述

重庆中国三峡博物馆藏江南会馆文书土地房产类有 24 件套，本书全录，包括土地房屋契约、财产清单、土地勘界通知等。时间上从清康熙年间（1662—1722）到民国时期，跨越 200 多年。其中较早的有清康熙年间 2 件套；清雍正年间（1723—1735）3 件套；清乾隆年间（1736—1795）3 件套。

会馆主要的资产就是土地。会馆置有多少土地，虽然无法得知具体数字，但从一些文物资料看，数量应该是不少的。仅从江南会馆在清乾隆五十八年（1793）四月的收租清单上看，就不是小数。从清单可知，由三人负责收租，分别是：尹万明，负责田 159 块，共收谷 102 石 4 斗；李同春，负责田 121 块，共收谷 92 石 1 斗；李荣华，负责田 190 块，共收谷 85 石 4 斗。总计田 470 块，粮 279 石 9 斗。由各府亲临查踏田块后数存底单。[①]清乾隆时期，1 石约等于今天的 120 市斤，换算有 33588 市斤，这可不是一个小数目。

土地房产是会馆的重要资产，也是其经济收入的重要来源，因此，对土地房产的管理，就显得非常重要。其地契文约，一般都保存于会首之处，而且明文交接，保存得非常好。

清同治二年（1863）有一文契："立出永卖房屋字约人徐恭福，情因境际窘

[①] 重庆中国三峡博物馆藏，文物号 115092。

迫，度日艰难，夫妇相商，愿将咸丰三年（1853）所买桂兴隆佃得江南公所地基修造瓦房一连三间出卖。已先尽过左邻右舍，均嫌每年必纳地租，无人承买。是以哀恳街邻蒋一斌等，再三婉为说合，卖与地主江南公所名下，议定九九数制钱拾千文，搬迁出火概包价内。"①从文契看，此块地为江南会馆租与桂兴隆修建房屋，每年要收地基租金。在徐恭福买来后因经济困难，想卖出，但因每年要交地基租金，无人愿租和买，只能卖与江南会馆。在房主再三央求、托人说合下，江南会馆将地基收回，将房屋买下。江南会馆收买的房屋，应该说房价很便宜，只有制钱拾千文。而在道光十五年（1835）江南会馆雇观音堂之僧等焚献，每僧按月议给工食钱二千四百文。②一年下来有二十四千文之多，也就是说，这三间房子不及一澄工食钱的一半，而且还是瓦房。重庆中国三峡博物馆藏江南会馆文物中有三件套民国时期的年收支清单，记得很详细，包括总收入、总支出、未收账、未付账、余额等具体数目。

据文物号115142记载的地契所知，江南会馆最迟在清康熙十年（1671）开始购置地产，接着于清康熙十五年（1676）再次置地，以后又多次置产。康熙十年（1671）置地，是比较早的。因为，在康熙元年（1662），四川总督移驻重庆城，重庆才被有效地纳入清朝统治范围，到康熙三年（1664）才彻底平定了盘踞川东的农民武装，清政府才完全控制巴渝地区，康熙七年（1668）才开始执行"湖广填四川"政策。据文物号115142显示，江南会馆到光绪年间都还在积极置产。据重庆中国三峡博物馆馆藏现有文书所知，江南会馆置产最晚的是光绪十一年（1885）购买洪长春的土地契约。从清光绪元年（1875）至光绪十一年（1885），江南会馆就先后四次置地，频率是较高的，以后应该还有置田买地行为。据文物号115142记载来看，江南会馆在清康熙、光绪年间置地买房频数最高。每次买地，契约中要写明：谁的土地，由谁介绍，有哪些见证人（签字画押）；土地位置，边界，面积；土地价格，当场交钱现清；出售方承诺，此为卖方自愿，与他人无涉，不得干预等语。

---

① 重庆中国三峡博物馆藏，文物号115135。
② 重庆中国三峡博物馆藏，文物号115199。

在民国时期，为了保住土地房产，各大会馆相继到政府登记缴税，政府为其颁发了新的契约。文物号115079是清康熙六十年（1721）买立石溪山地的地契，由重庆市财政局土地登记处颁发"四川省新契纸"统一官契，时间在民国三年（1914）。文物号115093是清乾隆十六年（1751）买东山坪山场田地契约，由重庆市征收局颁发"四川省政府官契"统一契约，时间在民国二十五年（1936），两份契约都有民国四川省的标准文样，都盖有官方印章。为什么清乾隆十六年（1751）的地契，到民国二十五年（1936）才到征收局登记，而不在民国三年（1914）与康熙六十年（1721）地契一起登记？可能与交契税有关。

重庆中国三峡博物馆馆藏江南会馆文物中有土地房屋清单2件套，其中清光绪十一年（1885）1件套，民国时期1件套。这些清单是要在会首、值年、守柜变更时清理交接的。文物号115142和115348就是抄交字据（契约）的清单。文物号115142是清光绪十一年（1885）的清单，文物号115348是民国七年（1918）的清单，其中立石溪王登榜、三洞砾雷如恒[①]的契约为康熙六十年（1721）所买土地之地契。[②]从这两张清单来看，没有交接人及其签字，没有具体交接时间，没有见证人及其签字，只有交接内容。说明交接人之间是非常熟悉和相互信任度非常高的人。可见当时的社会，犹如费孝通在《乡土中国》中所说的一样，是个熟人社会。

江南会馆初创的朱、洪、胡、郑、汪五姓，其地位和威望都很高，根据文物号115377的内容来看，从清康熙年间到民国时期，这五姓一直掌握着江南会馆的管理权，特别是财产管理，因为这五姓有签字权。

有一清代，为何只有到光绪时期才有清单？这有两种可能，一是五姓长期为管理者，世袭，父子之间交接无须另外抄写交单；二是保存的问题，可能有遗失。但后者的可能性很小，因为大量的契约都保留了下来，特别是清康熙、雍正、乾隆等各朝的契约都得以保存，说明江南会馆的财物管理还是做得非常好的，故遗失的可能性不大。

[①]"恒"，疑为"衡"。
[②]重庆中国三峡博物馆藏，文物号115348。

从目前所存契约来看，会馆的土地房产契约管理非常严格。各类契约平时锁在储柜里，而且是朱、洪、胡、郑、汪五姓各用一把锁锁着，守柜看管，只有待五姓到齐，方能打开储柜。若有人员变动，则有交接清单。朱、洪、胡、郑、汪五姓在江南会馆享有永久的管理权，有世袭的权利。

二、文书

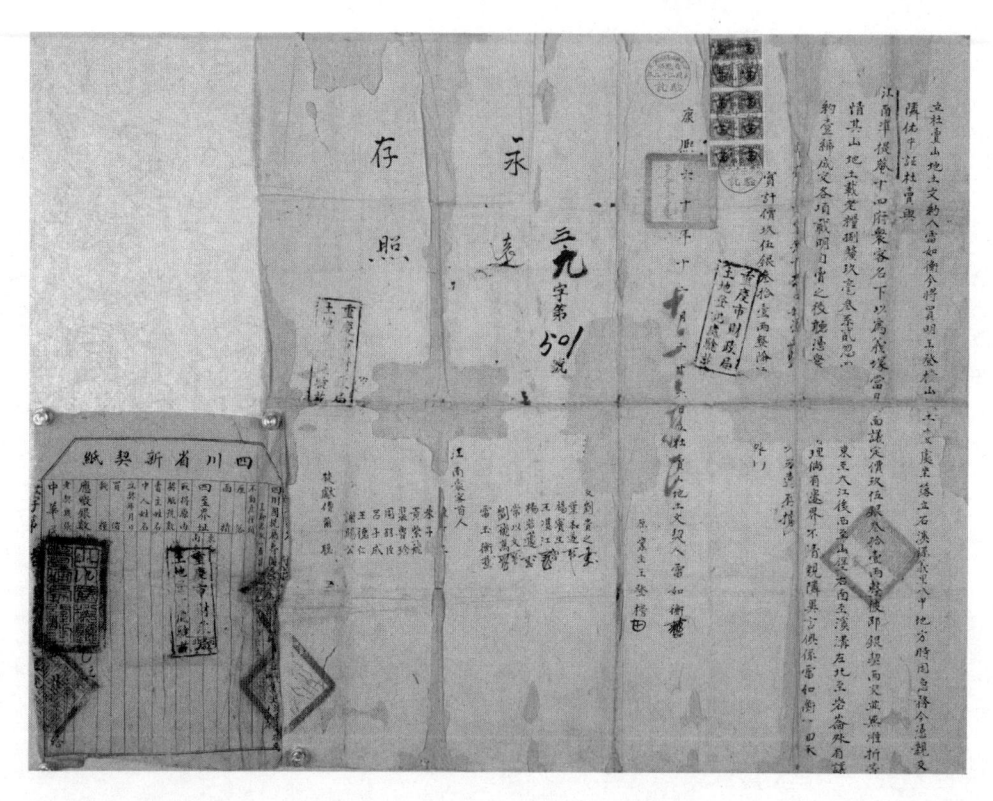

文物号：115079

名称：清康熙六十年雷如衡付江南准提庵十四府出卖土地文约

尺寸：纵61厘米，横63厘米

立杜卖①山地土文约人雷如衡，今将买明王登榜山墓土庙处，坐落立石溪，系义里八甲地方，时因急务，今凭亲友邻佑中证，杜卖与江南准提庵十四府众客名下，以为义冢，当日面议定价玖伍银叁拾壹两整，彼即银契两交，并无准折等情。其山地土载老粮捌厘玖毫叁系贰忽……，东至大江后，西至山堡右，南至溪沟左，北至岩仑处，有议约壹纸成交，各项载明。自卖之后，听凭众 客 处 理。倘有边界不清，亲邻异言，俱系雷如 衡 一面承江南准提庵众客等。恐口无凭，立此 文 契，永远存据。

实计价玖伍银三拾壹两整除□□□

康熙六十年十二月二十六日立杜卖山地土文契人雷如衡

原业主王登榜

三九 字第 501 号　　永远存照

友：刘贵之、叶本遂、杨宝生、王双江、杨若蕖、常以文、刘飞万、雷玉衡

江南众客首人：□□□、朱子□、黄紫飞、裴鲁珍、周羽呈、吕子成、王德仁、谢赐公，焚献僧尔聪

重庆市财政局土地登记处验讫　　（印）

重庆市财政局土地登记处验讫　　（印）

四川省新契纸

四川国税厅筹备处 覆 据 业主准提庵十四府

呈验契纸一张，兹 载 明各节列注于左

不动产种类

座落

面积

四至界址　东至　西至　南至　北至

---

①杜卖，即断卖，买卖双方不能反悔、赎回的交易。杜卖契，即断卖契，民间俗称死契，双方不能反悔、赎回的买卖契约。

取得原由

契纸号数

卖主姓名

中人姓名

立契年月日

买价

载粮

应缴银数　纸价一元　注册费一角　共洋一元一角

老契几张

　　　　　　　　　　　　　　中华民国三年六月五日给

第四章 土地房产

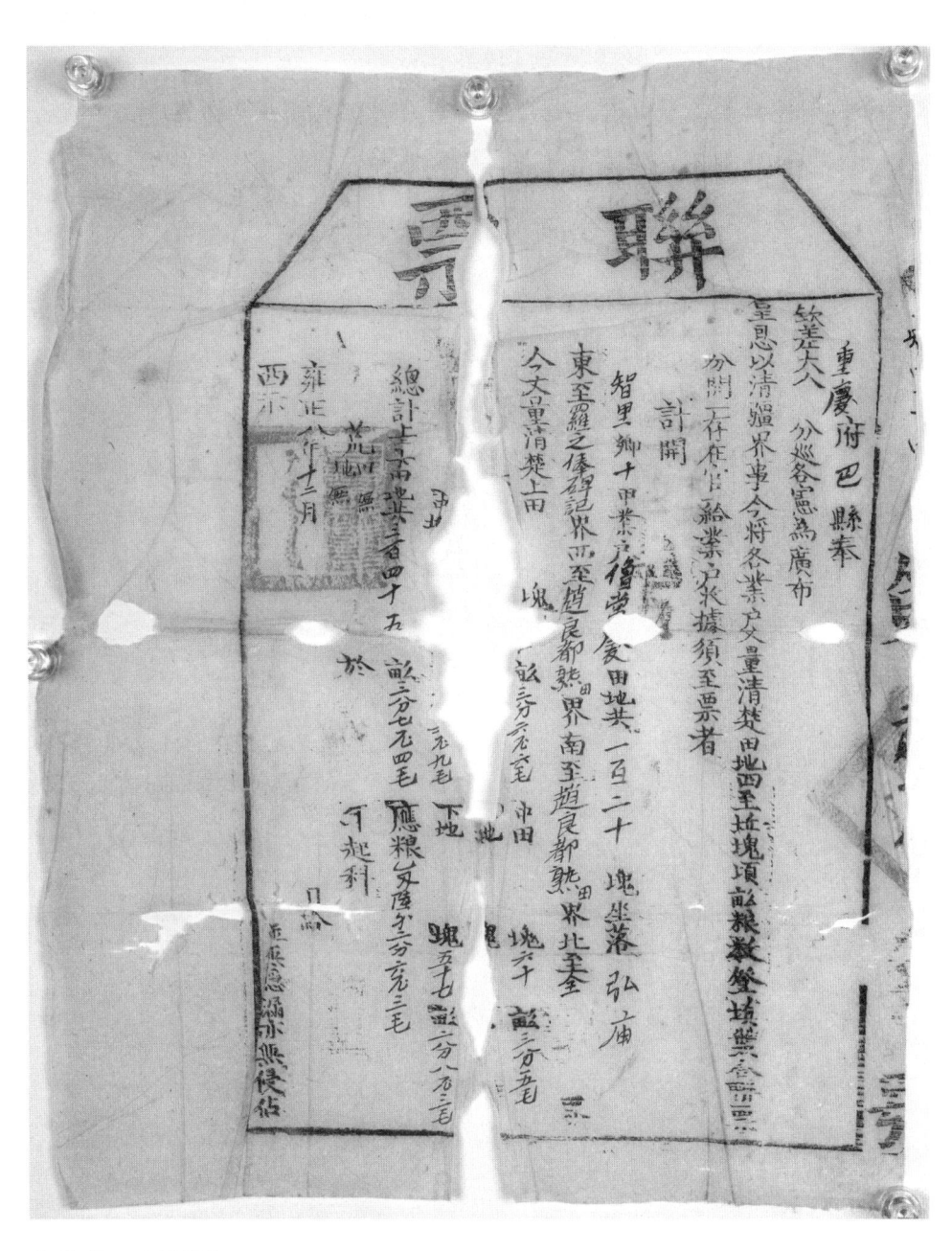

文物号：115083
名称：清雍正八年重庆府巴县付业主土地丈量联票
尺寸：纵43厘米，横34厘米

联票

　　重庆府巴县奉钦差大人，分巡各宪，为广布呈恩以清疆界事，今将各业户丈量清楚田地至丘块顷亩粮数，登填整合。所票分开，一存在官，一给业户，收据须至票者。

　　计开：

　　智里乡十甲业户稽常庆田地共一百二十块，坐落弘庙，东至罗之俸碑记界，西至赵良都熟田界，南至赵良都熟田界，北至全□吕界。

　　今丈量清楚上田　块　亩三分六厘六毛，中田　块六十亩三分五毛。

　　……

　　□块五十七亩三分八厘三毛。

　　总计上中下田地共三百四十五亩三分七厘四毛，应粮一两陆钱二分六厘三毛。

　　荒田无，荒地无。于　年起科

雍正八年十二月　日给票
并无隐漏亦无侵占

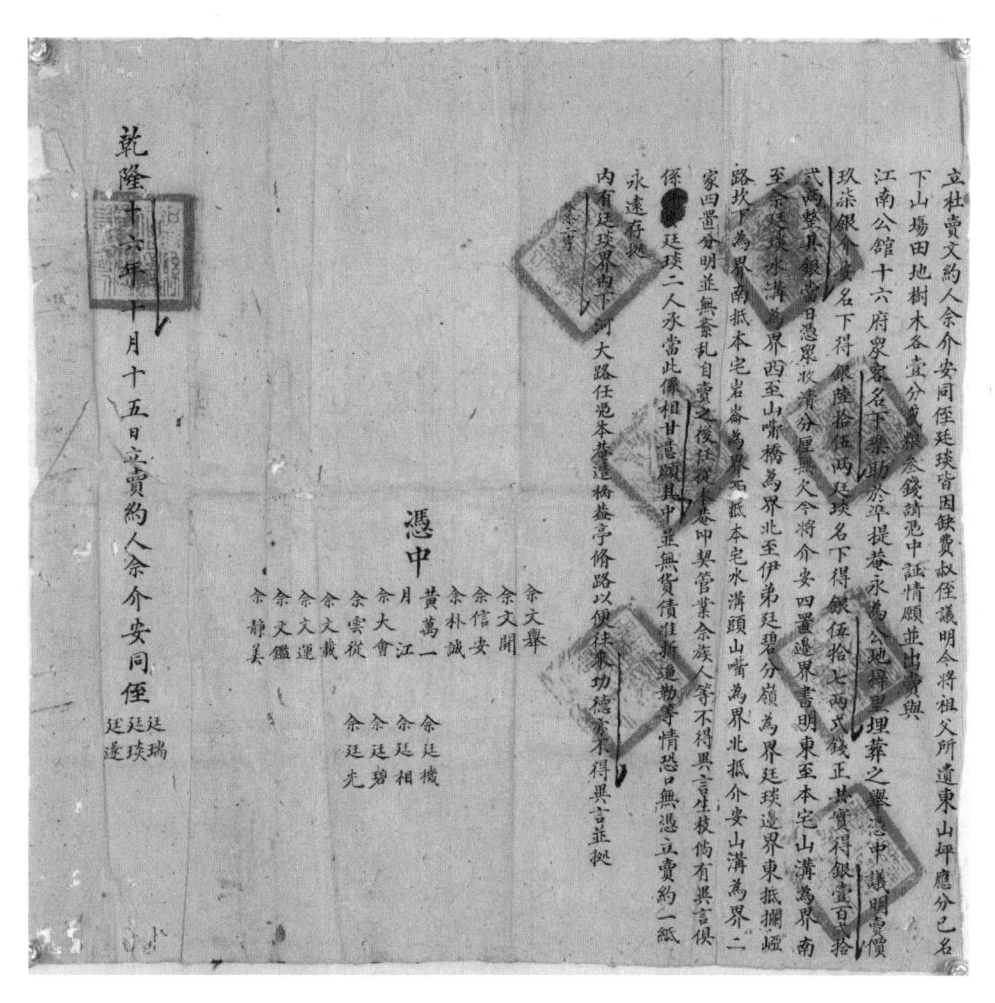

文物号：115091

名称：清乾隆十六年佘介安等人付江南公馆十六府出卖土地文约

尺寸：纵 50.5 厘米，横 52 厘米

立杜卖文约人佘介安同侄廷琰,皆因缺费,叔侄议明,今将祖父所遗东山坪应分己名下山场、田地、树木各壹分,载粮叁钱,请凭中证,情愿并出卖与江南公馆十六府众客名下,乐助于准提庵,永为公地、梓里埋葬之举。凭中议明卖价玖柒银,介安名下得银陆拾伍两,廷琰名下得银伍拾柒两贰钱正,共实得银壹百贰拾贰两整,其银当日凭众收清,分厘无欠。今将介安四置边界书明,东至本宅山沟为界,南至佘廷琰水沟为界,西至山嘴桥为界,北至伊弟廷碧分岭为界。廷琰边界,东抵拦垭路坎下为界,南抵本宅岩仑为界,西抵本宅水沟头山嘴为界,北抵介安山沟为界。二家四置分明,并无紊乱。自卖之后,任从本庵印契管业,佘族人等不得异言生枝。倘有异言,俱系介安、廷琰二人承当。此系相甘意愿,其中并无货债准折逼勒等情。恐口无凭,立卖约一纸,永远存据。

内有廷琰界内下河大路,任凭本庵造桥盖亭修路,以便往来功德,亦不得异言,并据。

凭中:佘文举、佘文开、佘信安、佘朴诚、黄万一、月江、佘大会、佘云从、佘文载、佘文运、佘文鉴、佘静美、佘廷机、佘廷相、佘廷碧、佘廷光

乾隆十六年十月十五日

立卖约人:佘介安同侄廷瑞、廷琰、廷遂

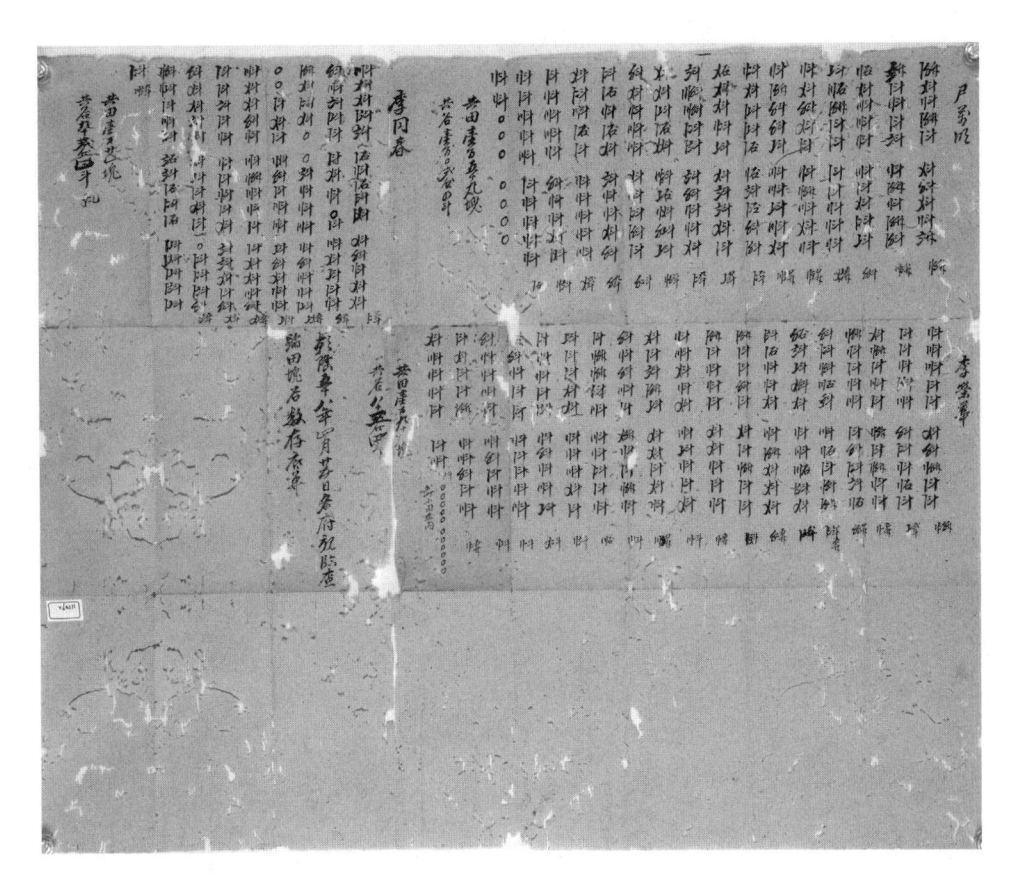

文物号：115092
名称：清乾隆江南会馆产业收租清单
尺寸：纵55.3厘米，横67.6厘米

尹万明

15升4斗2斗15升1斗　　4斗5斗4斗2斗8升　　8升1斗2斗1斗7斗
2斗15升2斗15升15升　　2石4斗3斗3斗2斗　　3斗1斗4斗12斗6斗
6斗3石15升1斗1斗　　　1斗1斗2斗2斗2斗　　2斗4斗5斗4斗1斗
2斗25升3斗4斗2斗　　　2斗15升5斗5斗6斗　　3斗3斗6斗3斗4斗
22斗4斗2斗2斗1石　　　2石8斗1石5斗15斗　　4石4斗4斗22斗6斗
4斗8斗8斗4斗1斗　　　　8斗35斗35斗12斗17斗　8斗5斗2斗2斗4斗
4石4斗16斗1石44斗　　　32斗6石24斗56斗6斗　5斗4斗2斗2斗3斗
4斗3斗12斗15斗1斗　　　12斗1石2斗1石4斗　　8斗2斗4斗4斗5斗
4斗12斗3斗1石1斗　　　1斗2斗3斗2斗3斗　　　1斗3斗3斗3斗2斗
5斗4斗2斗4斗14斗　　　2斗1斗3斗2斗3斗　　　1斗3斗3斗3斗2斗
2斗2斗

共田壹百五十九块，共谷壹百零贰石4斗。

李同春

3斗4斗4斗18斗8斗　　　1石2斗1石17斗14斗　　4斗5斗2斗4斗4斗
5斗3斗7斗16斗1斗　　　1斗4斗2斗0斗1斗　　　3斗4斗6斗1斗2斗
15升4斗12斗4斗0斗　　0斗8斗2斗2斗3斗　　　2斗5斗3斗2斗16斗
0斗0斗1斗4斗1斗　　　　24斗5斗3斗3斗3斗　　6斗5斗4斗2斗2斗
3斗4斗4斗5斗2斗　　　　3斗25升3斗3斗1斗　　1斗4斗4斗3斗5斗
1斗1斗7斗1斗2斗　　　　2斗1斗2斗1斗4斗　　　8斗8斗4斗1斗5斗
5斗4斗4斗8斗?斗　　　?斗6斗1斗4斗1斗　　　0斗12斗12斗17斗5斗
25斗26斗1斗3斗7斗　　　8石8斗1石12斗1石　　16斗14斗16斗17斗16斗
12斗

共田壹百廿一块，共谷九十二石一斗。

李荣华

2斗3斗3斗1斗1斗　　　4斗5斗25升1斗1斗　　1斗1斗2斗15斗3斗

5斗 12斗 2斗 2石 1斗	4斗 27升 1斗 3斗 1斗	25升 1斗 25升 2斗 2斗
25升 2斗 1斗 2斗 3斗	1斗 5斗 12斗 7斗 2石	5斗 12斗 25升 3石 9斗
3斗 2石 1斗 15斗 15升	5石 8斗 6斗 45斗 4斗	2斗 3斗 3石 5斗 4斗
18斗 1石 2斗 2斗 4斗	3斗 15升 4斗 4斗 4斗	15升 1斗 1斗 5斗 1斗
4斗 1斗 25升 1斗 1斗	15升 1斗 2斗 2斗 4斗	4斗 4斗 2斗 1斗 2斗
2斗 3斗 4斗 2斗 4斗	3斗 6斗 2斗 1斗 4斗	4斗 1斗 8斗 15升 6斗
4斗 4斗 1斗 4斗 2斗	5斗 2斗 5斗 3斗 1斗	45升 2斗 1斗 25升 2斗
1斗 28升 28升 1斗 3斗	3斗 2斗 12斗 1斗 2斗	6斗 1斗 1斗 4斗 4斗
2斗 2斗 3斗 4斗 1斗	1斗 2斗 1斗 1斗 18斗	2斗 5斗 2斗 3斗 6斗
?? 5斗 2斗 1斗 1斗	2斗 1斗 1斗 2斗 3斗	5斗 2斗 2斗 3斗 1斗
3斗 5斗 1斗 2斗 2斗	1斗 4斗 1斗 1斗 15升	2斗 3斗 5斗 1斗 3斗
4斗 3斗 2斗 2斗 1斗	1斗 3斗	

共田壹百九十块，共谷八十五石四斗。

乾隆五十八年四月廿五日各府亲临查踏田块后数存底单

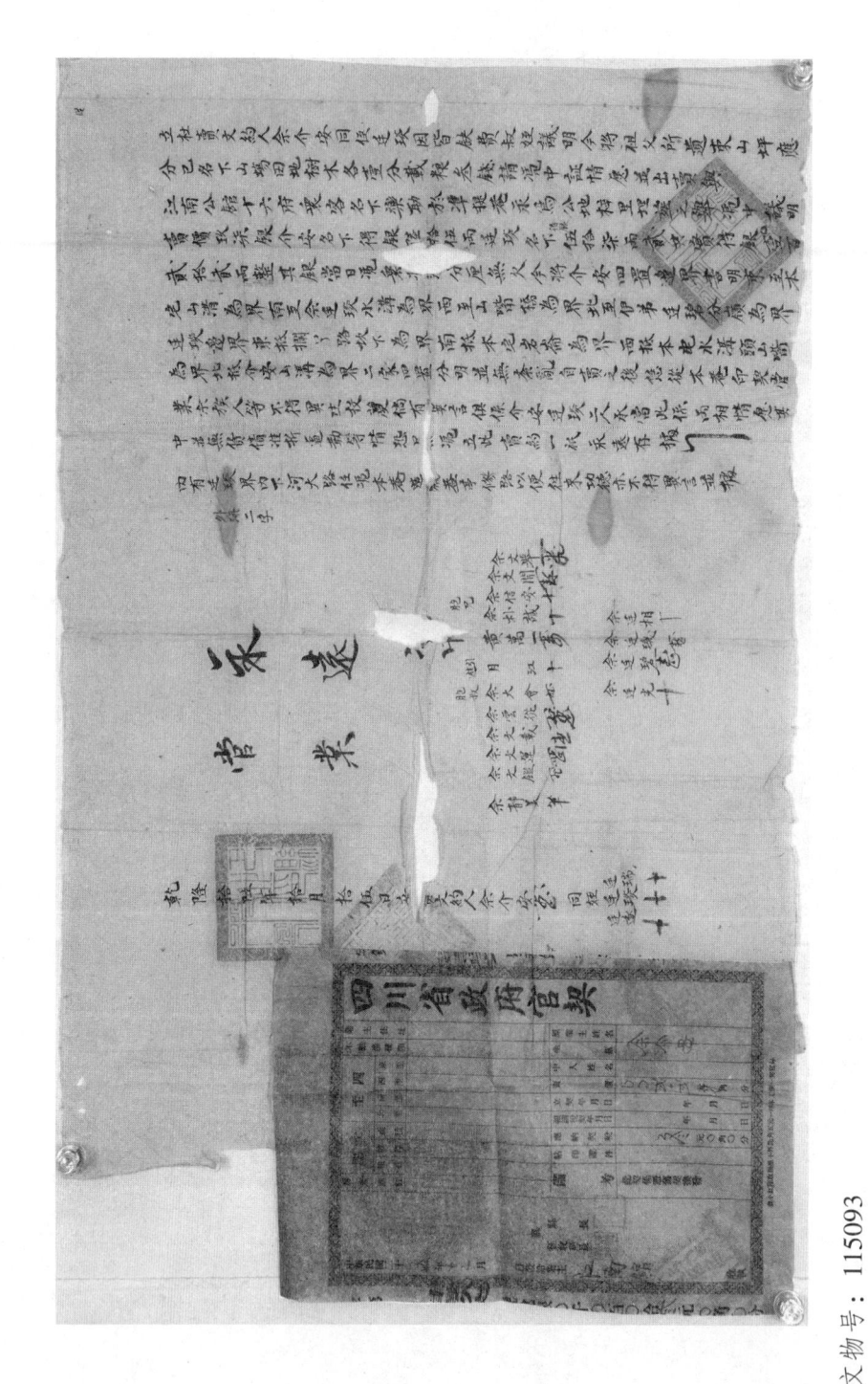

文物号：115093
名称：清乾隆十六年余介安付江南公馆十六府出卖土地文约
尺寸：纵 40.5 厘米，横 59.6 厘米

立杜卖文约人佘介安同侄廷琰，因皆缺费，叔侄议明，今将祖父所遗东山坪应分己名下山场、田地、树木各壹分，载粮叁钱，请凭中证，情愿并出卖与江南公馆十六府众客名下，乐助于准提庵，永为公地、梓里埋葬之举。凭中议明，卖价玖柒银，介安名下得银陆拾伍两，廷琰名下得银伍拾柒两贰，共实得银壹百贰拾贰两整，其银当日凭众收清，分厘无欠。今将介安四置边界书明，东至本宅山沟为界，南至佘廷琰水沟为界，西至山嘴桥为界，北至伊弟廷碧分岭为界。廷琰边界，东抵拦丫路坎下为界，南抵本宅岩仑为界，西抵本宅水沟头山嘴为界，北抵介安山沟为界。二家四置分明，并无紊乱。自卖之后，恁从本庵印契管业，佘族人等不得异生枝蔓。倘有异言，俱系介安、廷琰二人承当。此系两相情愿，其中并无货债准折逼勒等情。恐口无凭，立此卖约一纸，永远存据。内有廷琰界内下河大路，任凭本庵造桥盖亭修路，以便往来功德，亦不得异言，并据。

永远管业

胞兄：佘文举、佘文开、佘信安、佘朴诚

凭中：黄万一、佘廷机

引进：月江、佘廷相

胞叔：佘大会、佘廷碧、佘云从、佘廷光、佘文载、佘文运、佘文鉴
佘静美　笔

乾隆拾陆年拾月拾伍日

立卖约人：佘介安同侄廷瑞、廷琰、廷遂

四川省政府官契

业主住址：

原业主姓名：佘介安

不动产种类：

坐落：

四至　东至：
　　　　西至：
　　　　南至：
　　　　北至：
中人姓名：
卖价：　元　角　分
立契年月日：　年　月　日
报请税契年月日：　年　月　日
土地　面积：
　　　载粮：
　　　租石：
应纳契税：叁元〇角〇分
粘印证件：
房产间数：
备考：此契凭系旧契换发

县长
县征收局长

中华民国二十五年十二月　日发给业主江南馆收执

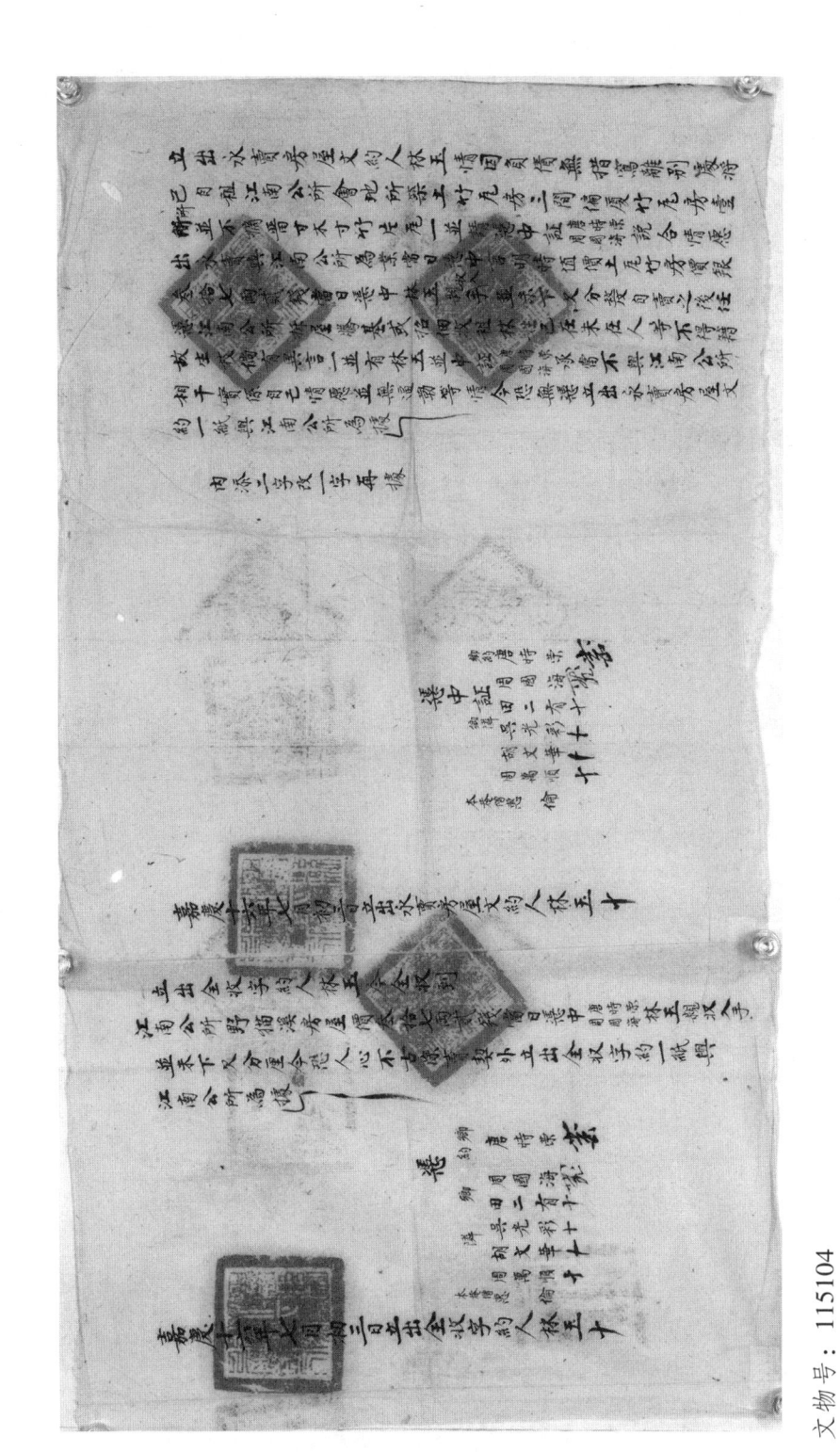

文物号：115104
名称：清嘉庆十六年林玉付江南公所卖房地契约和收银契约
尺寸：纵37厘米，横47厘米

立出永卖房屋文约人林玉，情因负债无措，弯离别处，将已自租江南公所会地所筑土竹瓦房三间，偏厦竹瓦房壹所，并不摘晋寸木、寸竹、片瓦，一并请凭中证唐时荣、周国海说合情愿，出永卖与江南公所为业。当日凭中言明时值价，土瓦竹房价银叁拾七两贰钱，当日凭中，林玉亲收入手，并未下欠分厘。自卖之后，任凭江南公所拆屋腾基或招佃收租，林姓已在、未在人等，不得藉故生枝。倘有异言，一并有林玉，并中证唐时荣、周国海承当，不与江南公所相干。实系自己情愿，并无逼勒等情。今恐无凭，立出永卖房屋文约一纸与江南公所为据，内添二字，改一字，再据。

    凭中证乡约：唐时荣、周国海、田二有，乡邻吴光彩、
        胡文华、周万顺、本庵僧惠伦

        嘉庆十六年七月初三日
        立出永卖房屋文约人：林玉

立出全收字约人林玉，今全收到江南公所野猫溪房屋价叁拾七两贰钱，当日凭中唐时荣、周国海，林玉亲收入手，并未下欠分厘。今恐人心不古，除卖契约外，立出全收字约一纸与江南公所为据。

    凭乡约：唐时荣
    乡邻：周国海、田二有、吴光彩、胡文华、
       周万顺、本庵僧惠伦

        嘉庆十六年七月初三日
        立出全收字约人：林玉

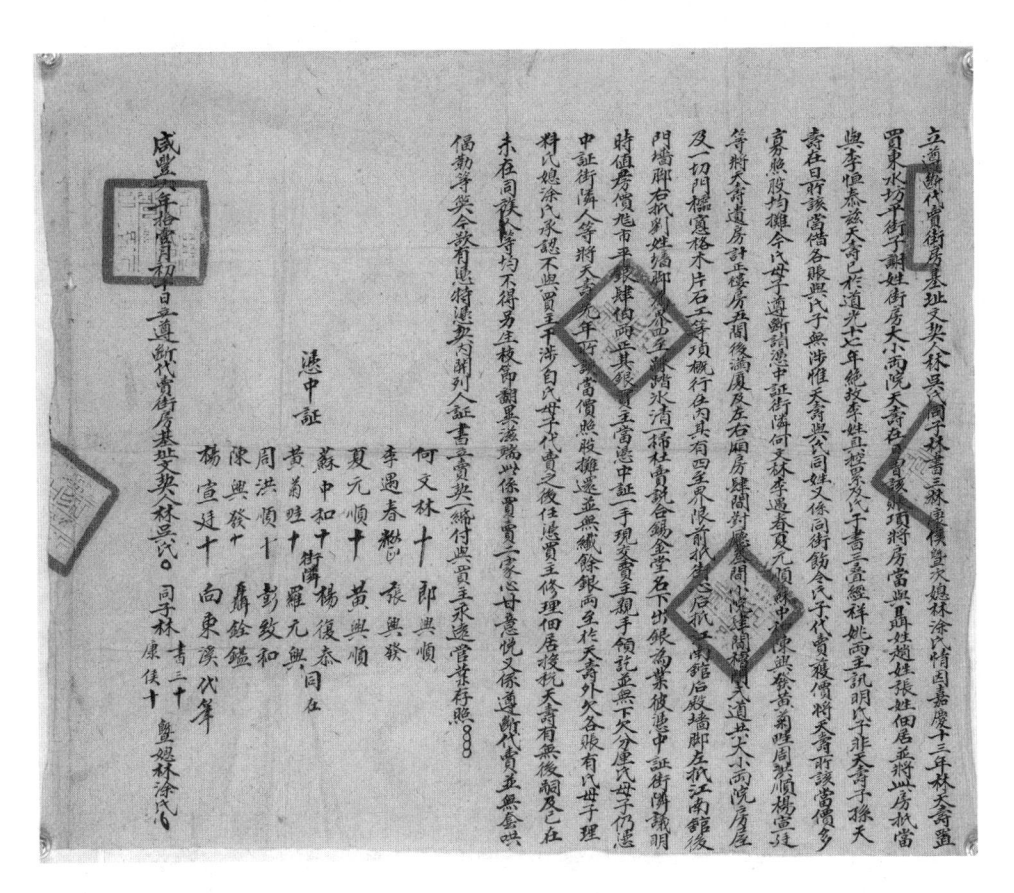

文物号：115129
名称：清咸丰六年林吴氏及子、媳付江南会馆出卖街房、基址文约
尺寸：纵50厘米，横59.2厘米

立遵断代卖街房基址文契人林吴氏同子林书三、林康侯暨次媳林涂氏，情因嘉庆十三年，林天寿置买东水坊平街子谢姓街房大小两院，天寿在日曾该账项，将房当与聂姓、赵姓、张姓佃居，并将此房抵当与李恒泰。兹天寿已于道光十七年绝，故李姓具控，累及氏子书三。叠经祥、姚两主讯明，氏子非天寿子孙，天寿在日所该当借各账与氏子无涉。惟天寿与氏同姓，又系同街，饬令氏子代卖获价，将天寿所该当价多寡照股均摊。今氏母子遵断，请凭中证街邻何文林、李遇春、夏元顺、苏中和、陈兴发、黄菊畦、周洪顺、杨宣廷等，将天寿遗房计正楼房五间，后满厦及左右厢房肆间，对厅三间，小院肆间，槽门贰道，共大小两院房屋及一切门楞窗格木片石工等项概行在内，其有四至界限，前抵街心，后抵江南馆后殿墙脚，左抵江南馆后门墙脚，右抵刘姓墙脚为界。四至踩踏冰清，一扫杜卖，说合锡金堂名下出银为业，彼凭中证街邻议明时值房价市平银肆佰①两正，其银买主当凭中证一手现交，卖主亲手领讫，并无下欠分厘。氏母子仍凭中证街邻人等，将天寿先年所该当价照股摊还，并无纤余银两。至于天寿外欠各账，有氏母子理料，氏媳涂氏承认不与买主干涉，自氏母子代卖之后，任凭买主修理佃居投税，天寿有无后嗣及已在、未在同族人等，均不得另生枝节，翻异滋端。此系买卖二家心甘意悦，又系遵断代卖，并无套哄逼勒等弊。今欲有凭，特凭契内开列人证，书立卖契一纸付与买主，永远管业存照。

　　　　　　　　　凭中证：何文林、李遇春、夏元顺、苏中和、
　　　　　　　　　　　　　黄菊畦、周洪顺、陈兴发、杨宣廷
　　　　　　　街邻：郎兴顺、张兴发、黄兴顺、杨复泰、罗元兴、
　　　　　　　　　　彭致和、聂铨镒、向东溪　代笔
　　　　　　　　　　　　　　　　　　　　　　　　　同在

咸丰六年拾壹月初十日
　立遵断代卖街房基址文契人：林吴氏同子林书三、林康侯暨媳林涂氏

---

① 原文为"伯"，据文意改为"佰"。后同。

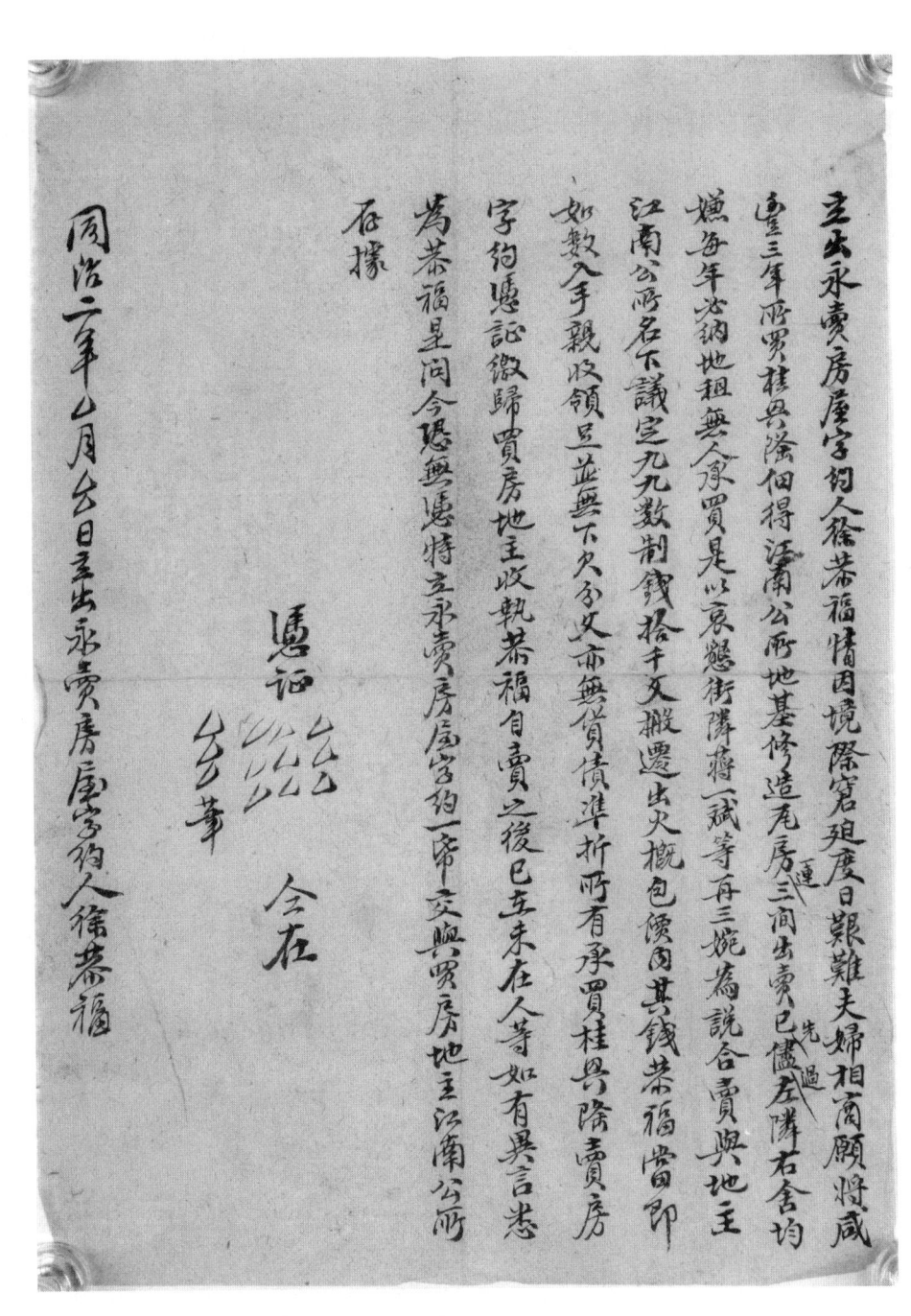

立出永賣房屋字約人徐恭福情因境隙窘廹度日艱難夫婦相商願將咸豐三年所累桂興溢佃得滬南公所地基修造瓦房三間出賣已儘左隣右舍均嫌每年必納地租無人承買是以哀懇街隣藉一誠等再三媳為說合賣與地主江南公所名下議定九九制錢拾千文搬遷出火概包償因其錢恭福當卽如數入手親收領足並無下欠分文亦無貸債準折所有承買桂興隂賣房字約憑證繳歸賣房地主收執恭福自賣之後已立未在人等如有異言悉為恭福是問今恐無憑特立永賣房屋字約一帋交與買房地主江南公所存據

憑證 [signatures]
代筆

同治二年四月 日立出永賣房屋字約人徐恭福

立出永卖房屋字约人徐恭福，情因境际窘迫，度日艰难，夫妇相商，愿将咸丰三年所买桂兴隆佃得江南公所地基修造瓦房一连三间出卖。已先尽过左邻右舍，均嫌每年必纳地租，无人承买。是以哀恳街邻蒋一斌等，再三婉为说合，卖与地主江南公所名下，议定九九数制钱拾千文，搬迁出火概包价内。其钱恭福当即如数入手，亲收领足，并无下欠分文，亦无货债准折。所有承买桂兴隆卖房字约，凭证缴归买房地主收执。恭福自卖之后，已在、未在人等，如有异言，悉为恭福是问。今恐无凭，特立永卖房屋字约一纸，交与买房地主江南公所存据。

　　　　　凭证：□□□、□□□、□□□、□□□笔
　　　　　　　　同在

　　　　　　　　同治二年□月□□日
　　　　　　　　立出永卖房屋字约人：徐恭福

第四章 土地房产

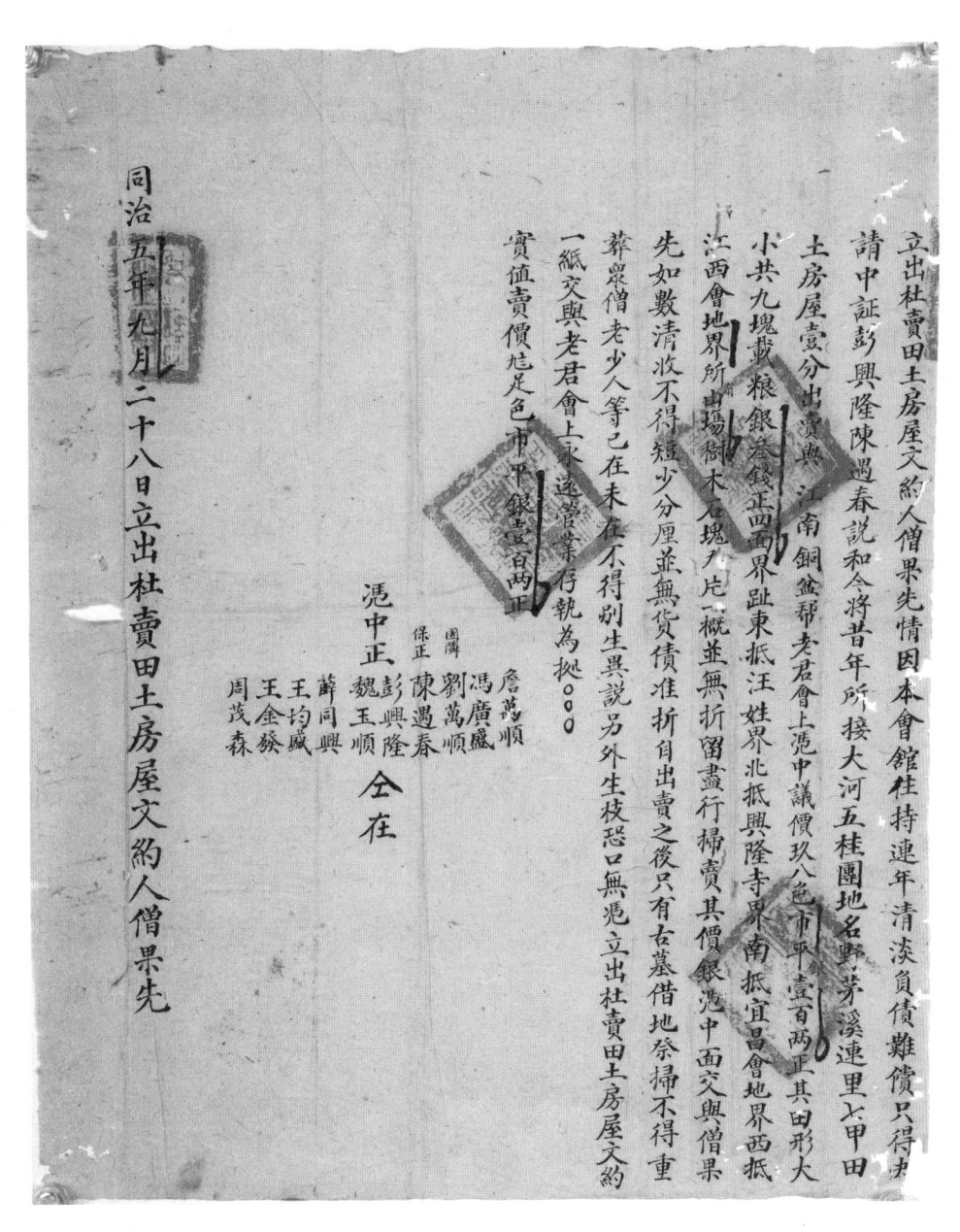

立出杜賣田土房屋文約人僧果先情因本會舘柱持連年清淡負債難償只得央
請中証彭興隆陳遇春說和今將昔年所接大河五桂團地名野茅溪連里七甲田
土房屋壹分出賣與南銅盆帮老君會上憑中議價玖八色市平壹百兩正其田形大
小共九塊戴粮銀叁錢正四面界趾東抵汪姓界北抵興隆寺界南抵宜昌會地界西抵
江西會地界所出場樹木各塊凡此一概並無折留盡行掃賣其價銀逸中面交與僧果
先如數清收不得短少分厘並無貨債准折自出賣之後只有古墓借地祭掃不得重
葬泉僧老少人等己在末在不得別生異說另外生枝恐口無憑立出杜賣田土房屋文約
一紙交與老君會上永遠營業存就為据000

賣値賣價尤足色市平銀壹百兩正

憑中正 薛同興 王均戚 王金祭 周茂森

保正 彭興隆 魏玉順 全在

團澗 陳遇春

劉萬順
馮廣盛
詹蔿順

同治五年九月二十八日立出杜賣田土房屋文約人僧果先

文物号：115137-1
名称：清同治五年僧果先付铜盆帮产业出卖文约
尺寸：纵 51.8 厘米，横 41.6 厘米

立出杜卖田土房屋文约人僧果先，情因本会馆住持连年清淡，负债难偿，只得央请中证彭兴隆、陈遇春说和，今将昔年所接大河五桂团地名野茅溪廉里①七甲田土房屋壹分，出卖与江南铜盆帮老君会上，凭中议价玖八色市平银壹百两正。其田形大小共九块，载粮银叁钱正，四面界址②，东抵汪姓界，北抵兴隆寺界，南抵宜昌会地界，西抵江西会地界，所有山场树木石块瓦片，一概并无折留，尽行扫卖。其价银凭中面交与僧果先，如数清收，不得短少分厘，并无货债准折。自出卖之后，只有古墓借地祭扫，不得重葬众僧老少人等；已在、未在不得别生异说，另外生枝。恐口无凭，立出杜卖田土房屋文约一纸，交与老君会上，永远管业，存执为据，实值卖价九八足色市平银壹百两正。

　　　　　凭中正：詹万顺、冯广盛、团邻刘万顺、保正陈遇春、彭兴隆、
　　　　　　　　　魏玉顺、薛同兴、王均盛、王金发、周茂森
　　　　　　　　　　　　　　　　　　　　　　　　　　　同在

同治五年九月二十八日
立出杜卖田土房屋文约人：僧果先

---

①原文为"连里"，据文意改为"廉里"，指南岸野猫溪一带，在清代属巴县廉里。后同。
②原文为"趾"，据文意改为"址"。

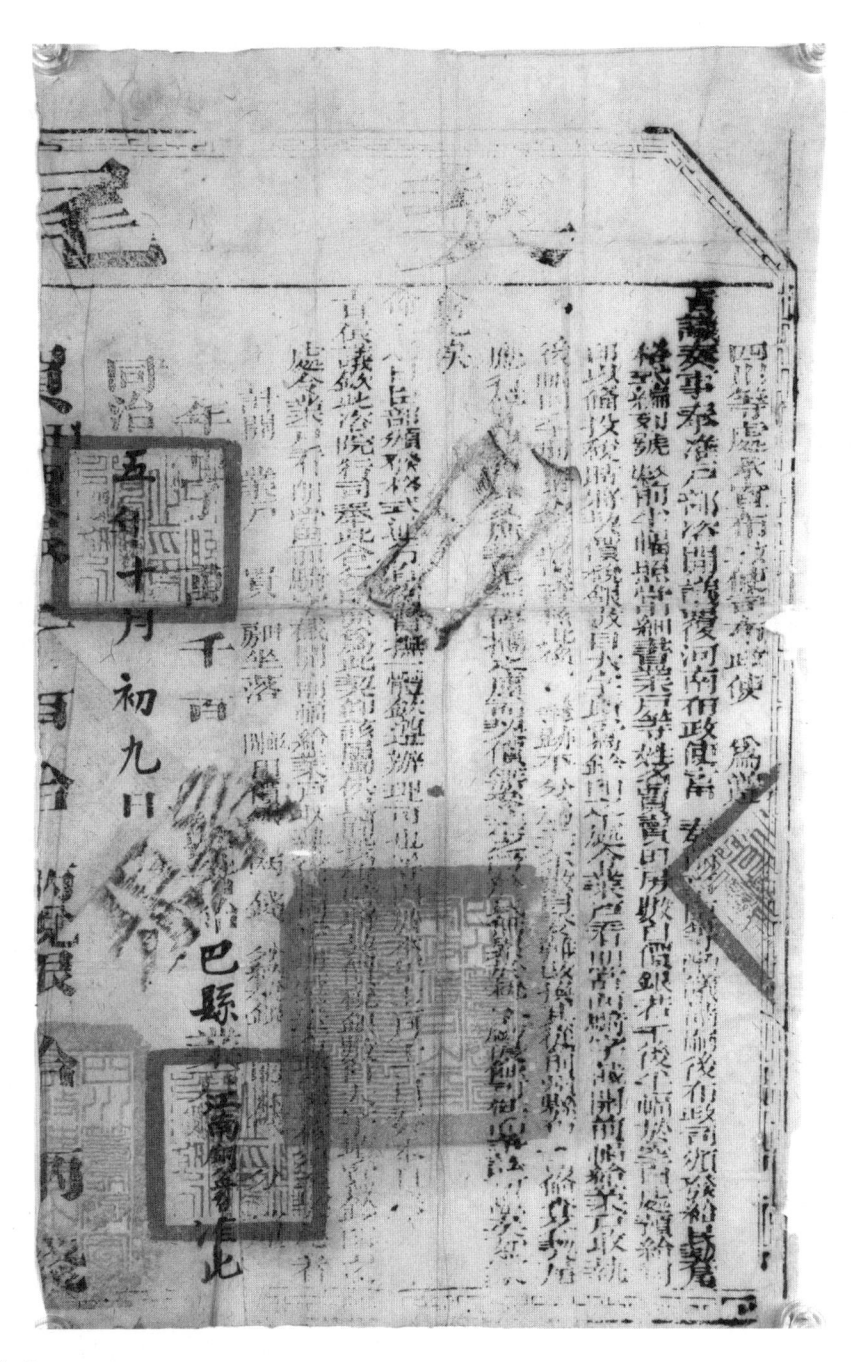

文物号：115137-2
名称：清同治五年僧果先付铜盆帮产业出卖文约
尺寸：纵41.3厘米，横28.3厘米

四川等承宣布政使司布政使：为遵旨议奏，事奉准户部咨问，议复河南布政使专奏前事，臣等随议，请嗣后布政司颁发给民，契尾格或编列号签，前半幅照常细书业户等姓名，买卖田房数目，价银若干；后半幅于空页处，预给司印，以备投税□，将契价税银数目大字印写，钤印之处，令业户看明。当面骑字后裁开，前幅给业户收执，后幅……

巴县江南铜盆帮

同治五年十月初九日

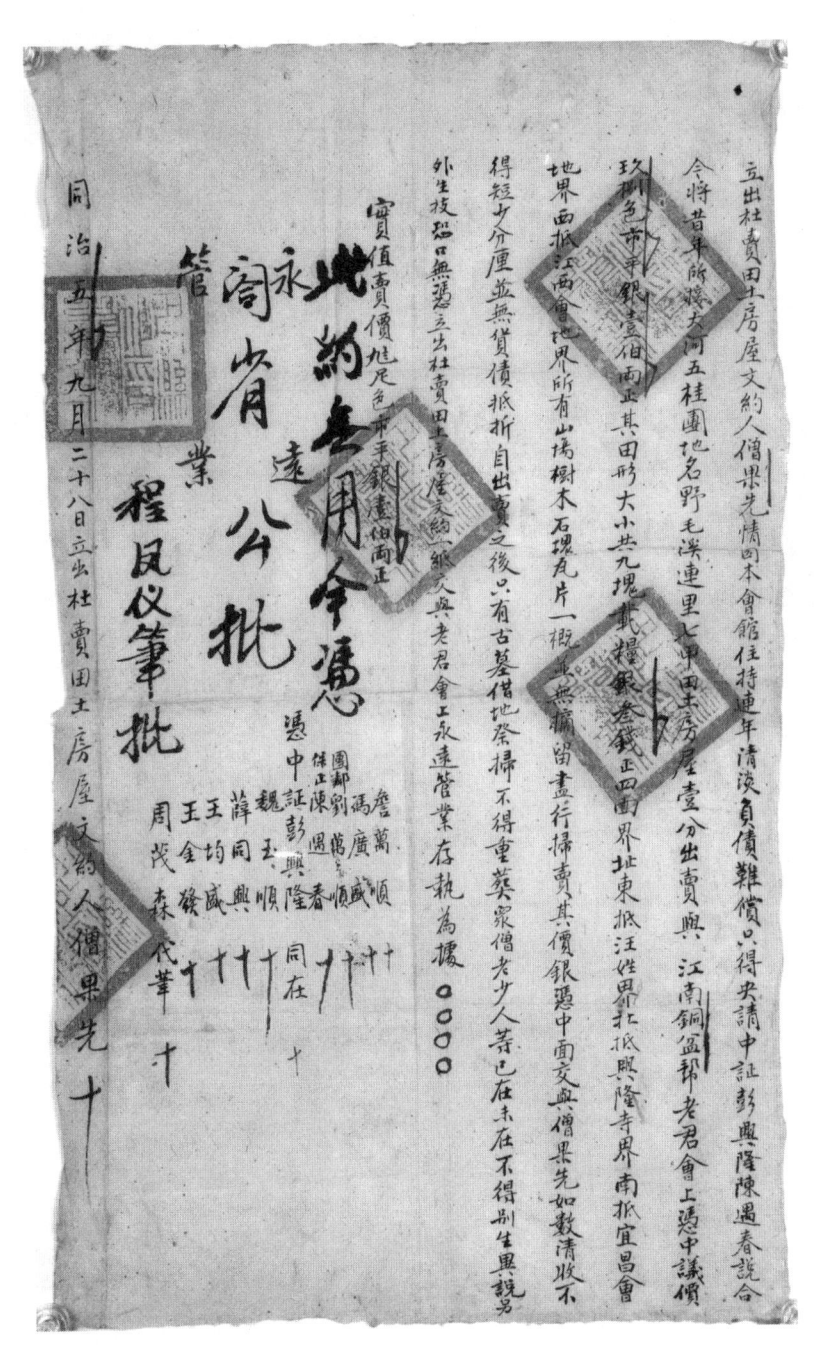

文物号：115137-3
名称：清同治五年僧果先付铜盆帮产业出卖文约
尺寸：纵51.7厘米，横30.7厘米

立出杜卖田土房屋文约人僧果先，情因本会馆住持连年清淡，负债难偿，只得央请中证彭兴隆、陈遇春说合，今将昔年所接大河五桂团地名野毛（茅）溪廉里七甲田土房屋壹分，出卖与江南铜盆帮老君会上。凭中议价玖捌色市平银壹佰两正，其田形大小共九块，载粮银叁钱正，四面界址，东抵汪姓界，北抵兴隆寺界，南抵宜昌会地界，西抵江西会地界。所有山场树木石块瓦片，一概并无摘留，尽行扫卖。其价银凭中面交与僧果先如数清收，不得短少分厘，并无货债抵折。自出卖之后，只有古墓借地祭扫，不得重葬众僧老少人等；已在、未在不得别生异说，另外生枝。恐口无凭，立出杜卖田土房屋文约一纸，交与老君会上，永远管业，存执为据，实值卖价九八足色市平银壹佰两正。

　　此约无用　今凭合省公批　永远管业　程凤仪笔批

　　　　　　　凭中证：詹万顺、冯广盛、团邻刘万顺、保正陈遇春、
　　　　　　　　　　　彭兴隆、魏玉顺、薛同兴、王均盛、王金发

　　　　　　　　　　　周茂森　代笔
　　　　　　　　　　　　　同在

同治五年九月二十八日
立出杜卖田土房屋文约人：僧果先

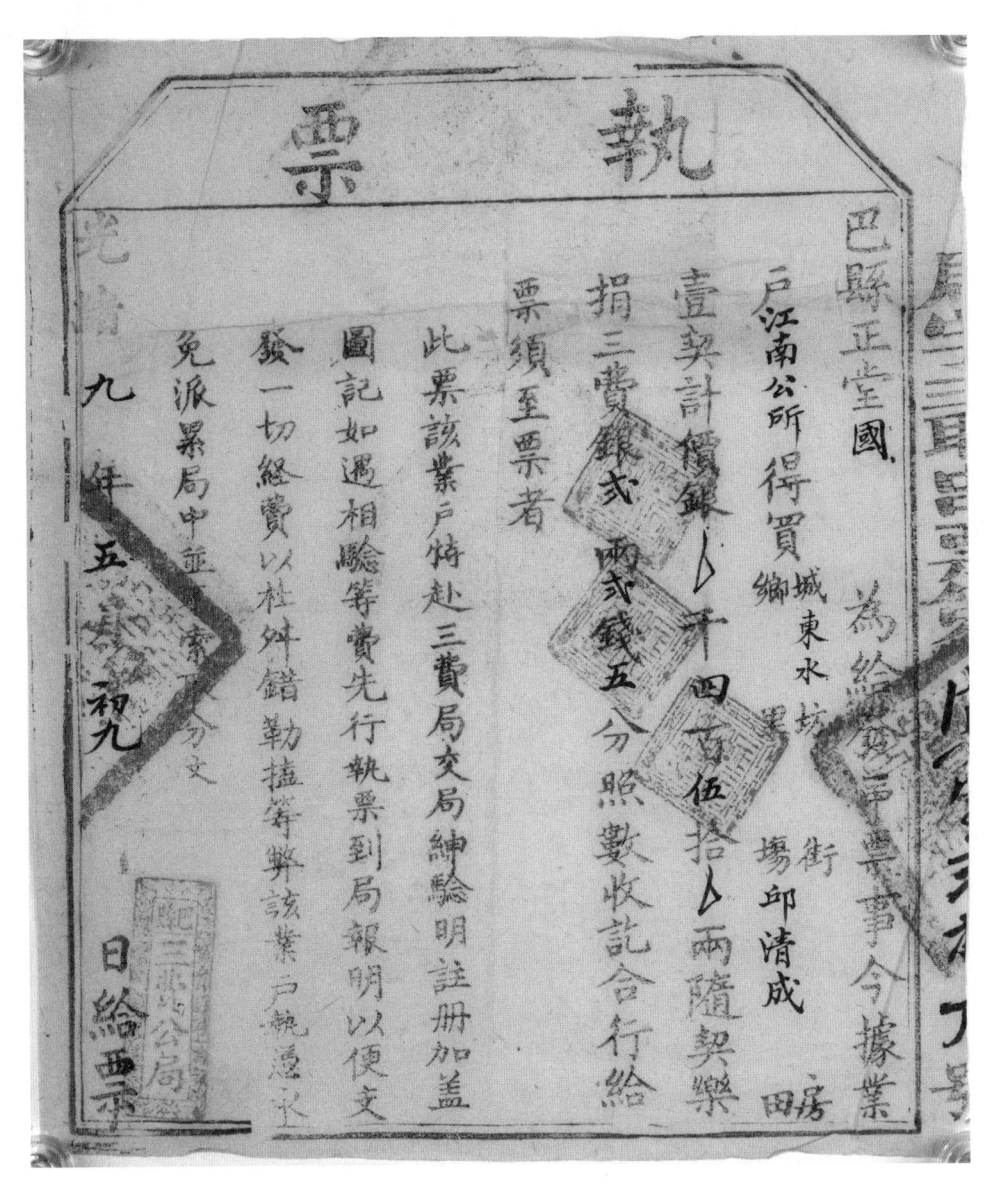

文物号：115154-1
名称：清光绪九年江南公所增置邱清成房田执票
尺寸：纵 26.1 厘米，横 22.6 厘米

巴县正堂国　　　为给发串票事。今据业户江南公所，得买城乡东水坊里街场邱清成房田壹契，计价银〇千四百伍拾〇两，随契乐捐三费银贰两贰钱五分，照数收讫，合行给票须至票者。

此票该业户特赴三费局，交局绅验明注册，加盖图记。如遇相验等费，先行执票到局报明，以便支发一切经费，以杜舛错勒掯等弊。该业户执凭，永免派累，局中并不索取分文。

巴县三费公局（印）
光绪九年五月初九日　给票

文物号：115154-2
名称：清光绪九年江南公所增置邱清成房田契约
尺寸：纵 25.6 厘米，横 24.4 厘米

特拟老契稿

　　此起铺房，邱大春于道光十三年，凭中陈秀三说合，得买林正纲名下铺房四间。今于光绪九年，大春之子邱清成请中张圭田、吴绍清说合，愿将左落惟卡房下首二间摘卖与江南公所上下二江会众名下，改修青龙阁，议价票色□□市平艮四两50钱正，当凭中证并江南馆首事人等，如数收清，并无少欠分厘。另立新契交江南公所会众管业，不便揭出老契拟明原目。老契仍交邱姓收执，拟此为据。

　　　　　　　　凭证：吴绍清、江子英、戴义盛、汪兰亭、
　　　　　　　　　　　吴文昭、仇叙亭、张圭田　笔拟
　　　　　　　　　　　光绪九年四月廿九日

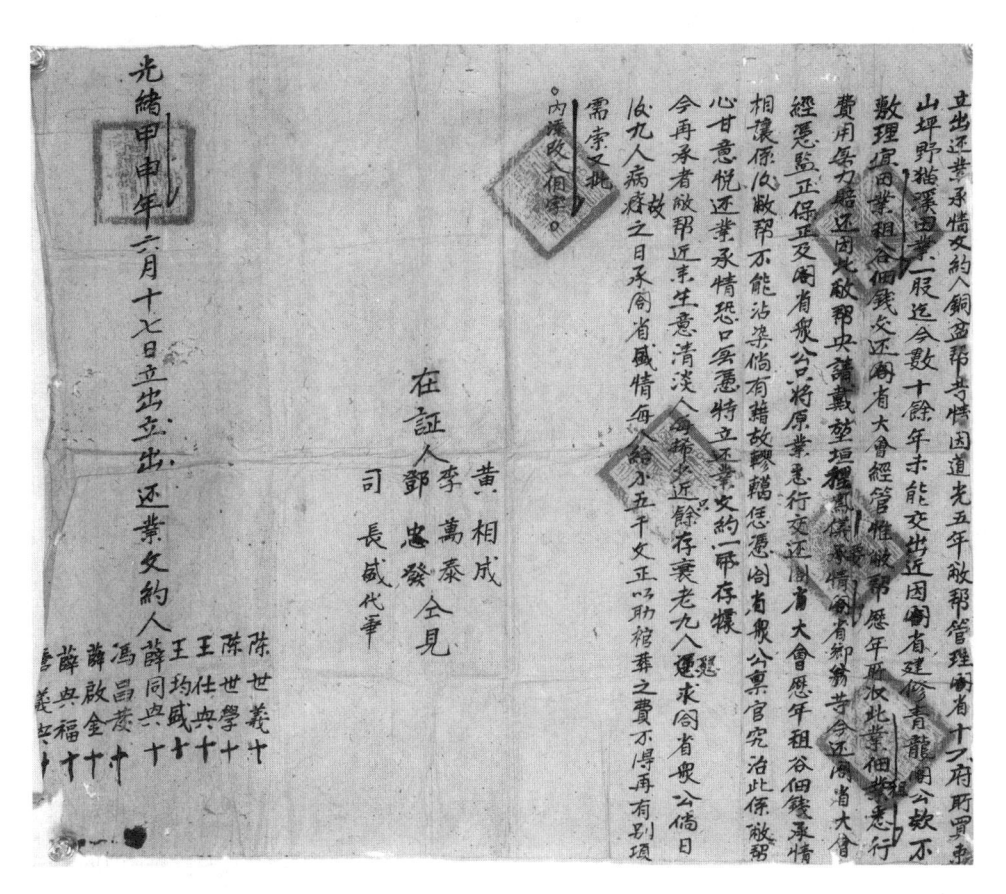

立出还业承情文约人铜盆帮寻情因道光五年敝帮管理南省十乙府厅買坐山坪野猪溪田業一股迨今数十餘年未能交出近因省建修青龙朋公欵不敷理宜同業組合佃錢交還南省大會經管惟恐敝帮歷年臥此業佃粮惹行費用無力賠還因光敝帮央請戴蟄垣程雨侯情商卻無另芋今還南省大會經憑正保正及閤省眾公曰將原業蟄垣程兩侯公票官究治此係敝帮心甘意悦仍敝帮不能沾染倘有錯故譽轎恁憑倒省眾公票官究治此係敝帮相讓係正保正及閤省眾公見

今再承者敝帮近來生意清淡人煙稀少剩餘存耆老九人邇求閤省眾公倘日後九人病發之日承閤省咸情每人給乃五千文正以助棺葬之費不得再有別項需索文批

。內塗改人個字。

在証人 鄧忠發 全見
　　　李萬泰
　　　黃相成
司長 戚代筆

光緒甲申年二月十七日立出立出還業文約人薛同與十
陳世義十
陳世學十
王仕典十
王均戚十
馮昌菱十
薛啟金十
薛與福十
薛羮礼十

文物号：115145-1
名称：清光绪十年铜盆帮归还江南会馆产业文约
尺寸：纵 52.5 厘米，横 61.7 厘米

立出还业承情文约人铜盆帮等，情因道光五年，敝帮管理合省十六府所买东山坪野猫溪田业一股，迄今数十余年，未能交出。近因合省建修青龙阁，公款不敷，理宜田业租谷佃钱交还合省大会经管。惟敝帮历年所收此业佃租悉行费用，无力赔还，因此敝帮央请戴堃垣、程凤仪要情合省乡翁等，今还合省大会。经凭监正保正及合省众公，只将原业悉行交还合省大会，历年租谷佃钱承情相让。系后敝帮不能沾染，倘有藉故镠辕，恁凭合省众公禀官究治。此系敝帮心甘意悦还业，承情恐口无凭，特立还业文约一纸存据。今再承者，敝帮近来生意清淡，人每稀少，近只余存衰老九人。恳求合省众公，倘日后九人病故之日，承合省盛情，每人给钱五千文正，以助棺葬之费。不得再有别项需索。又批。

（内添改八个字）

在证人：黄相成、李万泰、邓忠发

司长盛　代笔

同见

光绪甲申年六月十七日立出立出还业文约人：陈世义、陈世学、王仕兴、
　　　　　　　　　　　　　　　　　　　王均盛、薛同兴、冯昌发、
　　　　　　　　　　　　　　　　　　　薛启金、薛兴福、詹义兴

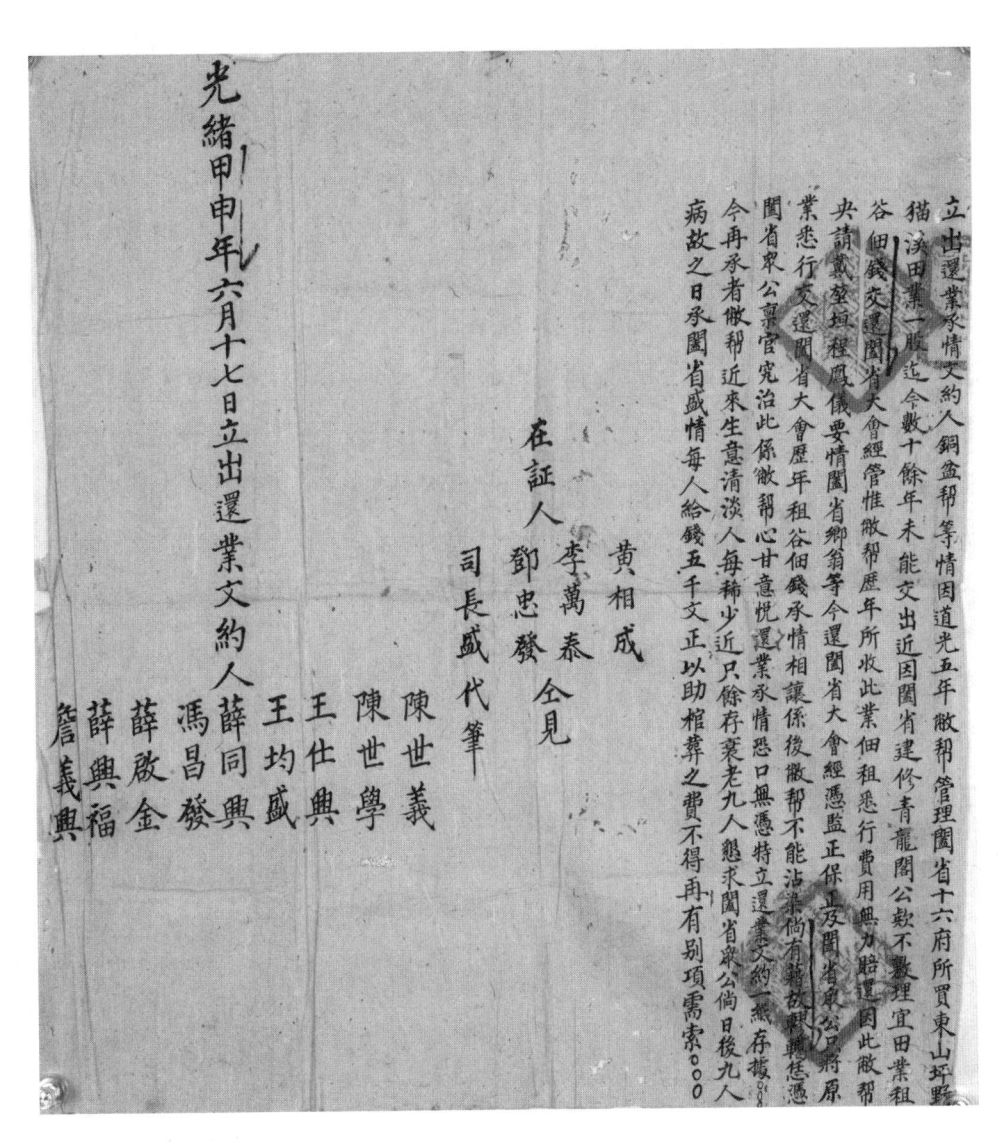

文物号：115145-2
名称：清光绪十年铜盆帮归还江南会馆产业文约
尺寸：纵 52.8 厘米，横 47.1 厘米

立出还业承情文约人铜盆帮等，情因道光五年，敝帮管理合省十六府所买东山坪野猫溪田业一股，迄今数十余年，未能交出。近因合省建修青龙阁，公款不敷，理宜田业租谷佃钱交还合省大会经管。惟敝帮历年所收此业佃租悉行费用，无力赔还，因此敝帮央请戴堃垣、程凤仪要情合省乡翁等，今还合省大会。经凭监正保正及合省众公，只将原业悉行交还合省大会，历年租谷佃钱承情相让。系后敝帮不能沾染，倘有藉故镠镥，恁凭合省众公禀官究治。此系敝帮心甘意悦还业，承情恐口无凭，特立还业文约一纸存据。今再承者，敝帮近来生意清淡，人每稀少，近只余存衰老九人。恳求合省众公，倘日后九人病故之日，承合省盛情，每人给钱五千文正，以助棺葬之费。不得再有别项需索。

在证人：黄相成、李万泰、邓忠发

司长盛　代笔

同见

光绪甲申年六月十七日立出还业文约人：陈世义、陈世学、王仕兴、

王均盛、薛同兴、冯昌发、

薛启金、薛兴福、詹义兴

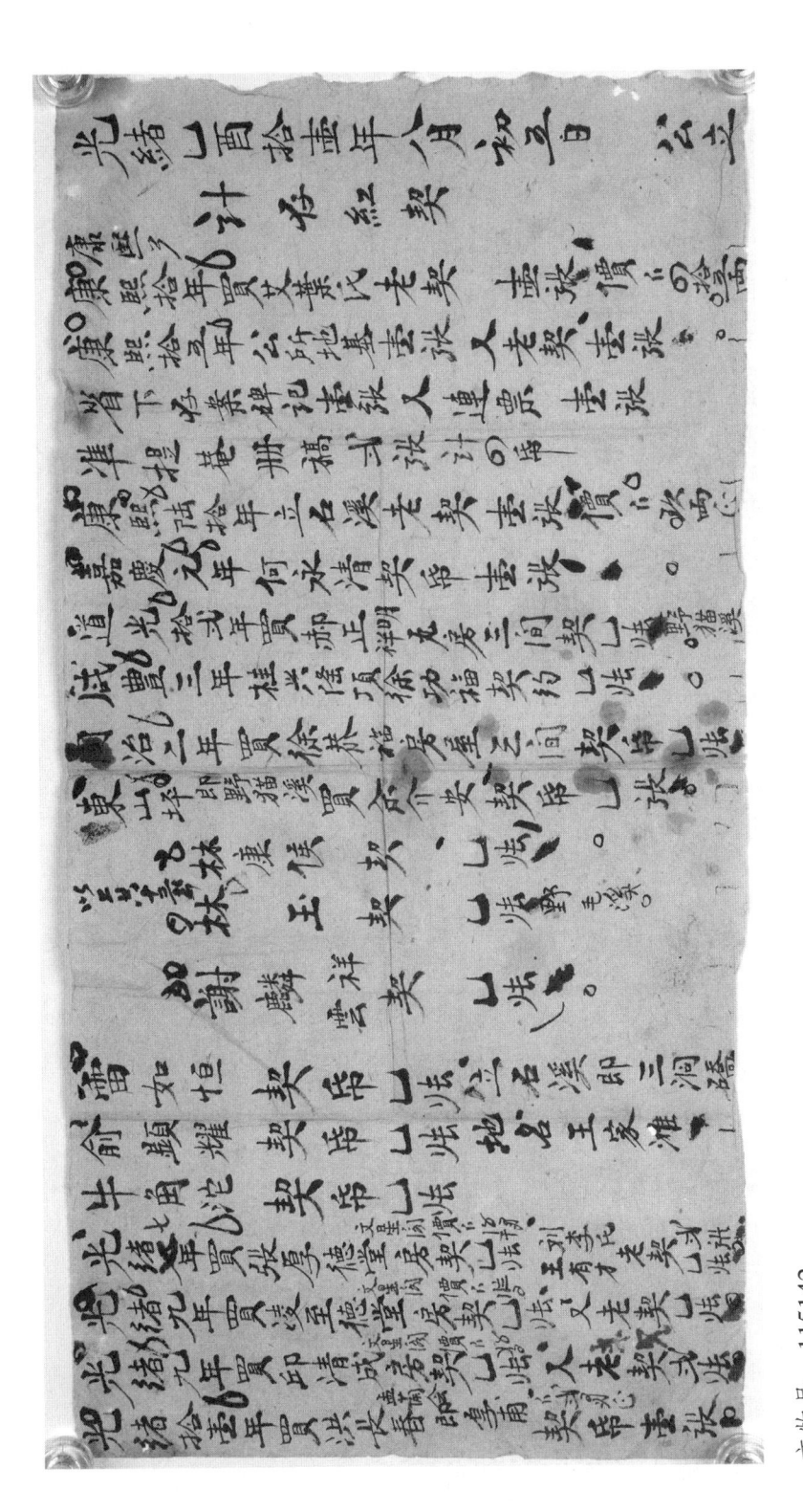

文物号：115142
名称：清光绪十一年江南会馆房契清单
尺寸：纵19厘米，横37厘米

光绪乙酉拾壹年八月初五日　公立

计存红契

康熙拾年买艾叶氏老契壹张，价四拾五两。

康熙拾五年公所地基壹张，又老契壹张，省下存案碑记壹张，又连票壹张，准提庵册稿贰张，计四纸。

康熙陆拾年立石溪老契壹张，价玖两正。

嘉庆元年何永清契纸壹张。

道光拾贰年买郝正明、正祥瓦房三间契壹[①]张，野猫溪。

咸丰三年桂兴隆顶徐功福契约壹张。

同治二年买徐恭福房屋三间契纸壹张，东山坪即野猫溪，买佘介安契纸壹张，林康侯契壹张，以上共十三起。

林玉契壹张。

谢麟祥、谢麟云契壹张。

雷如恒契纸壹张，立石溪即三洞硚。

俞显耀契纸壹张，地名王家滩。

牛角沱契纸壹张。

文星阁价一万五千两。

刘李氏贰张。

光绪七年买张厚德堂房契壹张，老契。

王有才壹张。

文星阁价二十两八钱

光绪九年买凌至德堂房契壹张，又老契壹张。

文星阁价四两五钱，木见。

光绪九年买邱清成房契壹张，又老契贰张。

盂兰会贰两正。

光绪拾壹年买洪长春即厚甫契纸壹张。

[①] 原文为"乙"，为民间习惯手写体"壹"。下文有类似情况，直接改"壹"，不再说明。

第四章 土地房产

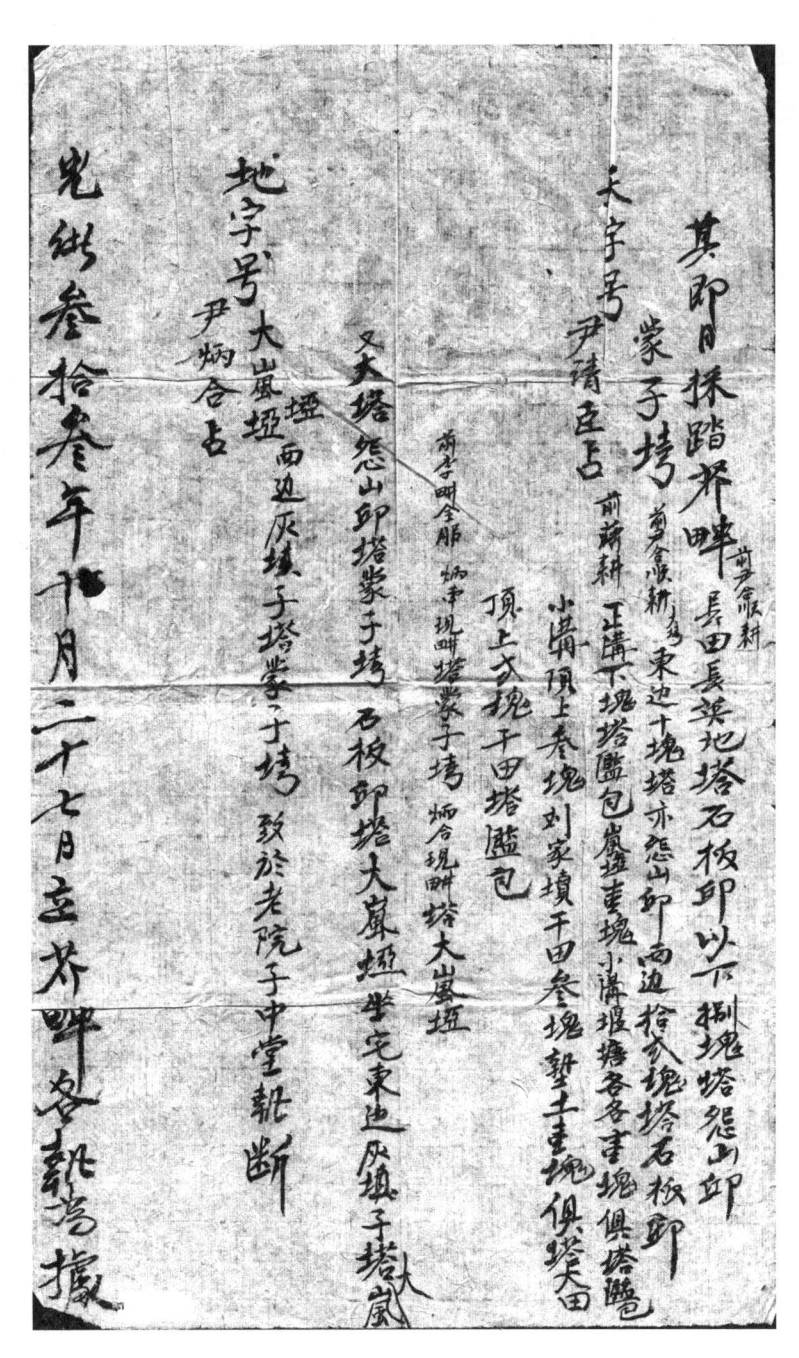

其即日採踏界畔，長田長箕地塔石板卯以下捌塊塔怨山卯
天字號 蒙子塔 剪合順新為東迎十塊塔亦怨山卯西迎拾贰塊塔石板卯
尹靖臣占 前前耕 正溝下塊塔鹽包 嵐遊重塊 小溝堤梅各李塊 俱塔鹽包
 弱字四佘朋 炳甲現畔塔蒙子塔 炳合現畔塔大嵐埡
 顶上叁塊 刘家墳千田叁塊 墊土重塊 俱墊大田
 顶上文塊 千田塔鹽包
又大塔怨山卯塔蒙子塔 石板卯塔大嵐埡 擎宅東迎 灰填千塔大嵐
地字號 大山嵐埡 西迎灰填塔蒙子塔 致於老院子中堂断
 尹炳合占

光緒叄拾叄年十月二十七日立芥畔各執為據

文物号：115173
名称：清光绪三十三年尹合顺、尹炳合等人的土地界碑执据
尺寸：纵 38 厘米，横 22.5 厘米

其即日采踏界畔，前尹合顺耕长田、长英地，塔石板邱以下捌块塔怨山邱。天字号蒙子塆（前尹合顺耕大垮）东边十块塔，亦怨山邱西边拾贰块塔石板邱。天字号尹清臣占（前蒋耕），正沟下块塔儱包岚垭壹块、小沟堰塘、各各壹块，俱塔儱包。小沟顶上叁块，刘家坟干田叁块，熟土壹块，俱塔大田。顶上贰块干田，塔儱包前。李耕全部（？），炳南现耕塔蒙子塆，炳合现耕塔大岚垭，又大塔怨山邱、塔蒙子塆、石板邱、塔大岚垭，坐宅东边，灰填子、塔大岚垭。地字号大岚垭西边，灰填子、塔蒙子塆，致于老院子中堂，执断尹炳合占。

光绪叁拾叁年十月二十七日立界畔各执为据

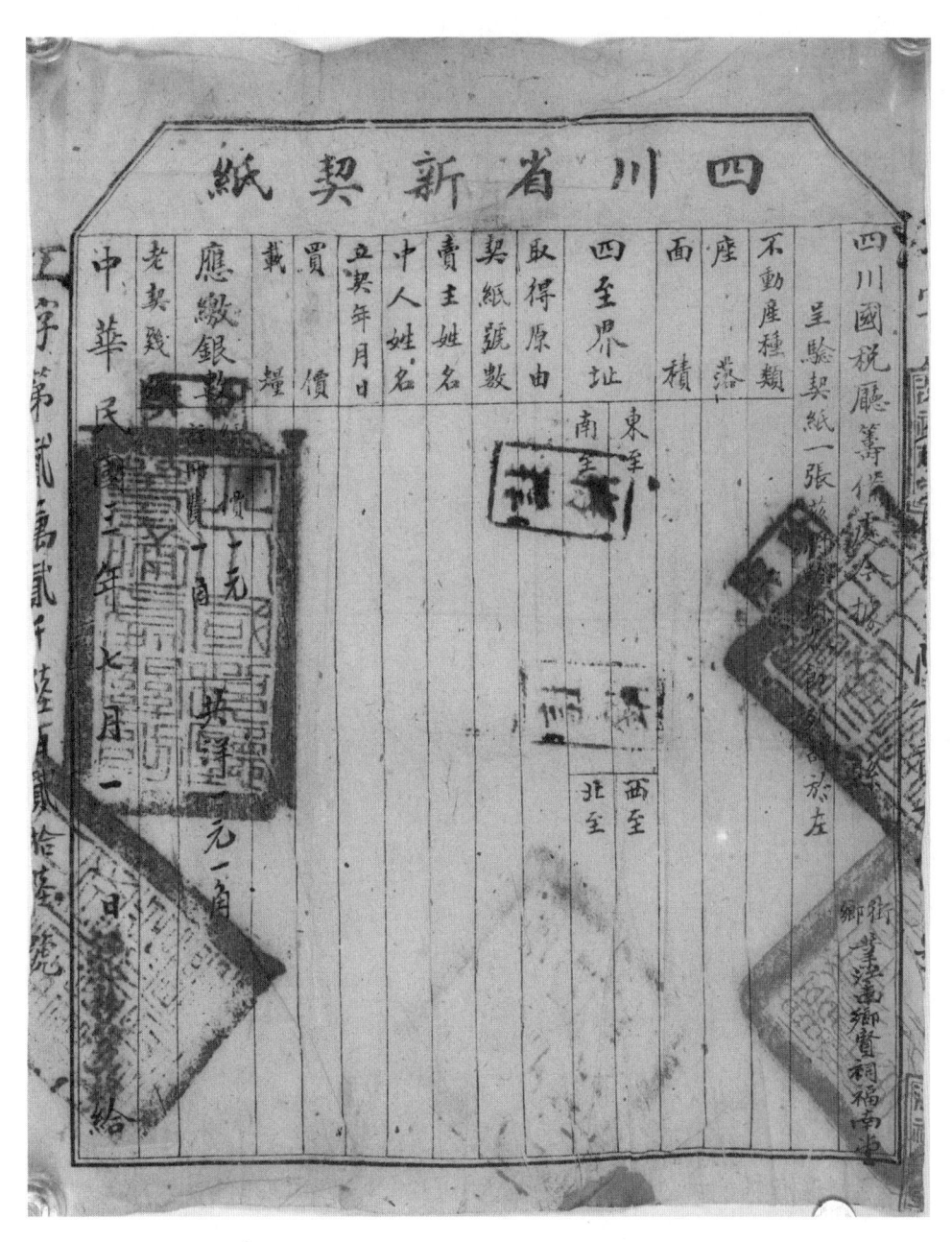

文物号：115360-1
名称：民国三年四川省税厅筹备处付江南乡贤祠福南堂新契纸
尺寸：纵29.5厘米，横23厘米

四川省新契纸

四川国税厅筹备处今据　县　街坊　业主　乡贤祠福南堂

呈验契纸一张　兹将验明各节列注于左

不动产种类：

座落：

面积：

四至界止：东至　西至　南至　北至

取得原由：

契纸号数：

卖主姓名：

中人姓名：

立契年月日：

买价：

载量：

应缴银数：纸价一元，注册费一角，共洋一元一角

老契几张：

中华民国三年七月一日　给

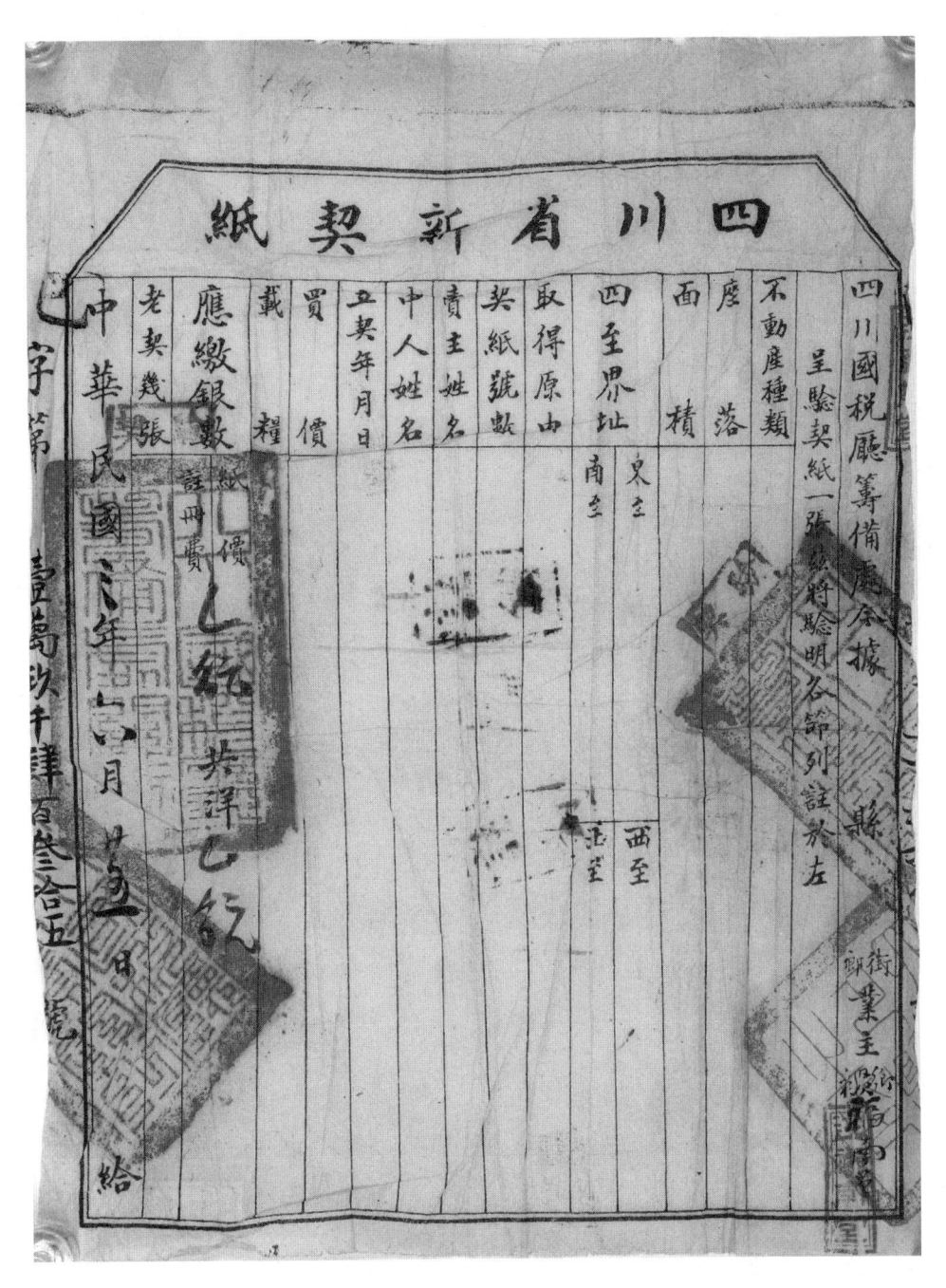

文物号：115360-2
名称：民国三年四川省税厅筹备处付江南乡贤祠福南堂新契纸
尺寸：纵29.5厘米，横23厘米

四川省新契纸

四川国税厅筹备处今据　县　街坊　业主　乡贤祠福南堂

呈验契纸一张　兹将验明各节列注于左

不动产种类：

座落：

面积：

四至界止：东至　西至　南至　北至

取得原由：

契纸号数：

卖主姓名：

中人姓名：

立契年月日：

买价：

载量：

应缴银数：纸价、注册费一讫，共洋一讫

老契几张：

中华民国三年六月廿五日　给

文物号：115348-1
名称：民国江南会馆产业清单
尺寸：纵26.4厘米，横57厘米

戊午年计抄交各字据共计贰拾六包花数单

一、存公所地基叁契，壹包。

一、存现在田佃约壹包，共计卅七张。

一、存王家滩、罗厂坝田契壹包，计叁张。

一、存立石溪王登榜、三洞碛雷如恒①过冈契壹包，计壹纸。

一、存老契约壹包，共计拾贰张。

一、存平街子房契壹包，计叁张。

一、存青龙阁房契壹包，计壹张。

一、存青龙阁山门、乡贤祠契壹包，计叁张。

一、存牛角沱佃字壹包，计陆张。

一、存野猫溪房契壹包，计贰张。

一、存讨阴地约壹包，计卅四张。

一、存乡贤祠过冈契壹包，计贰张。

一、存文兴花单壹包。

一、存老佃约壹包，计廿叁张。

一、存江安盂兰会契壹包，计壹张。

一、存徐恭福卖约稿信稿共计壹包

一、存讨约壹包，计贰拾张。

一、存老佃约壹包，无用。

一、存巴县军需局借约壹张，计壹包。

一、存野猫溪、三洞碛下水佃约壹包，计廿五张。

一、存讨阴地契约壹包，计叁张。

一、存商业学堂收约壹包。

一、存泥木石漆各项字壹包。

一、存□租码单壹包，计壹张。

---

① "恒"，疑为"衡"。

一、存历年粮票壹包，计壹张。板箱贰口，内装历年账簿字据。

一、存野猫溪契壹包，计壹张。小木箱壹口，内装各项字据。

一户徐题耀

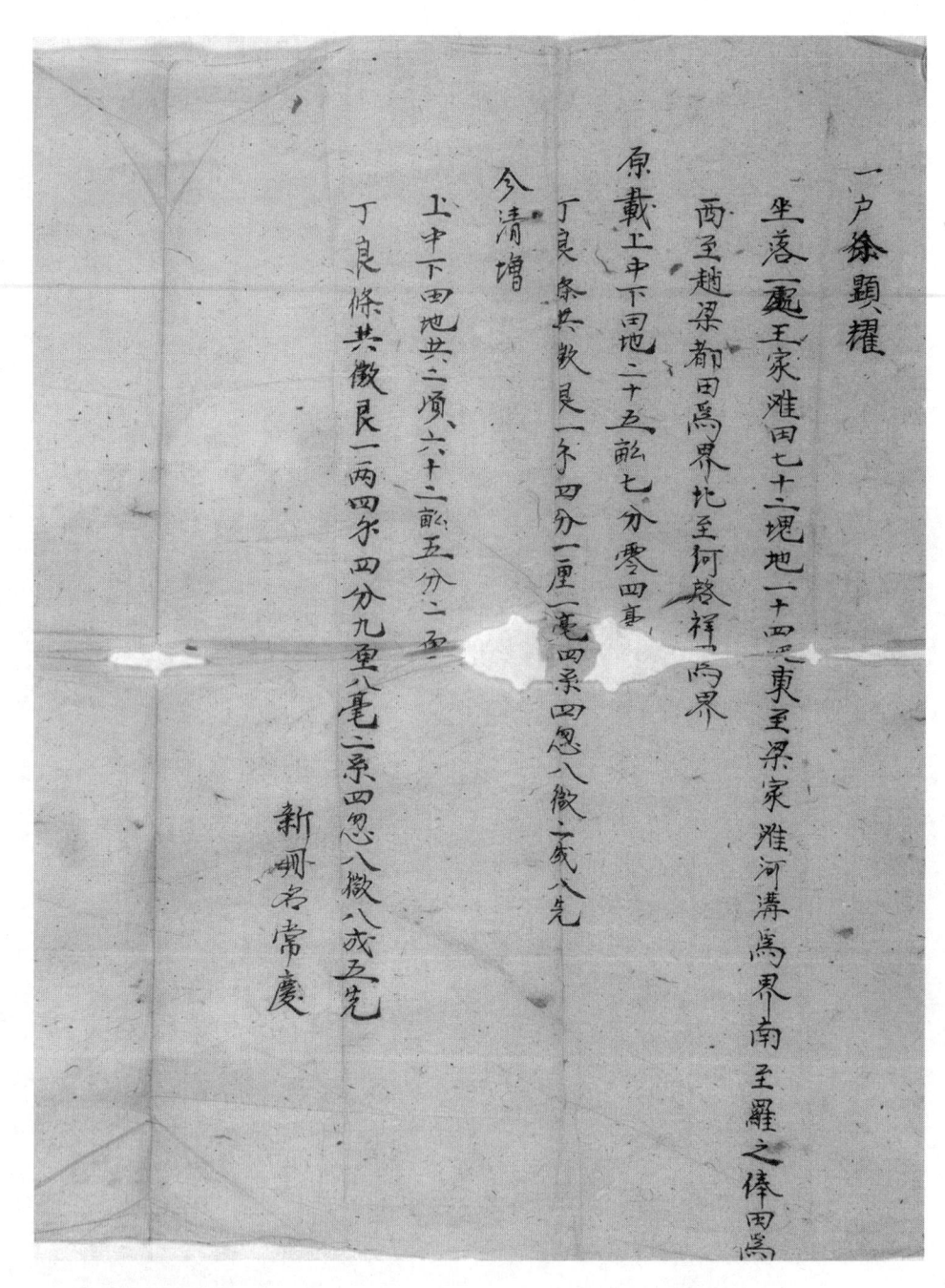

坐落一处王家滩田七十二亩地十四亩东至梁家滩河沟为界南至罗之俸田为界西至赵梁前田为界北至河路祥为界

原载上中下田地二十五亩七分零四毫

丁良条共钱良一分四分一厘一毫四丝四忽八微一纤八先

今清增

上中下田地共二顷六十二亩五分二厘

丁良条共微良一两四分四分九毫八丝四忽八微八纤五先

新册名常庆

一户徐显耀：

坐落一处王家滩田七十二块、地一十四块，东至梁家滩河沟为界，南至罗之俸田为界，西至赵梁都田为界，北至何启祥田为界。

原载上中下田地二十五亩七分零四毫，丁良条共征银一钱四分一厘一毫四系四忽八微二成八先。

今清增：

上中下田地共二顷六十二亩五分二厘，丁良条共征银一两四钱四分九厘八毫二系四忽八微八成五先。

新册名常庆

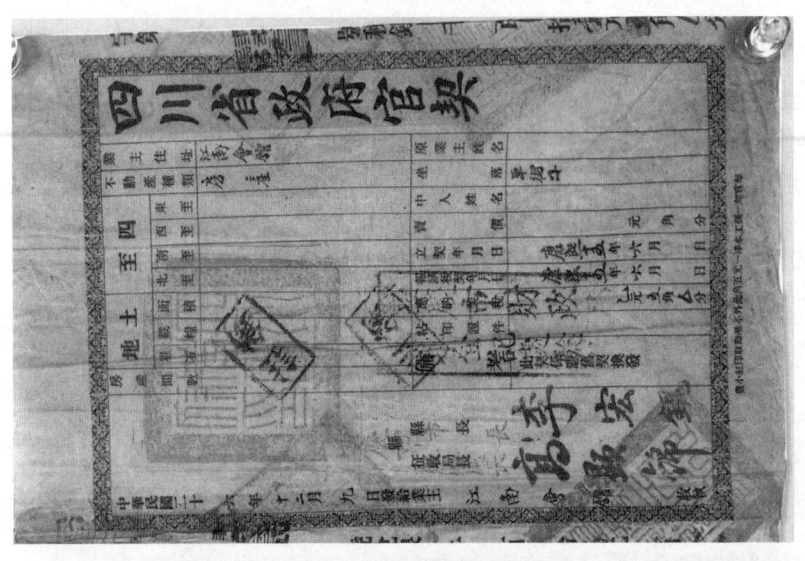

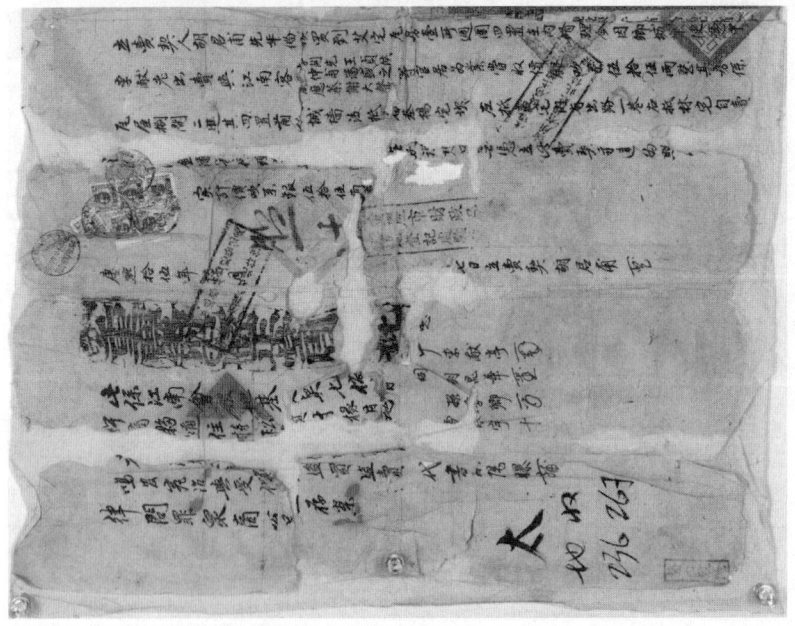

文物号：115367
名称：民国二十六年江南会馆房契
尺寸：纵54厘米，横60.5厘米

立卖契人胡君甫，先年备款买到艾宅瓦房壹所，周围四置在内修理。今因乡城不便，凭中李开先、王贞候、李献老出卖与江南客金[①]仲甫、潘盛之等官居为业，当收价银吹系伍拾伍两整，其房系□应蓁、谢大声瓦屋捌间，二进，其四置前抵城墙，后抵□基杨宅，坎左抵雷宅，内有出路，一巷右抵林宅。自卖金潘等修理，恐口无凭，凭立此卖契，永远为照。

实计价吹系银伍拾伍两整，照□。

康熙拾伍年陆月七日
立卖契：胡君甫
同（目）：李献亭、胡兆华

此系江南会馆地基入契也……孙□雷□雨，奸商□通住持私卖□□片地士商不□□。

鸣□□治与受俱□盗买盗卖代书□阳曝蒲□。

律问罪众商公呈存案
太收 267 地　236

重庆府巴县正堂周批（印）

四川省政府官契

业主住址：江南会馆

原业主姓名：

不动产种类：房产

坐落：平街子

四至　东至：中人姓名

　　　西至：卖价　元　角　分

[①] 根据下文"自卖金潘等修理"推测，为"金"。

南至：

北至：

报请契税　年　月　日　康熙十五年六月　日

立契　年　月　日　康熙十五年六月　日

土地　面积：

载粮：

租石：

应纳契税：

粘印证件：

房产间数：

备考　此契系凭旧契换发

县　　长　李宏锟

征收局长　高显锦

中华民国二十六年十二月九日发给业主江南会馆　收执

第四章 土地房产

本案三字第〇〇□□契载不符着该会具殷实铺保后领应明真象再行公告

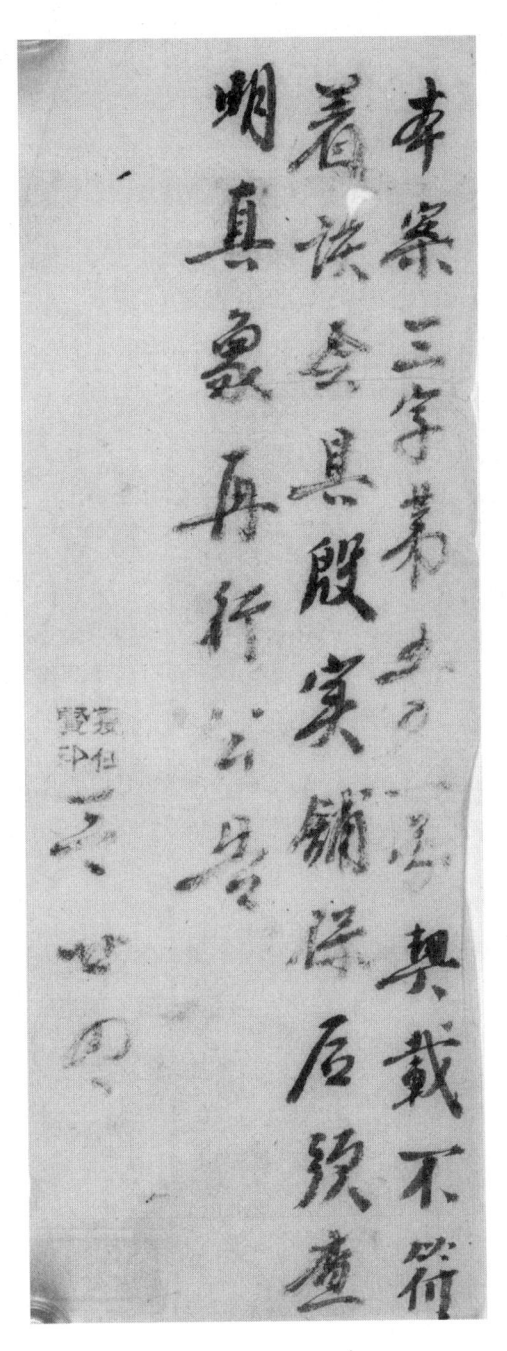

文物号：115359-1
名称：民国江南会馆关于产业确定公告的说明
尺寸：纵 24.6 厘米，横 8.3 厘米

本案三字第五〇一号　契载不符，着该会具殷实铺保后，须查明真象，再行公告。

夏世贤（印）

三、廿四

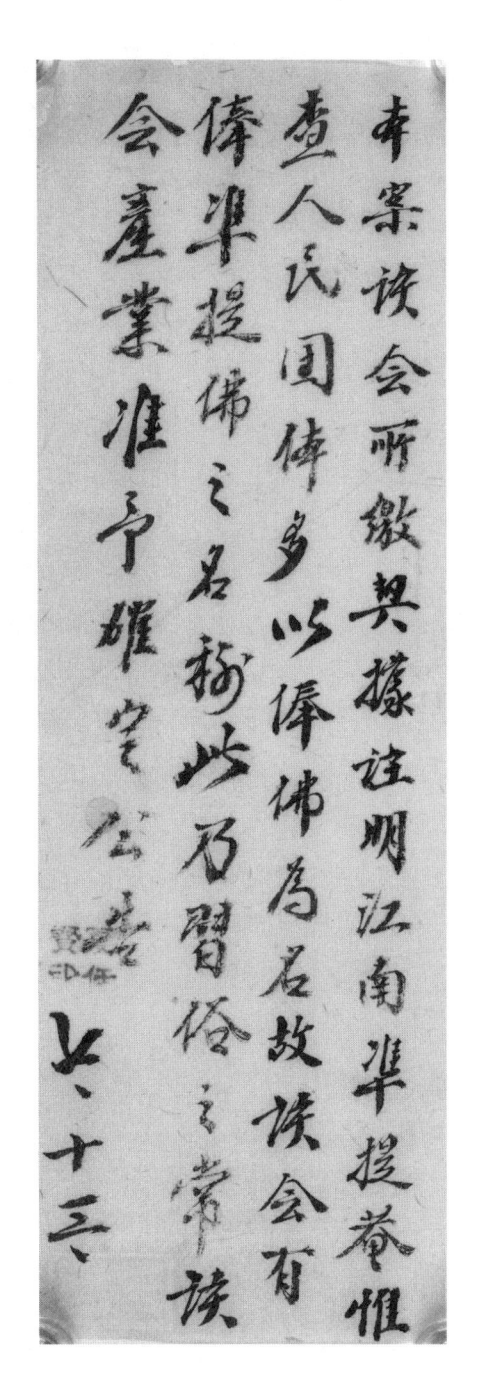

本案該会所繳契據註明江南華提菴惟查人民團體多以僧俗為名故該会有俟準提佛之名稱此乃習俗之常該会產業准予確定

公告

中華民國廿三年

本案该会所缴契据，注明江南准提庵，惟查人民团体，多以俸佛为名，故该会有俸准提佛之名，称此乃习俗之常，该会产业准予确定公告。

夏任贤（印）

七、十三

第五章 征借

一、概述

重庆中国三峡博物馆藏江南会馆文书征借类有96件套，本书选录其中的30件套。时间上最早在清代嘉庆年间，最晚在民国时期。

征借是指政府向民间机构或老百姓征用或借用。一般情况下，征借必须有一套很好的说辞，警卫事项就是最好的理由。警卫事项包括保甲、团练、城防和消防等，这些项目本应是政府之职责，但会馆深度参与其中。明显的例子就是在咸丰十年（1860），发生了所谓"滇匪之乱"，为了加强防范，重庆府、巴县及县绅段大章召集八省客商商议，拟以抽货厘九厘作为办理团练城防的费用，设立"保甲团练总局"于长安寺内，即八省办公处。时大足县有匪患，段大章遂选派渝勇500名，交由吴游击带赴大足剿匪。同年，川东道台王廷植又召集八省客长及局绅等会议，在近郊唐家沱设立厘卡，抽取货厘、船厘。船厘专用于本地防务之用，并设水师，以护江面。[1]早在乾隆五十九年（1794）"八省会首吴西载、江汝上、谢旭、关允中、王士栋、赖田庆等"就"请示设桶，以备不虞事"[2]。八省很早就参与到了城市消防事务中。

---

[1]社会部研究室主编，窦季良编著：《同乡组织之研究》，上海：正中书局，民国三十五年（1946），第78页。

[2]四川省档案馆编：《清代巴县档案汇编·乾隆卷》，北京：档案出版社，1991年，第330页。

光绪九年（1883），重庆府巴县令治城四十坊厢设水会，置水仓、水柜、水龙，令委八省会馆轮管其事，并成立水会公所于县城隍庙内，后移保甲局内，议定章程，收水捐，添置消防用具，一切事宜，皆由八省客长办理。①

时重庆居民濒江而居，编竹为屋，架木为岩（俗称吊脚楼），重屋累居，数有火害，"盖地势然也"②。据窦季良统计，自康熙四十五年（1706）至宣统三年（1911），重庆城就发生大火六次，有时延烧近万家，两日始熄。③可以说，渝城的消防是非常重要的，这也体现了八省会馆在重庆城防、消防等警卫事项中发挥的重要作用。

这些公益事项，都是要花钱才能办的。钱从何处来？只有征借，向老百姓，特别是向各大会馆和行帮组织征借或者摊派。文物号115098就是清嘉庆年间向江南会馆摊派公款的依据。有时虽说是"捐"，实则是强行征收。重庆有句言子儿"亏到唐家沱去了"，即源于清政府在唐家沱设有检查收费点，过往船只要按要求缴纳厘金（货厘、船厘），这是强制的。

除了公益事项外，军队也会向会馆借支。文物号115097就是在清嘉庆二年（1797）巴县军需局向江南省（江南会馆）借支白银200两的借据。白银200两，数额不少。

会馆还有放贷获息收益，因为会馆建有基金，可以面向同乡私人贷款，以此生息。资助同籍放外官员的盘缠，也是会馆很重要的一种善举，这既有荣耀，又有今后的利益所在。江南会馆就于同治九年（1870）借资张子敏纹银80两，每两年年息5厘，待他到陕西得缺上任后，家人如数归还。④借条既然至今保存，则举债人大概率没有还债。

---

①何智亚：《重庆湖广会馆历史与修复研究》，重庆：重庆出版社，2006年，第97页。
②（清）王士正（祯）：《蜀道驿程记》（清康熙十一年十一月），转引自熊家彦等：《（同治）巴县志》卷四《艺文志》，清同治丁卯年（1867）。
③社会部研究室主编，窦季良编著：《同乡组织之研究》，上海：正中书局，民国三十五年（1946），第79页。
④重庆中国三峡博物馆藏，文物号115138。

会馆也需要交税，主要是土地房产税。会馆为了保护财产，不得不到政府登记土地房产，并且纳税。文物号115349就是在民国二十二年（1933）交的田房印花税票。

会馆还会参与赈灾捐款。文物号115239是民国十六年（1927）重庆八省积谷总所付江南省（江南会馆）赈灾捐款收条，这是因南纪门火灾而捐款。像这样的救灾摊派文书，江南会馆有很多。这种捐款一般是强制性的摊派，故也放在征借类。

清光绪末年推行新政，设立了相应的官方机构，重庆八省会馆的社区功能逐渐减弱，已失去了昔日的辉煌。再加上时局危乱，清政府覆灭，国民政府成立，会馆在社会动荡中为保住财产几乎疲于应付。

清末新政后，重庆地方军政府颇有接收各会馆财产的企图，政府、军队征借不断，数额也不小。该征的要征，借了的不见还，会馆财产不保，各大会馆苦不堪言。清末辛亥革命爆发，重庆宣布独立，于1911年11月22日成立蜀军政府。1912年3月11日，蜀军政府与成都的四川军政府合并。5月，熊克武任川军第五师师长兼重庆镇守使。重庆开始动荡不安。1913年9月，反对袁世凯的"二次革命"失败，川军四师刘成厚部入驻重庆。刘成厚对讨袁军家属大肆查抄，没收其家财，株连亲属。民国《巴县志》卷二十一《事纪下》载："省军（川军）第四师刘成厚入城后，擅作威福，抄没党人财产数十家……株连之众，等于明之瓜蔓抄，民国所仅见也。"

民国五、六年（1916、1917）间，就经军政府判定，将八省会馆在长安寺的办公处，断归"佛家社"所有，附近的房屋也拨去了许多。财产不保，八省会馆的绅商们非常着急，苦思对策。湖广会馆后来找了两位同乡，率先保住了财产。这两位同乡就是黎元洪和谭延闿。黎元洪，中华民国开国元勋，湖北黄陂人，1911年10月武昌起义后，被革命党人推举为湖北军政府都督，是中国历史上唯一一位两任大总统和三任副总统之人。谭延闿，湖南茶陵人，辛亥革命后任湖南都督，1928年2月任南京国民政府主席等职。

针对湖广会馆求助,两人皆回函电①,嘱咐从速成立同乡会,成为合法团体,以便于保护财产。根据《中华民国临时约法》规定的人民有集会结社的权利,湖广会馆绅商遂成立了湖北同乡会和湖南同乡会,系重庆成立较早的同乡会社团。其名下土地需到政府登记,缴纳契税,取得官府发放的土地证书。湖广会馆财产由两湖(湖南、湖北)同乡会共同掌管。经过几番努力,湖广会馆的财产终于保住了。

民国二十年(1931)左右,国民政府颁发了《人民团体组织方案》,普遍登记民间团体。从民国十九年(1930)到民国二十二年(1933),重庆的各会馆相继转为同乡会组织,由会首制转为委员制。

会馆的财产,除了地方军政府觊觎外,也面临地方势力和个人侵吞的危险。何智亚《重庆湖广会馆历史与修复研究》引民国二十五年(1936)编的《九年来之重庆市政》文曰:"旧由旅渝人士各设会馆,捐集资财,购买田房产业。历年既久,资产日趋丰隆。年入款项,原案系作祭祀酒席消耗及补助公益,资送流落渝地同乡之用,节余款项,历系为值年会首把持,以致时肇纠纷,悬案莫结。"广东会馆就发生会首何绍修侵吞会产事件。在民国二十八年(1939),其同籍潘少臣、何笙谱等就因会产纠纷,呈请重庆市财政局,愿将广东会馆全部财产捐给国家,但此事因种种原因,最后不了了之。会产的保护非常艰难,必须借助更多的势力和资源方能实现。到民国二十七年(1938),重庆成为战时首都,时任国民参政会的鄂籍人孔庚先生,任湖北旅渝同乡会理事长,他彻底整理、追还旧产,驱逐寺僧,与"湖南旅渝同乡会"共同组设"重庆市湖广会馆产业管理委员会",共同管理会馆旧产,并于翌年在与南岸龙门浩老禹王庙住持新法、新恕的禹王庙产业纠纷中胜诉。湖广会馆通过联合原籍高官势力,依靠新型的"重庆市湖广会馆产业管理委员会"等社团组织力量,终于保住和追回了财产。

民国十七年(1928)十二月十六日,在时任重庆市市长潘文华的指导

---

① 据窦季良《同乡组织之研究》记载,原函电旧存于湖广会馆首事之手,后均湮失。

下，八省会馆成立了"八省公益促进会"，颁布章程，清理会产，统一管理各会馆产业，确保不被个人私吞，并受政府监督，办理市区教育公益慈善事业。

各会馆又相继兴办学校，主要招收同乡移民子弟就学，主要目的是希望以此公益活动来保护财产。如早在光绪三十一年（1905），江西泰和县会馆创办了私立泰邑小学，抚州会馆创办了私立昭武小学校。光绪三十三年（1907），江西会馆建临江小学。民国十三年（1924），广东会馆开办私立广业小学。民国十四年（1925），浙江会馆开办私立敦义小学和私立敦义农工实验学院；湖广会馆开办私立储材学校。民国十七年（1928），浙江宁波会馆开办四明小学。民国十九年（1930），江西会馆创办私立赣江初级中学校。民国三十七年（1948），八省公益促进会兴办私立八省旅渝小学。民国后期，云贵公所建立和平小学。

各会馆通过转变为同乡会、兴办学校等公益活动、向政府登记财产等手段，以合法身份保住了会产。在保护财产的过程中各大会馆完成了转型。

二、文书

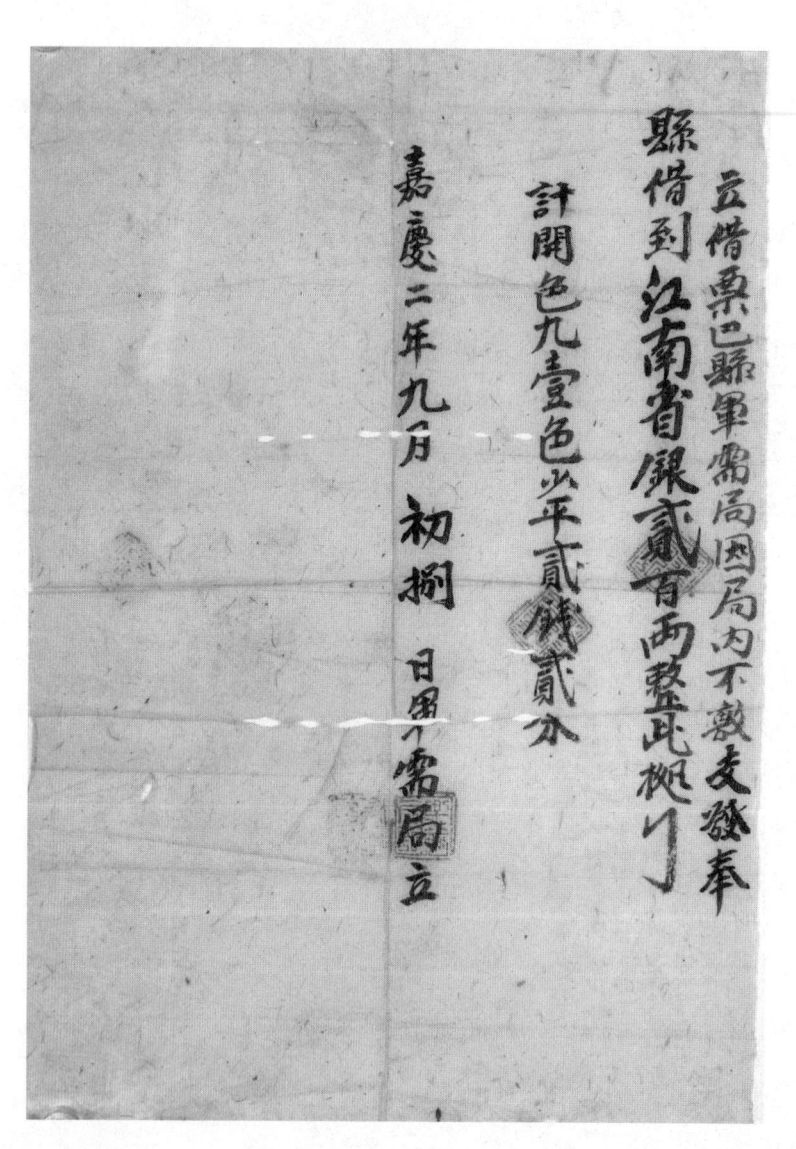

立借票巴县军需局因局内不敷支发奉
县借到江南省银贰百两整比挪门
计开色九壹色心平贰钱贰分

嘉庆二年九月初捌日 军需局立

文物号：115097
名称：清嘉庆二年巴县军需局借江南省白银二百两借据
尺寸：纵37厘米，横24.5厘米

立借票，巴县军需局因局内不敷支发，奉县借到江南省银贰百两整，此据。

计开色九壹色少平贰钱贰分。

嘉庆二年九月初捌日军需局立

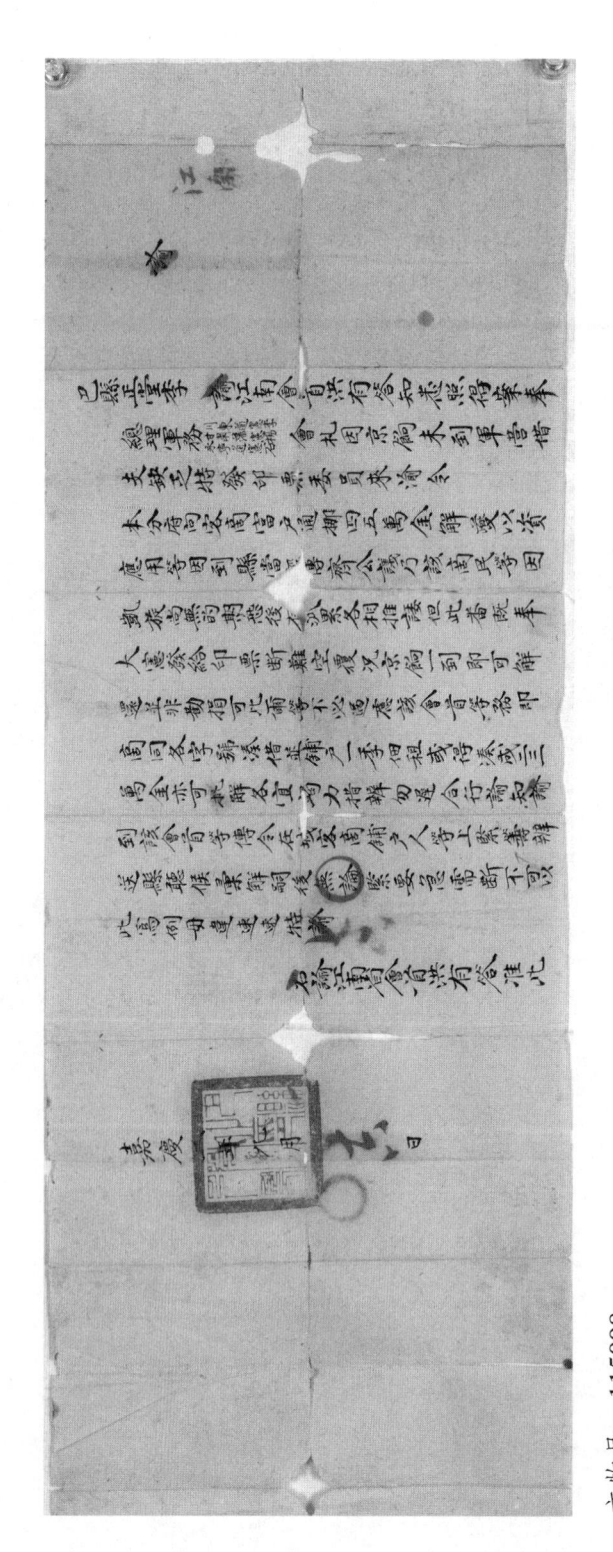

文物号：115098
名称：清嘉庆二年江南省摊派公款谕
尺寸：纵 26.7 厘米，横 106.5 厘米

江南谕：

巴县正堂李谕江南会首洪有答知悉，照得案奉总理军务川东道宪李、甘肃藩宪杨、永宁道宪石会札，因京饷未到军营，借支缺乏，特发印票，委员来渝，令本分府向客商富户通挪四五万金，解夔以资应用等。因到县当经传齐公议，乃该商民等因凯旋尚无的期，恐后有派累，各相推诿，但此番既奉大宪发给印票，断难空覆。况京饷一到即可解还，并非劝捐可比，尔等不必过虑。该会首等务即商同各字号凑借，并铺户一季佃租或得凑成二三万金，亦可批解。各宜竭力措办勿迟，合行谕知谕到，该会首等传令在城客商铺户人等，上紧筹办，送县听候汇解。嗣后无论紧要急需，断不可以此为例，毋违速速，特谕。

右谕江南省会首洪有答。准此。

嘉庆二年九月十六日

正堂張 収到江南省客長送來資送

林軍應遲 道庫錢平玖捌色銀壹百兩俟彙數

申解此據

此字計數俟

揭項繳清揭退

同治元年捌月拾壹日字

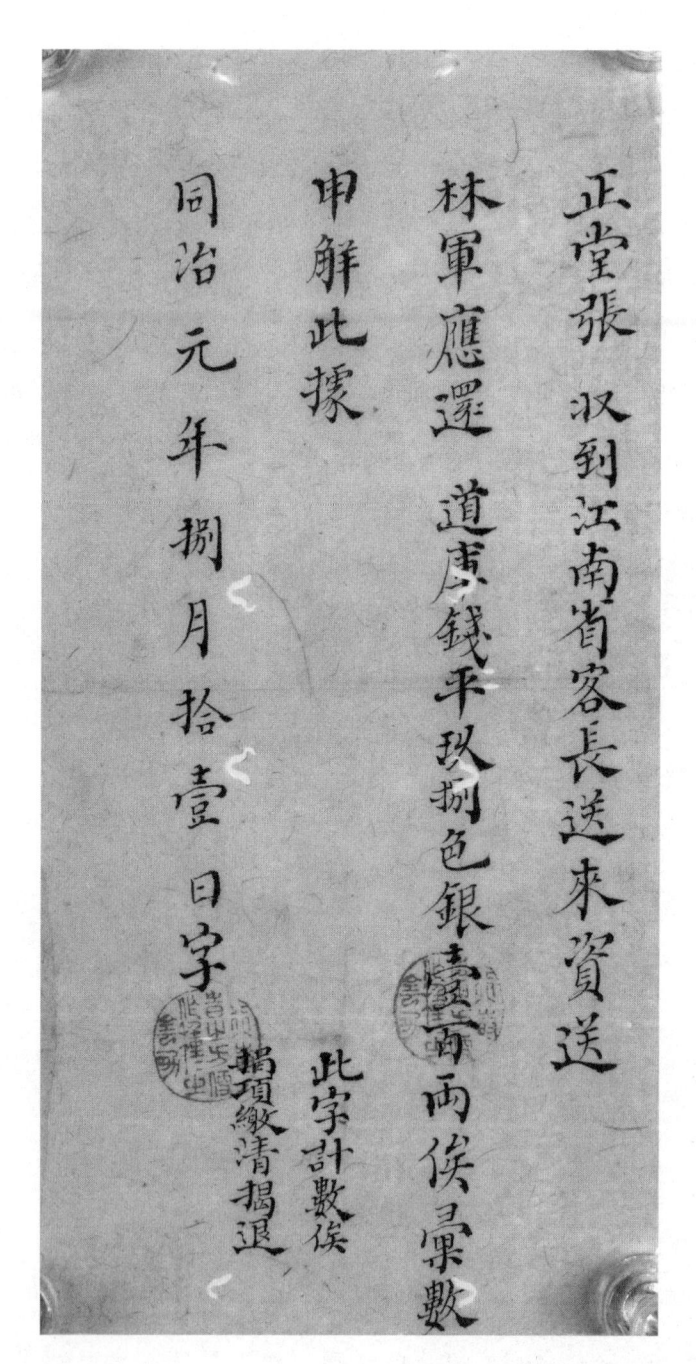

文物号：115136
名称：清同治元年正堂张给江南省的收据
尺寸：纵21厘米，横10.6厘米

正堂张收到江南省客长送来资送林军应还道库钱，平玖捌色银壹百两，俟汇数申解，此据。

此字计数俟捐项缴清揭退。

同治元年捌月拾壹日字

立借約張子敏今借到
江南省下紋銀捌拾兩言定每兩周年五厘行息
俟到陝得鈇後子母如數歸還此據

同治九年六月廿五日　本名親筆立

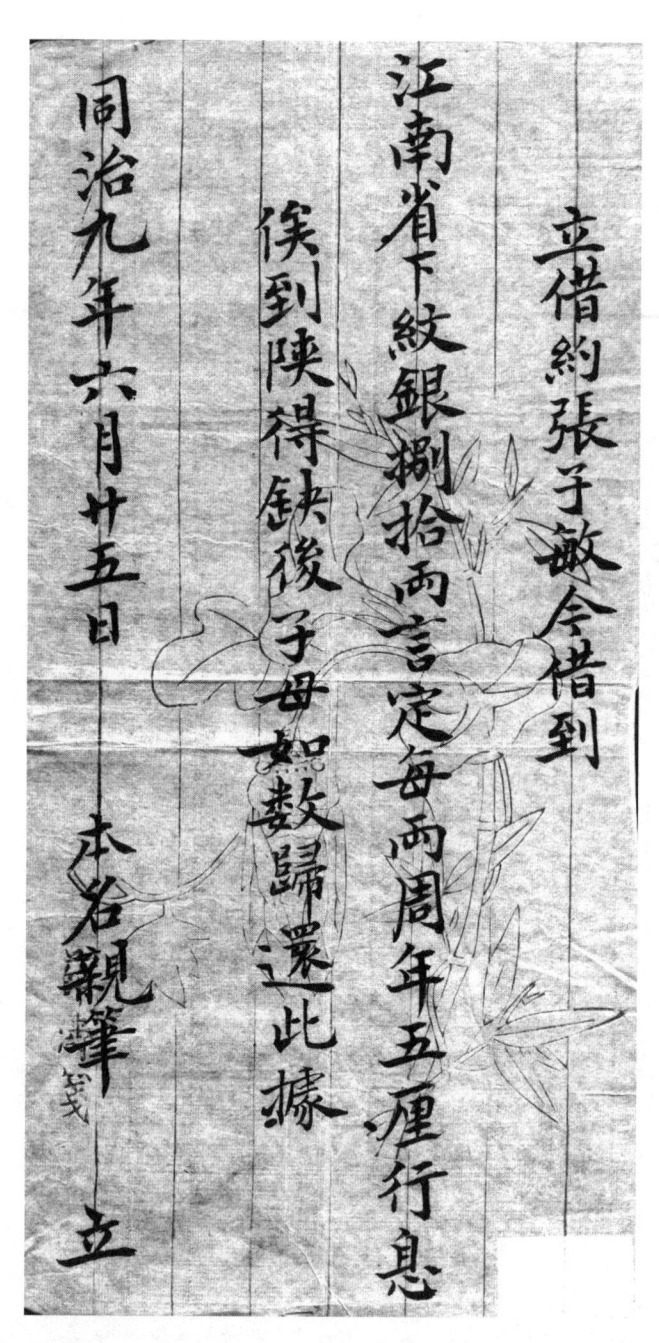

文物号：115138
名称：清同治九年张子敏付江南省纹银借据
尺寸：纵23.1厘米，横11.5厘米

立借约张子敏，今借到江南省下纹银捌拾两，言定每两周年五厘行息，俟到陕得缺后，子母如数归还，此据。

同治九年六月廿五日　本名亲笔　立

今收到江南公所積穀壹石肆斗正

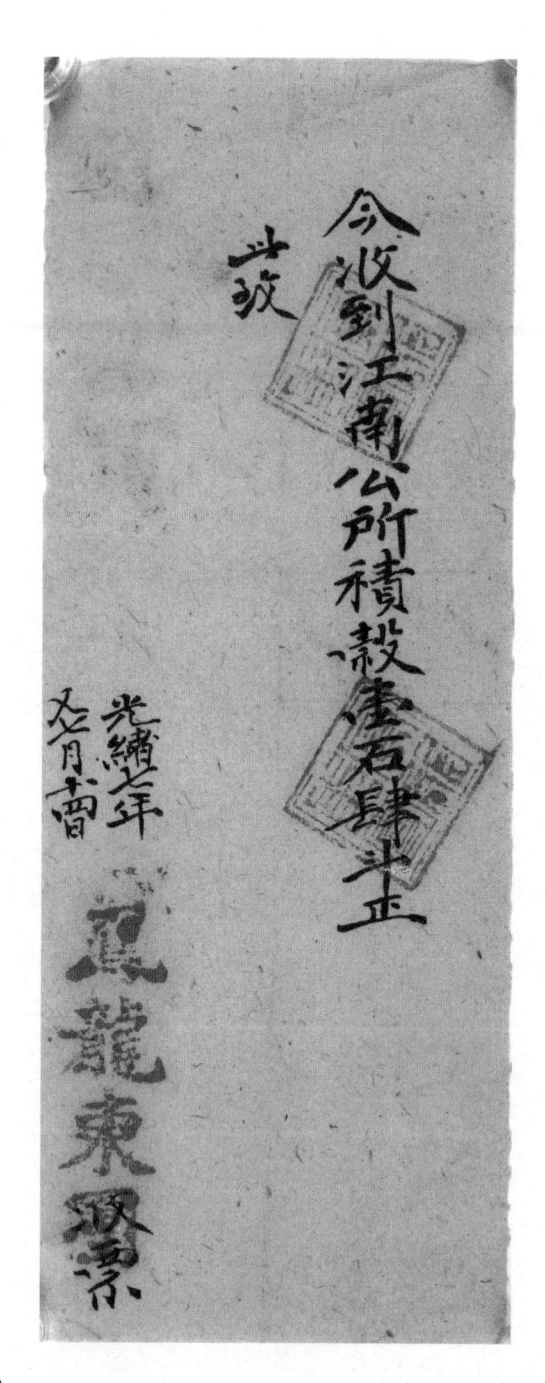

光緒七年
癸□月十六曰 鳳龍東園收票

文物号：115153
名称：清光绪七年凤龙东园付江南公所积谷收票
尺寸：纵21.6厘米，横8.2厘米

今收到江南公所积谷[①]壹石肆斗正。

此致

              光绪七年又七月十四日

              凤龙东园 收票

[①] 因太平天国兴起，各省奉令筹办军务积谷。咸丰八年（1858），重庆府下令渝城开始军务积谷，以备守城，并委派八省会馆监理，直到民国时期，史称"八省积谷"。

遵處

渝城八省紳商巴邑三里紳糧為公建遺愛祠收到江南闔省名下樂捐經費票銀＿＿正

一俟落成另刊報銷合給公票為據

光緒十三年十月初三日　票

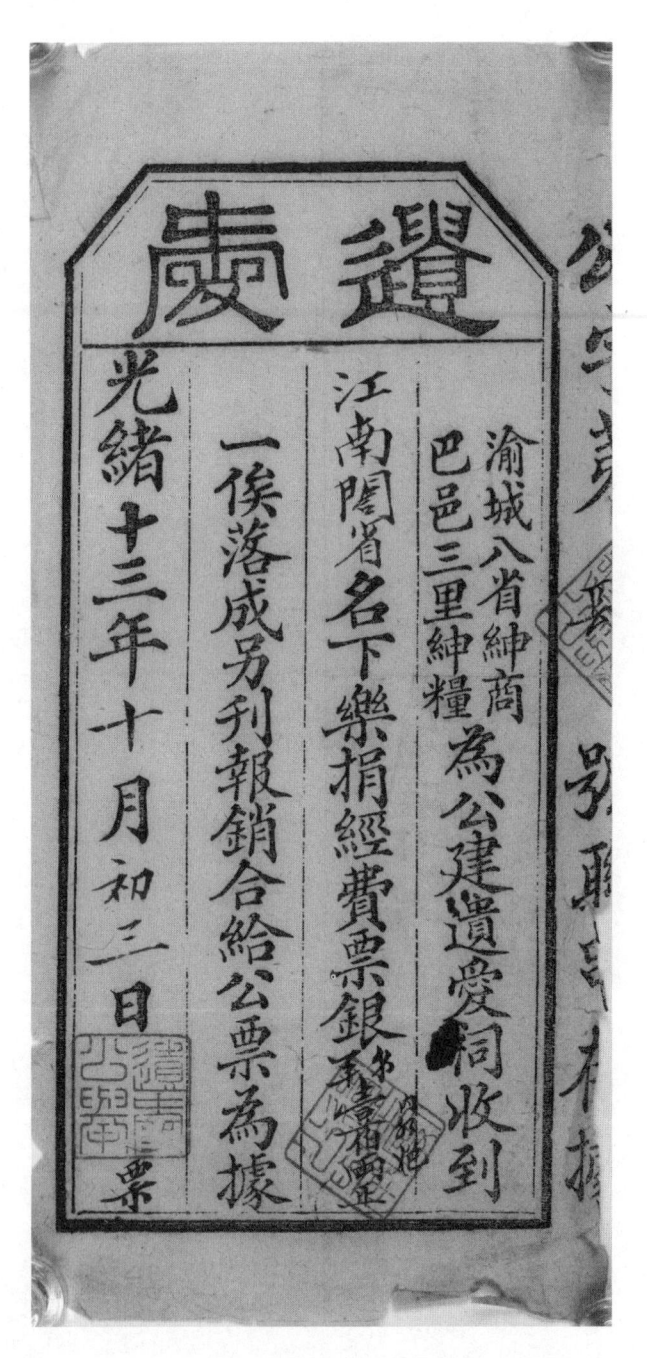

文物号：115165
名称：清光绪十三年遗爱公举付江南省捐修遗爱祠收据
尺寸：纵23厘米，横11厘米

遗爱

渝城八省绅商、巴邑三里绅粮为公建遗爱祠，收到江南合省名下乐捐经费票银壹佰两正（内九四色），一俟落成，另刊报销，合给公票为据。

光绪十三年十月初三日　遗爱公举　票

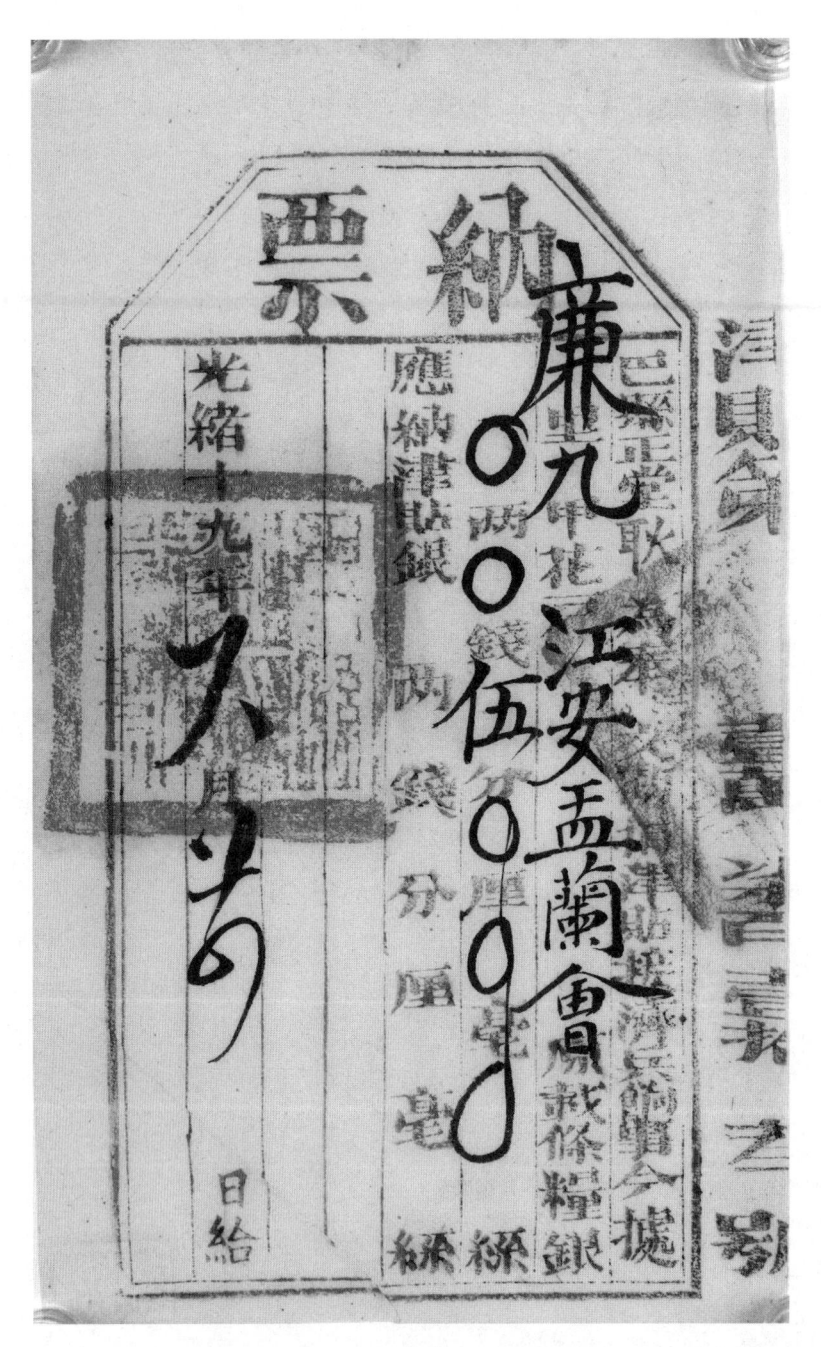

文物号：115156
名称：清光绪十九年江安盂兰会捐津贴接济兵饷纳票
尺寸：纵24厘米，横14.6厘米

纳票

津贴第壹万零千柒百壹拾叁号

巴县正堂耿为奉文劝捐津贴接济兵饷事：今据廉里九甲花户江安盂兰会原载条粮银〇两〇钱伍分〇厘〇毫〇丝。

应纳津贴银　两　钱　分　厘　毫　丝。

光绪十九年六月廿四日给

照票

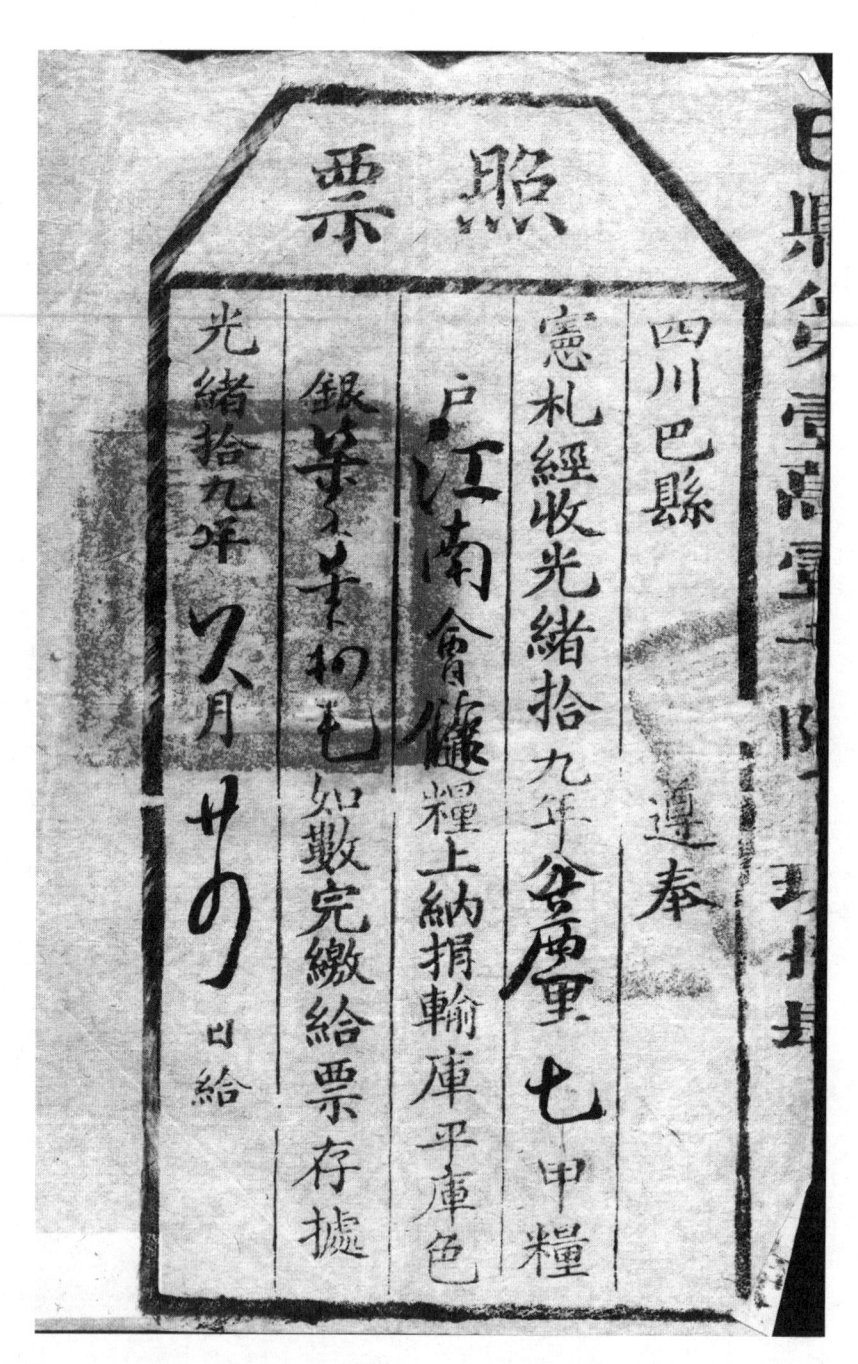

四川巴縣遵奉

憲札經收光緒拾九年分廬七甲糧

戶 江南會館糧上納捐輸庫平庫色

銀茶兩村毛 如數完繳給票存據

光緒拾九年八月廿の日給

文物号：115158
名称：清光绪十九年江南会馆纳捐照票
尺寸：纵 24.5 厘米，横 15.5 厘米

照票

巴县第壹万壹千陆百玖拾肆号

四川巴县　遵奉宪札经收光绪拾九年分廉里七甲粮户江南会馆随粮上纳捐输库平库色银柒钱柒分肆厘，如数完缴，给票存据。

光绪拾九年六月廿四日给

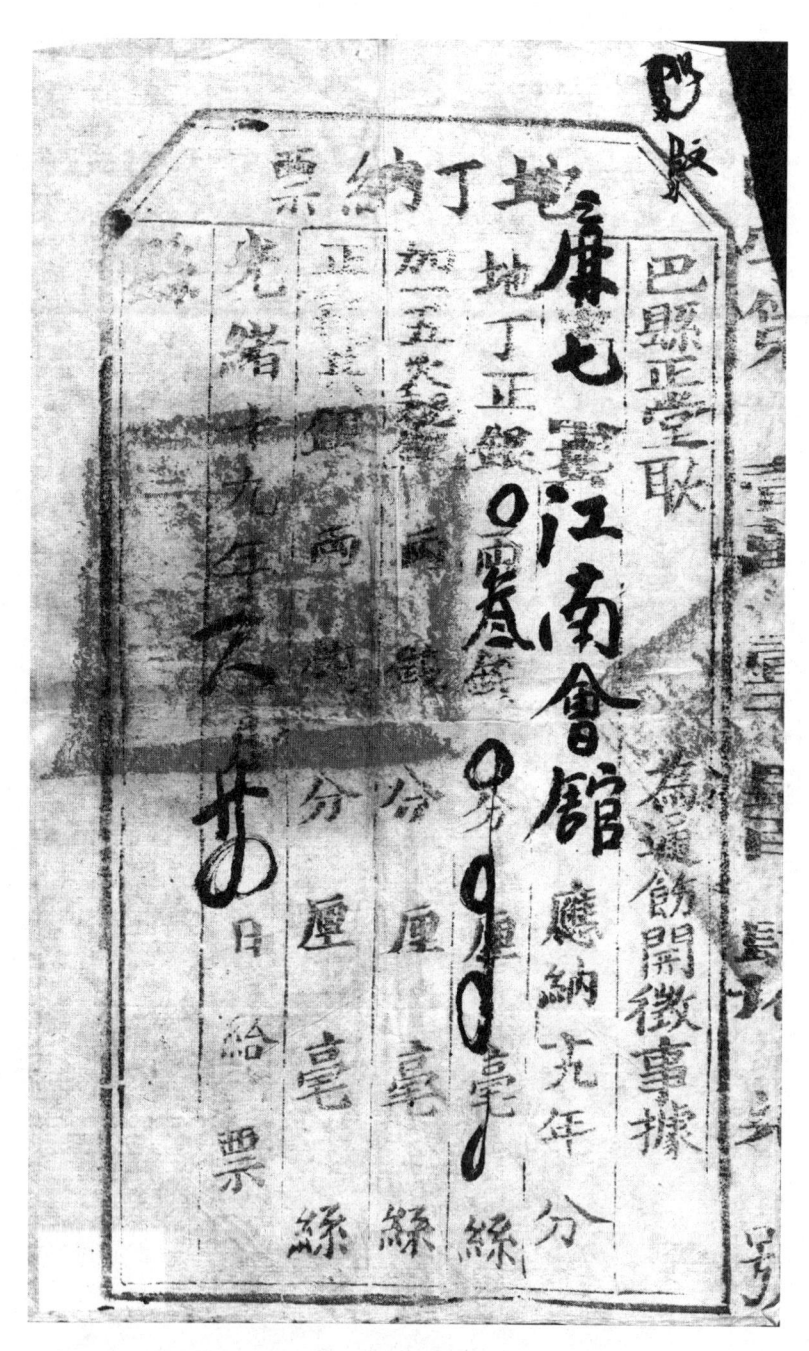

文物号：115168
名称：清光绪十九年江南会馆地丁纳票
尺寸：纵24.4厘米，横14.7厘米

地丁纳票

第壹万壹千肆百肆拾贰号

巴县正堂耿为通饬开征事　据廉里七甲花户江南会馆应纳十九年分地丁正银○两叁钱○分○厘○毫○丝，加一五火耗银　两　钱　分　厘　毫　丝，正耗共银　两　钱　分　厘　毫　丝。

光绪十九年六月廿四日　给票

县

給票

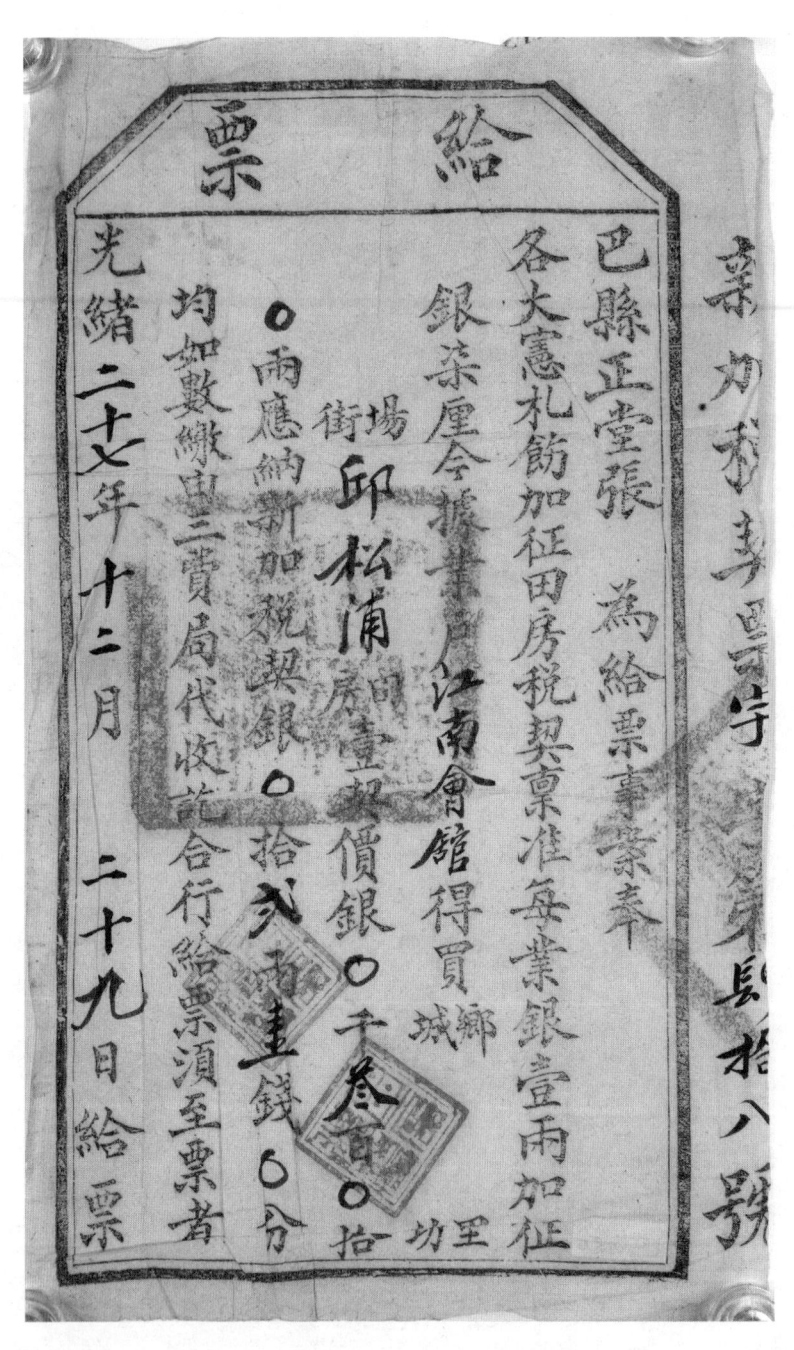

巴縣正堂張　為給票事案奉

各大憲札飭加征田房稅契票准每業銀壹兩加征

銀柒厘今據　　　　江南會館得買鄉

場　邱松浦　房壹處價銀○千叄百○拾

街　　　　　　同壹處價銀○千叄百○拾

○兩應納新加稅契銀○拾貳兩叁錢○分

均加數繳卑二費局代收訖合行給票須至票者

光緒二十七年十二月二十九日給票

文物号：115164-1
名称：清光绪二十七年江南会馆增置邱松浦房产给票
尺寸：纵25厘米，横14.5厘米

给票

新加税契票　字　第肆拾八号

巴县正堂张为给票事案，奉各大宪札饬加征田房税契，禀准每业银壹两加征银柒厘。今据业户 江南会馆 得买　城乡　坊里　街场　邱松浦房田壹契，价银〇千叁百〇拾〇两，应纳新加税契银〇拾贰两壹钱〇分。均如数缴，由三费局代收讫，合行给票，须至票者！

光绪二十七年十二月二十九日　给票

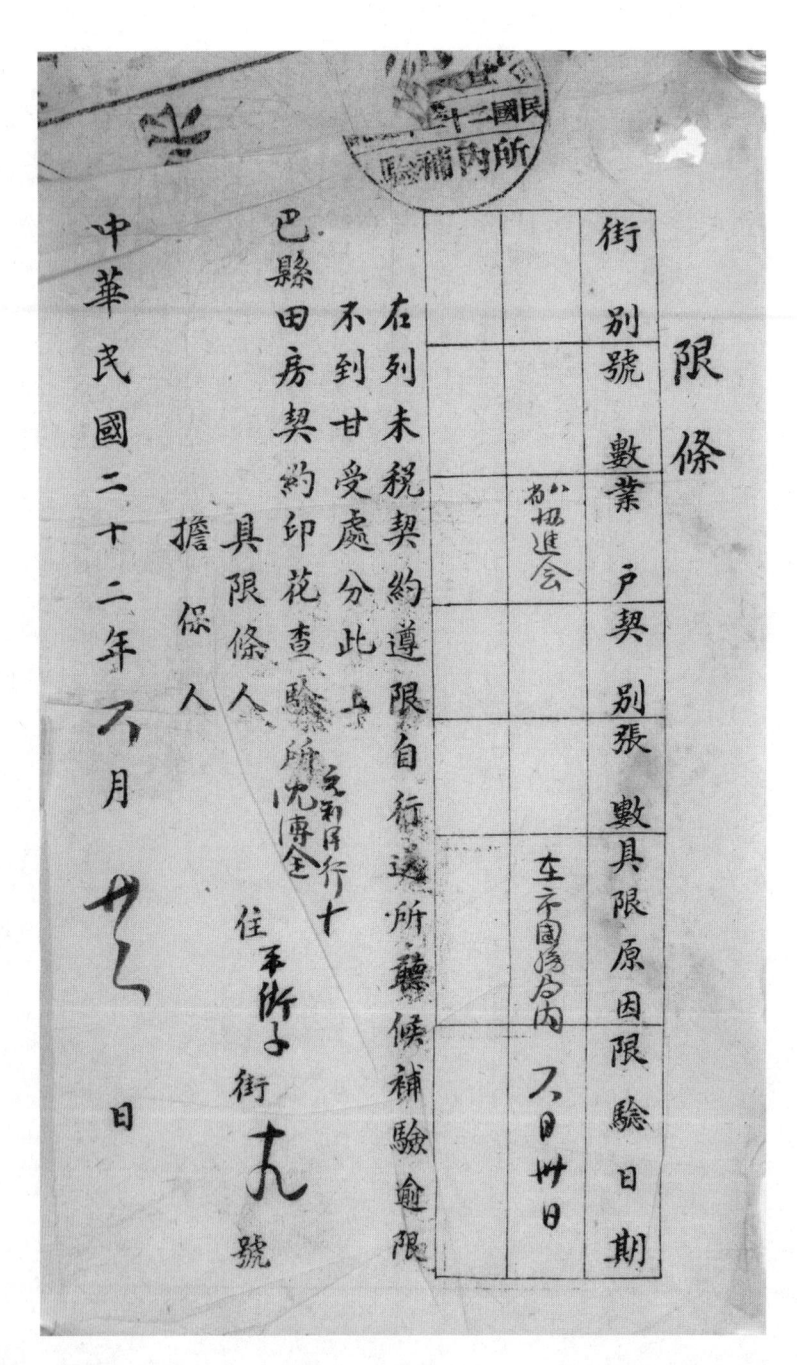

限條						
街別號	數業	戶契	別張	數具限	原因限	驗日期

右列未稅契約遵限自行送所聽候補驗逾限不到甘受處分此上

巴縣田房契約印花查驗所沈傳金

具限條人

擔保人

住車衚衕 街 號

中華民國二十二年 九月 日

限条

街别：

号数：

业户：省协进会

契别：

张数：

具限原因：在市团务局内

限验日期：六月卅日

在列未税契约，遵限自行送所听候补验，逾限不到甘受处分。此上巴县田房契约印花查验所。元利泽行沈溥全。

具限条人：住平街子街十九号

担保人：

中华民国二十二年六月廿二日

凭票

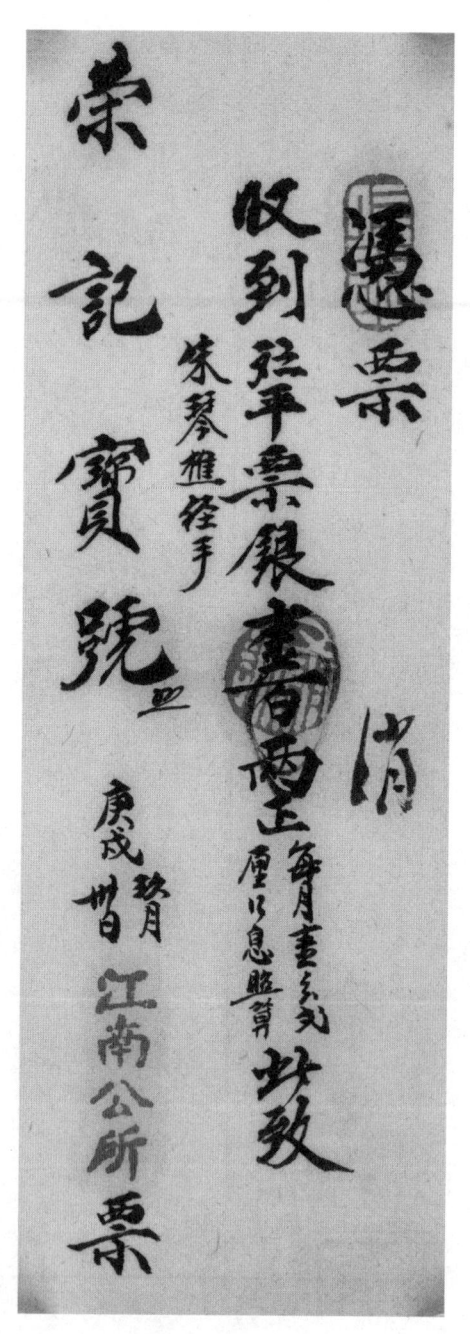

收到扨平票银书两正 朱琴雅经手 每月壹分起 厘以息照算 址致

荣記寶號启

庚戌卅月 江南公所票

文物号：115203

名称：1910年江南公所付荣记宝号借款凭票

尺寸：纵25.8厘米，横8.6厘米

凭票 消

收到朱琴樵经手九七色平票银壹百两正,每月壹分贰厘行息照算。
此致荣记宝号照

庚戌玖月卅日江南公所票

贵帮捐助

酉秀黔
马坊磺公果捐平银壹百両正此上
湖南账

收到

欠平银合零下

江南帮执事台照 庚戌三月 重庆商务总会收据

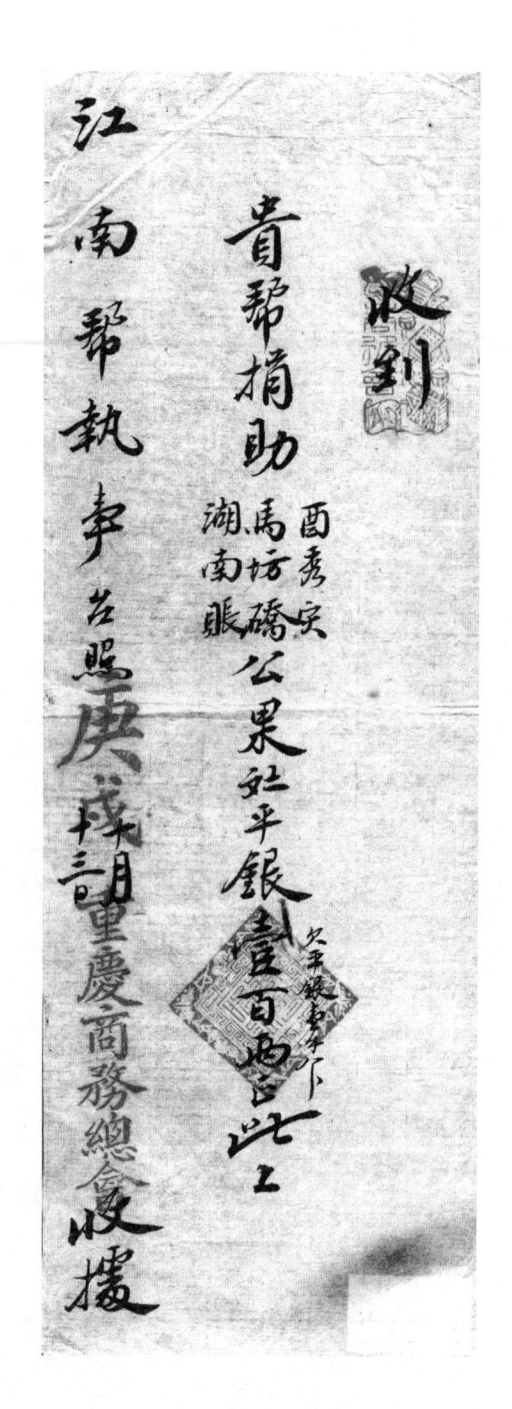

文物号：115204
名称：1910年重庆商务总会付江南公所公果费收据
尺寸：纵26厘米，横9厘米

收到贵帮捐助酉秀灾、马坊硚、湖南赈公果九七色平银壹百两（欠平银壹两八钱）正。

此上江南帮执事台照

庚戌十月十三日重庆商务总会收据

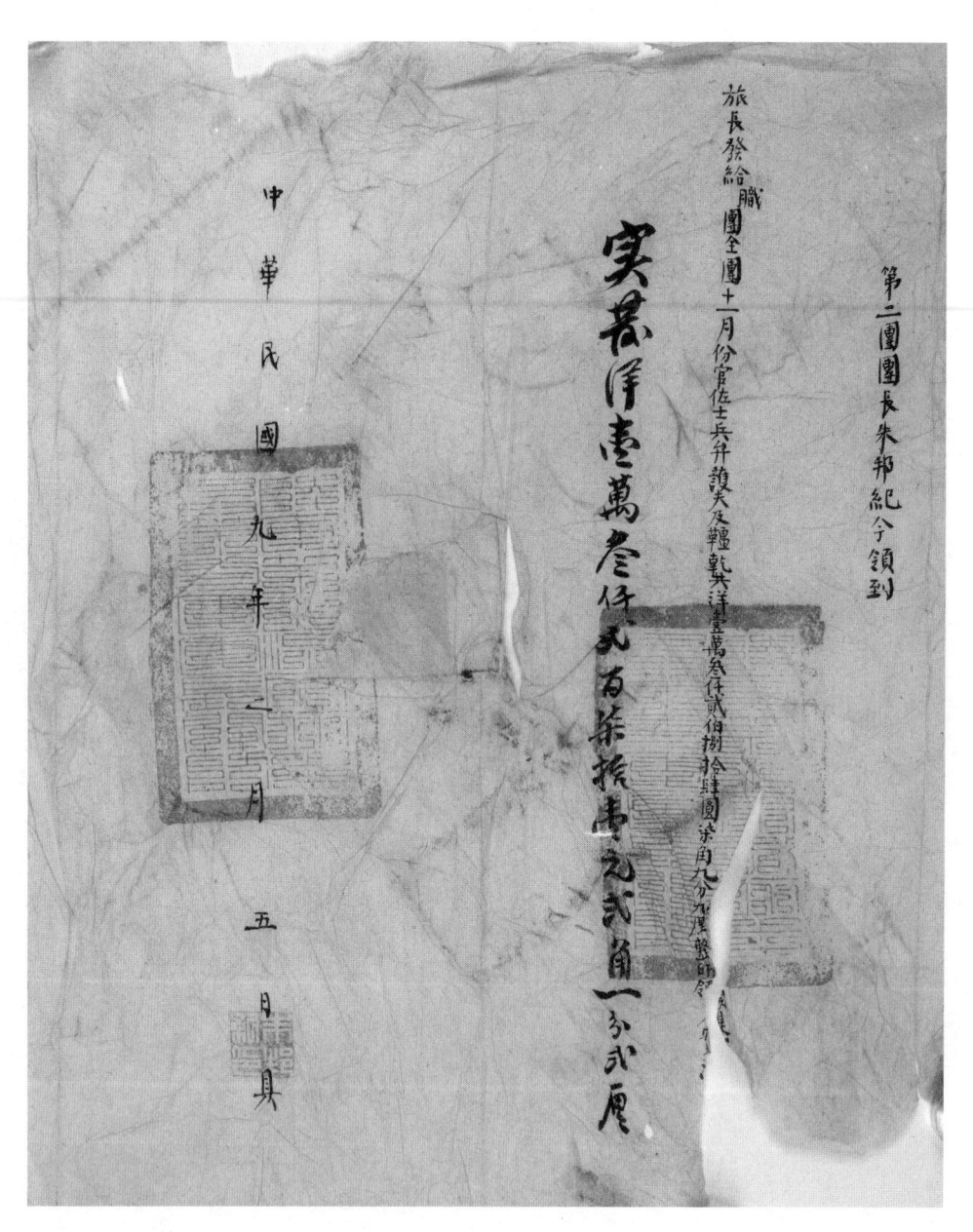

文物号：115368

名称：民国九年陆军第九混成旅步兵第二团付江南会馆军饷收据

尺寸：纵23厘米，横26.5厘米

第二团团长朱邦纪，今领到旅长发给职团全团十一月份官佐士兵弁护夫及缰干，共洋壹万叁仟贰佰捌拾肆圆柒角九分九厘整，所领是实，实发洋壹万叁仟贰百柒拾壹元贰角一分贰厘。

中华民国九年二月五日具

执据

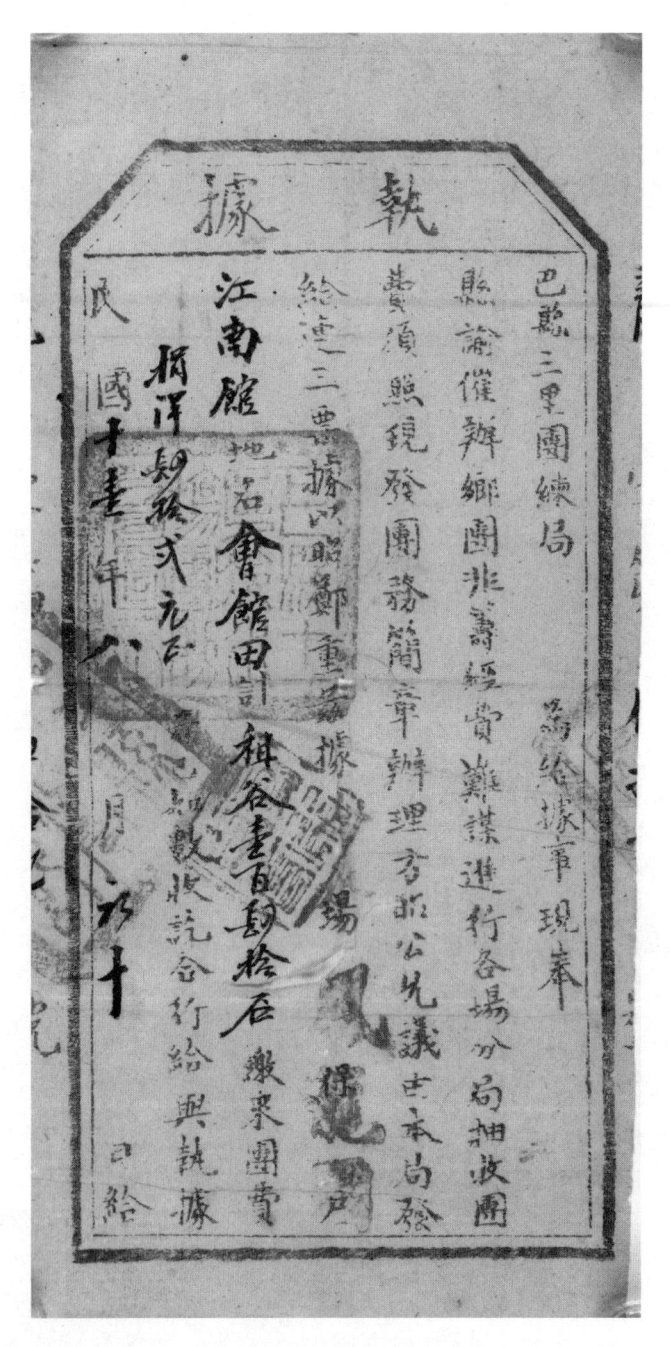

巴縣三里團練局

為給據事現奉
縣諭催辦鄉團團非籌經費難謀進行各場分局抽收團
費須照現發團務簡章辦理兹於公凥議世承尚發
給連三票據以昭鄭重兹據

場 鳳龍保 團户

江南館 地名 會館田

捐洋貳拾貳元正 租穀壹百貳拾石 繳來團費

敷收訖合行給與訖據

民國十壹年八月 日給

文物号：115256
名称：民国十一年巴县冷水场凤龙保村付江南会馆交团费执据
尺寸：纵22厘米，横10.5厘米

执据

巴县三里团练局为给据事，现奉县谕催办乡团，非筹经费难谋进行，各场分局抽收团费，须照现发团务简章办理，方昭公允。议由本局发给连三票据以昭郑重，兹据　场　保　户　江南馆　地名　会馆田，计租谷壹百肆拾石，缴来团费，捐洋肆拾贰元正。兹已如数收讫，合行给与执据。

民国十壹年八月初十日给

收據

重慶警察廳婦女救濟所籌備處，為出具收據事，茲由江南館先生捐來建築費生洋伍拾元正，業經如數收訖，特出收条為憑此據

籌備主任 王蘭輯

中華民國十五年十二月二十二日

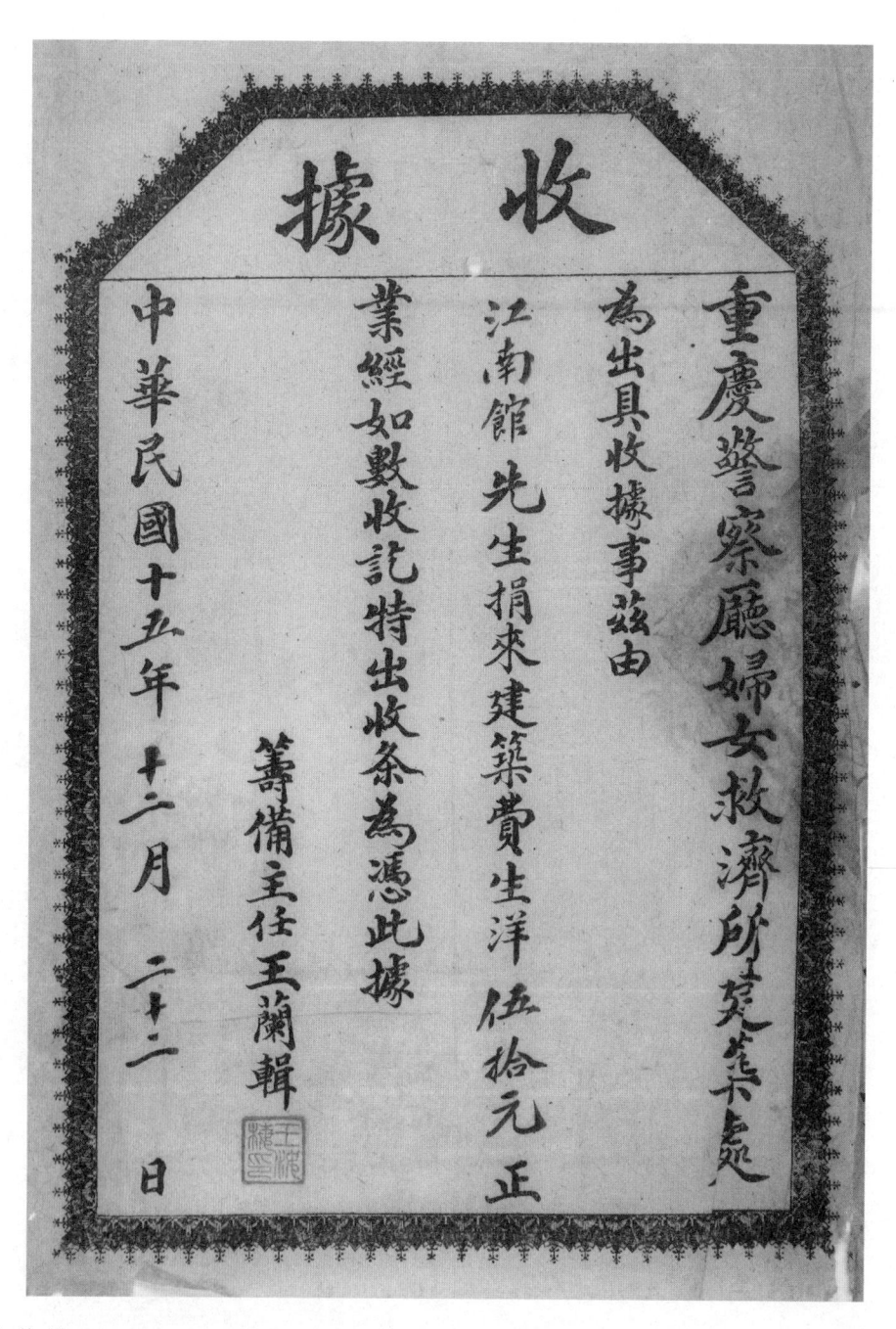

文物号：115209

名称：民国十五年重庆警察厅妇女救济所建筑处付江南馆收据

尺寸：纵 26.5 厘米，横 17.5 厘米

收据

重庆警察厅妇女救济所建筑处为出具收据事，兹由江南馆先生捐来建筑费生洋伍拾元正，业经如数收讫，特出收条为凭。此据。

筹备主任　王兰辑

中华民国十五年十二月二十二日

暂收到功果钱陆拾串文

江南馆首士台照

庚九月初拾

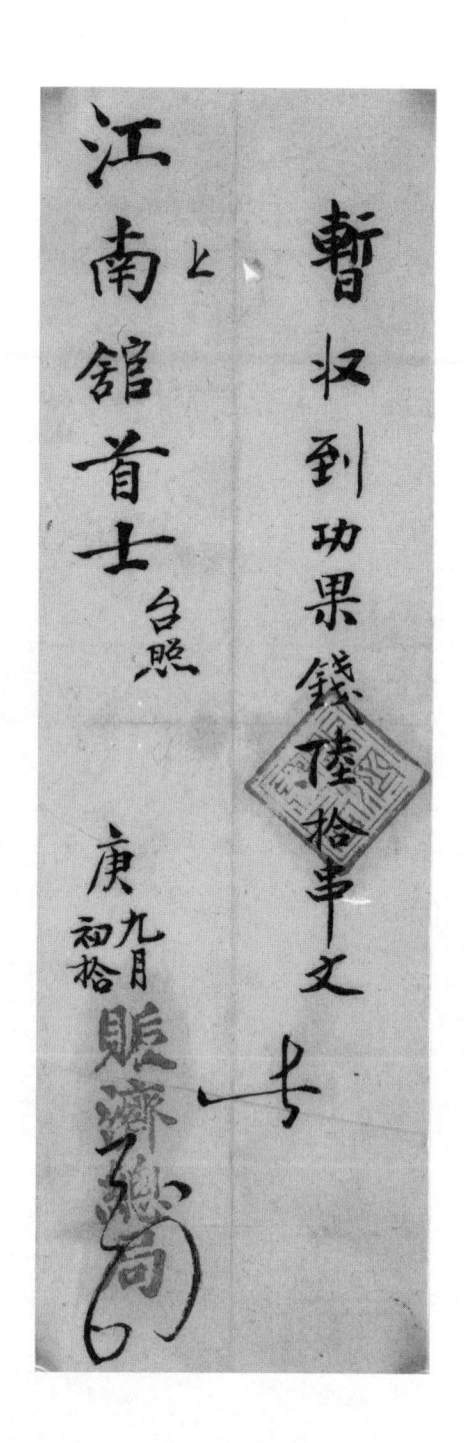

赈济总局

文物号：115229
名称：民国赈济总局付江南会馆功果钱收据
尺寸：纵25.8厘米，横8.2厘米

暂收到功果钱陆拾串文

号

上江南馆首士台照

庚九月初拾　赈济总局

今收到江南會募捐建獄費洋弍拾元正

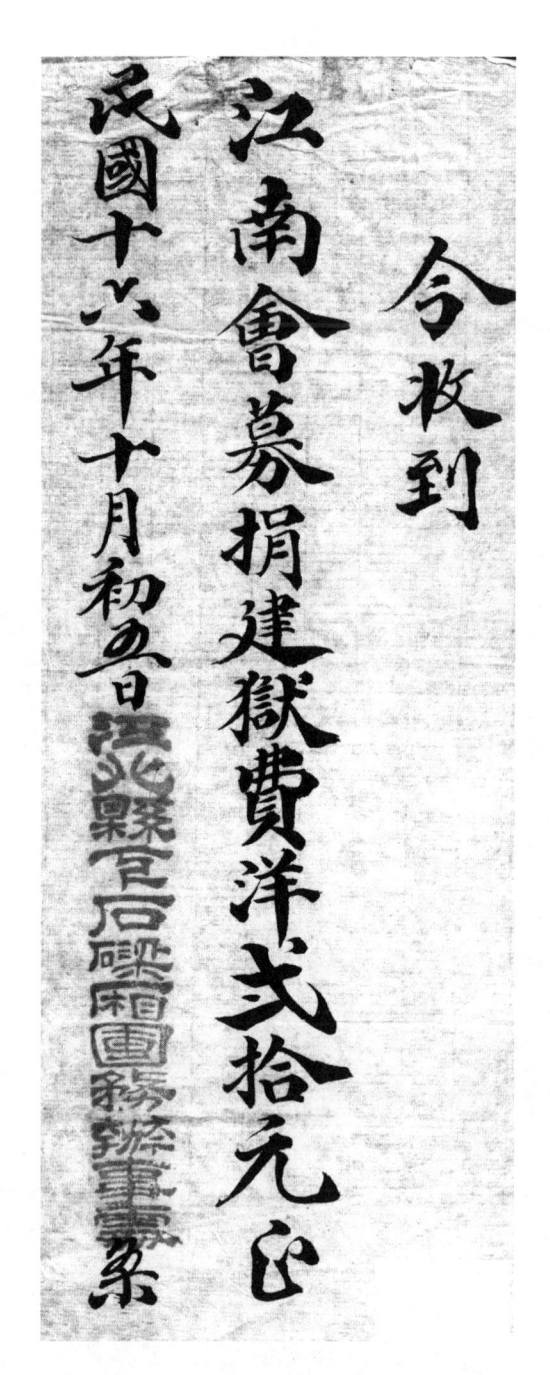

民國十六年十月初四日 江北縣下石梁廂團務辦事處

文物号：115236
名称：民国十六年江北县下石梁厢团务办事处付江南会捐建费收条
尺寸：纵24厘米，横9.4厘米

今收到江南会募捐建狱费洋贰拾元正。

民国十六年十月初五日　江北县下石梁厢团务办事处 条

今代收到

江南贵省交来南纪门外火灾捐款洋卅元正此记

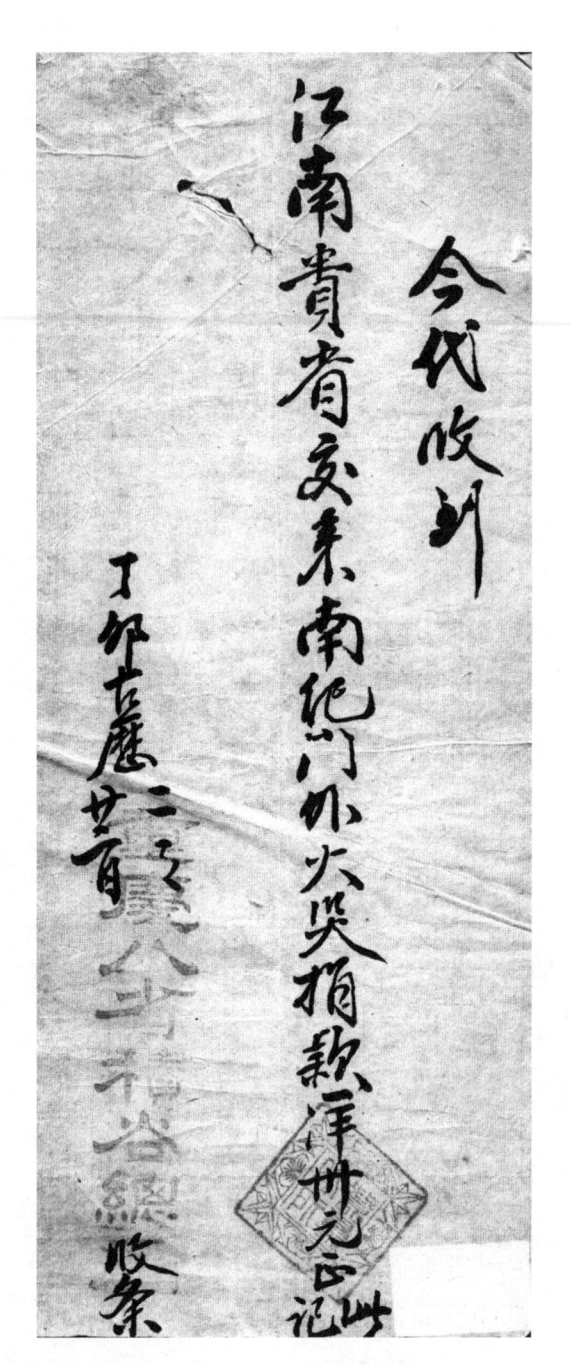

丁卯古历廿二□麟八省积谷总收条

文物号：115239
名称：民国十六年重庆八省积谷总所付江南省赈灾捐款收条
尺寸：纵22.5厘米，横9.4厘米

今代收到江南贵省交来南纪门外火灾捐款洋卅元正。此记。

丁卯古历二月廿二日重庆八省积谷总所　收条

應募公債通知單

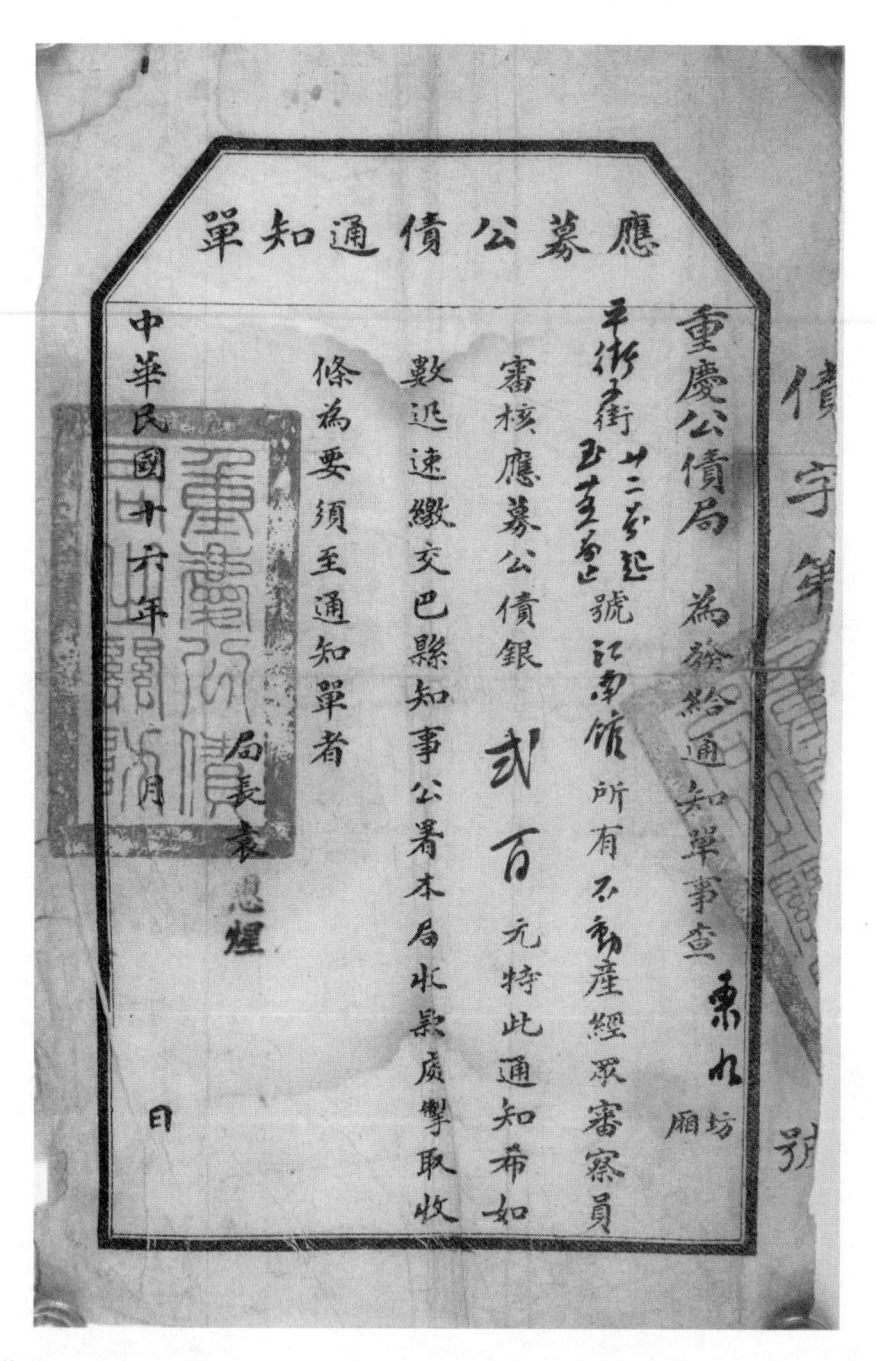

重慶公債局 為發給通知單事查東九坊
平街□街卅二號起 廿五號止 號江南館 所有不動產經眾審察員
審核應募公債銀 貳百 元特此通知希如
數迅速繳交巴縣知事公署本局收照毋掣取收
條為要須至通知單者

中華民國十六年　　月　　日

局長　袁懋煌

文物号：115357
名称：民国十六年重庆公债局通知江南馆应募公债通知单
尺寸：纵26.8厘米，横17厘米

应募公债通知单

债字第　号

重庆公债局为发给通知单。事查东水坊厢平街子街廿二号起至卅五号止，号江南馆所有不动产，经众审察员审核，应募公债银贰百元，特此通知。希如数迅速缴交巴县知事公署本局收款处，掣取收条为要。须至通知单者。

局长　袁恩煜

中华民国十六年　月　日

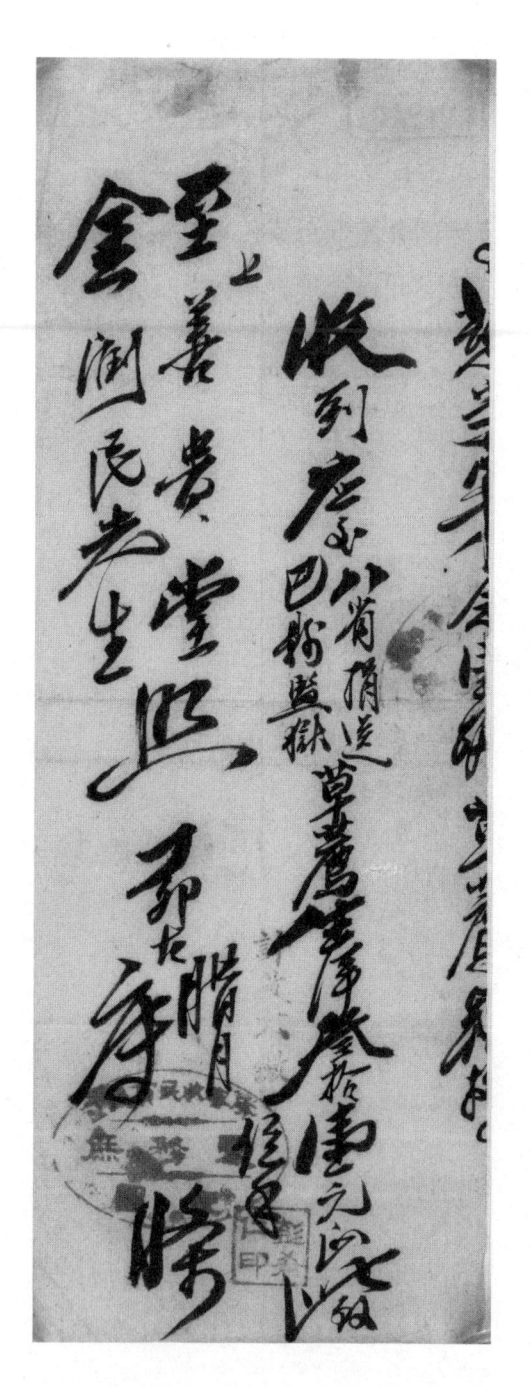

文物号：115250

名称：民国十六年重庆市民收审所庶务处付江南会馆捐款收条

尺寸：纵24.3厘米，横8.8厘米

收到应交八省捐送巴县监狱草荐生洋叁拾壹元正。
此致
至上善贵堂金润民先生照

经手（印章）
丁卯古年腊月　收条

覆據

今收到江南省眉指捐兵募洋州元
中華民國十七年十一月卅二日沙鵝□
覆

文物号：115216
名称：民国十七年重庆市八省公益协进会付江南省覆据
尺寸：纵24厘米，横10.8厘米

覆据

今收到江南贵省捐伤兵费洋 17142 元。

中华民国十七年十一月廿二日　欧阳之　覆

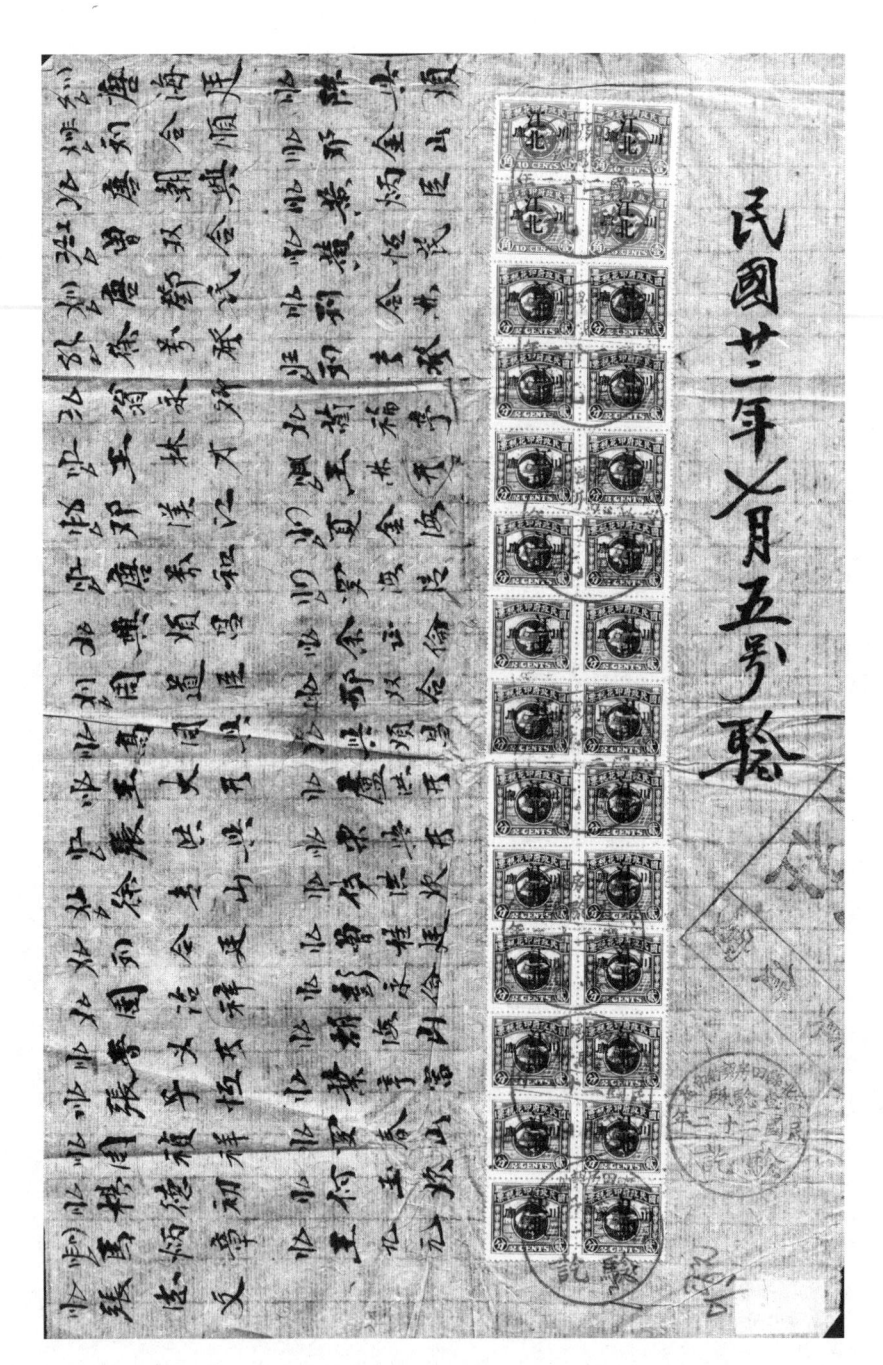

文物号：115349

名称：民国二十二年江北县唐海廷、刘合顺等人交田房印花税

尺寸：纵 33.5 厘米，横 22 厘米

5角3分	唐海廷	3角	陈兴顺
43角3分	刘合顺	3角	邓金山
6角	唐朝兴	3角	黄炳臣
77角6分	曾双合	3角	黄恒芪
4角3分	唐邓氏	3角	刘合林
5角1	徐万发	2角3分	刘青发
7角	翁永卿	4角	蔺福亭
3角6分	王林才	3角4分	王林开
22角5分	邓溪江	2角4分	夏金海
3角6分	唐万和	2角4分	罗海清
4角	兴顺昌	3角	余正伦
4角2分	周道臣	3角	邢双合
3角	高同兴	6角	兴顺昌
3角	王大开	2角	卢洪开
2角6分	张洪兴	3角	宋兴开
4角6分	徐青山	2角	传洪顺
4角	刘合廷	2角	曾桂廷
4角	周治祥	2角	彭永伦
3角	晋义开	2角	胡海山
3角	张子恒	2角	叶亨富
3角	周祯祥	2角	罗春山
3角	杨德初	2角	何玉顺
33角3分	马炳章	2角	王九元
3角	张德文		

民国廿二年七月五号验

收據

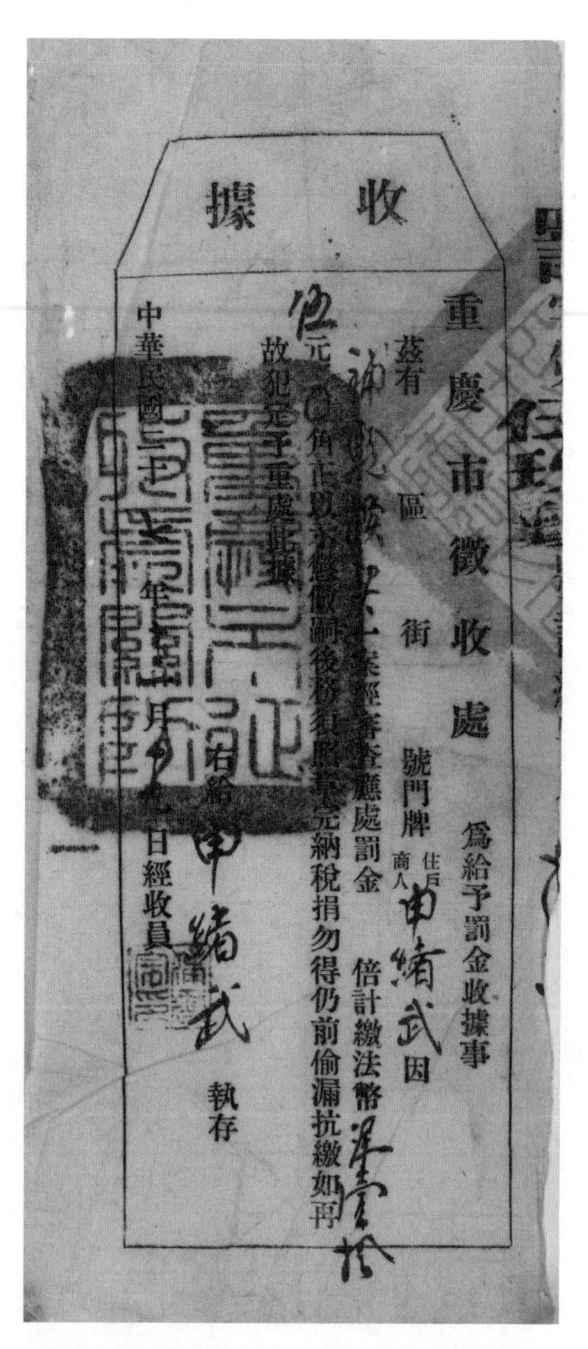

重慶市徵收收處 為給予罰金收據事

茲有 區 街 號門牌 住戶商人 申緒武 因

故犯定于重慶號據○角○分以示懲儆嗣後務希照章完納稅捐勿得仍前偷漏抗繳如再故犯定于重慶號據應處罰金 倍計繳法幣 元

右給 申緒武 執存

中華民國 年 月 日 經收員

文物号：115243
名称：民国二十七年重庆市征收处付申绪武的罚金收据
尺寸：纵24.5厘米，横10厘米

收据

重庆市征收处为给予罚金收据事

兹有　区　街　号门牌住户商人申绪武，因神龛换契一案，经审查应处罚金，倍计缴法币洋壹拾伍元〇角正，以示惩儆。嗣后务须照章完纳税捐，勿得仍前偷漏抗缴。如再故犯，定予重处。此据。

右给申绪武执存。

中华民国二十七年十二月十九日　经收员

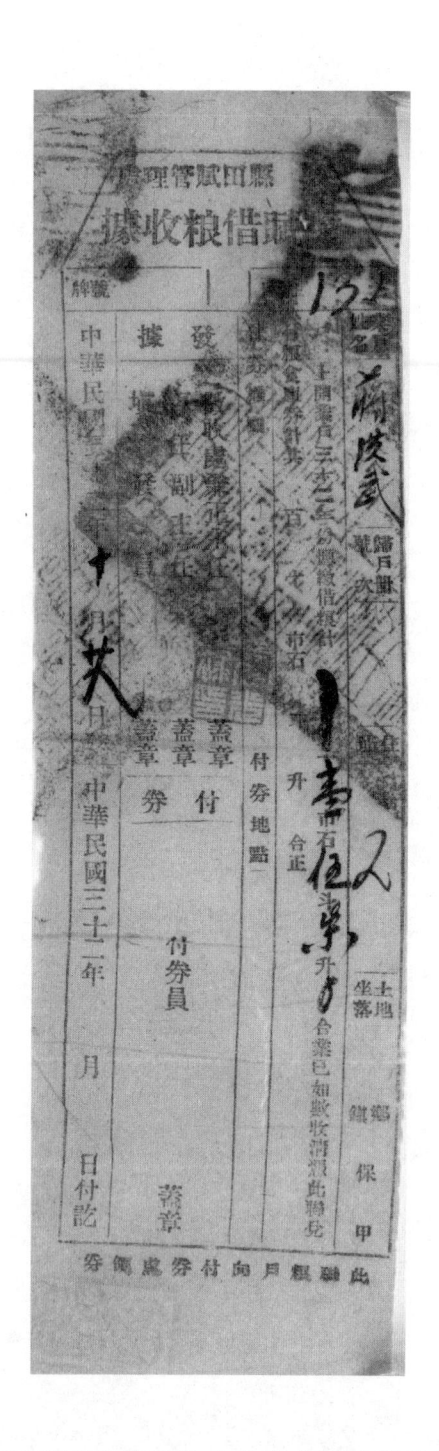

文物号：115298
名称：民国三十二年巴县田赋管理处付蒋洪武随赋借粮收据
尺寸：纵22.5厘米，横7.2厘米

巴县田赋管理处随赋借粮收据

户号：131

牌号：

业户姓名：蒋洪武

归户册号次：

住址：2

土地坐落：乡镇　保　甲

上开业户三十二年份应缴借粮计壹市石伍斗柒升〇合，业已如数收清，凭此联兑付粮食库券计共　百十市石　斗　升　合正

付券机关：

付券地点：

发据：征收处兼正主任　盖章

　　　　专任副主任　盖章

　　　　填　发　员　盖章

付券：付　券　员　盖章

中华民国三十二年十月廿八日发

中华民国三十二年　月　日付讫

此联粮户向付券处领券

收到 修街费平票银壹拾大元正此

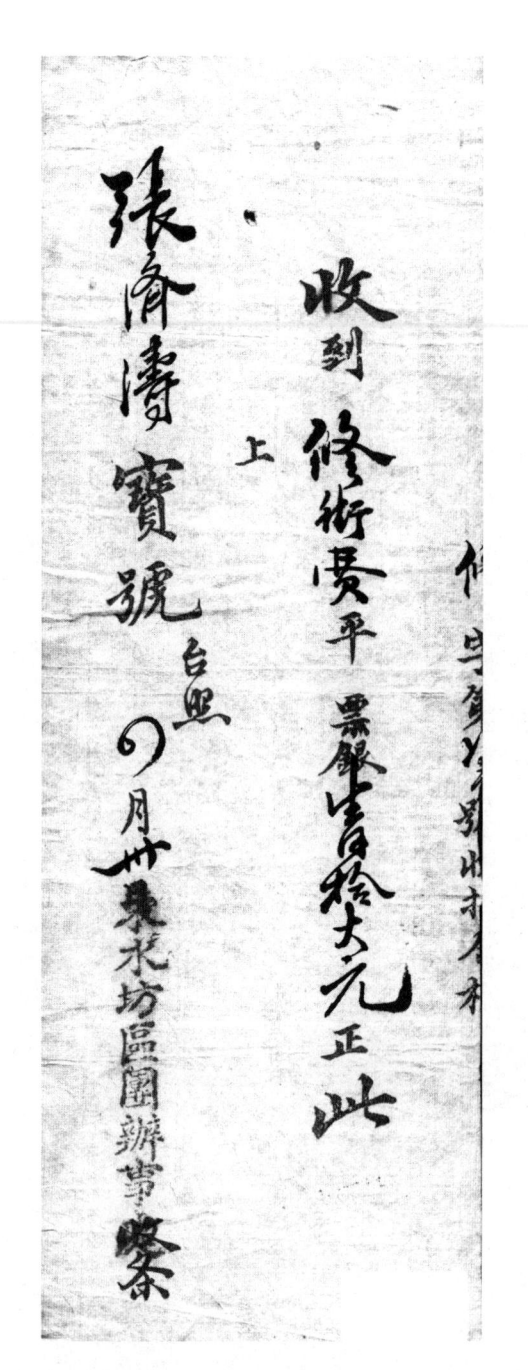

張裕濤寶號台照

○月卅 集水坊區團辦事處

文物号：115206-1
名称：民国重庆市东水坊区市政建设收条
尺寸：纵25.2厘米，横8.5厘米

修　字第□□号收据合札

收到修街费平票银生洋拾大元正。

此上张济涛宝号台照

　　　　　　　　　　　四月卅日东水坊区团办事处　收条

收到歐元欽修街费平票銀捌拾元正此致

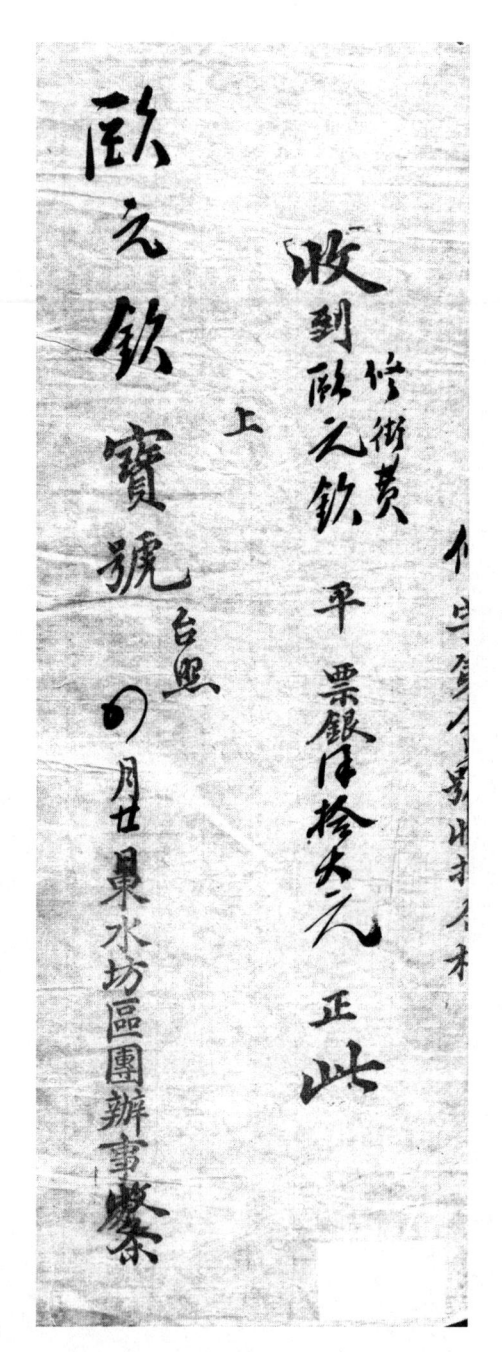

歐元欽寶號台照

○月廿○日東水坊區團辦事處条

文物号：115206-2
名称：民国重庆市东水坊区市政建设收条
尺寸：纵25.2厘米，横8.5厘米

　　　　修　字第□□号收据合札

收到欧元钦修街费平票银洋拾大元正。

此上欧元钦宝号台照

　　　　　　　　　　　四月廿日东水坊区团办事处　收条

收到竹衔费、平票银捌元正此

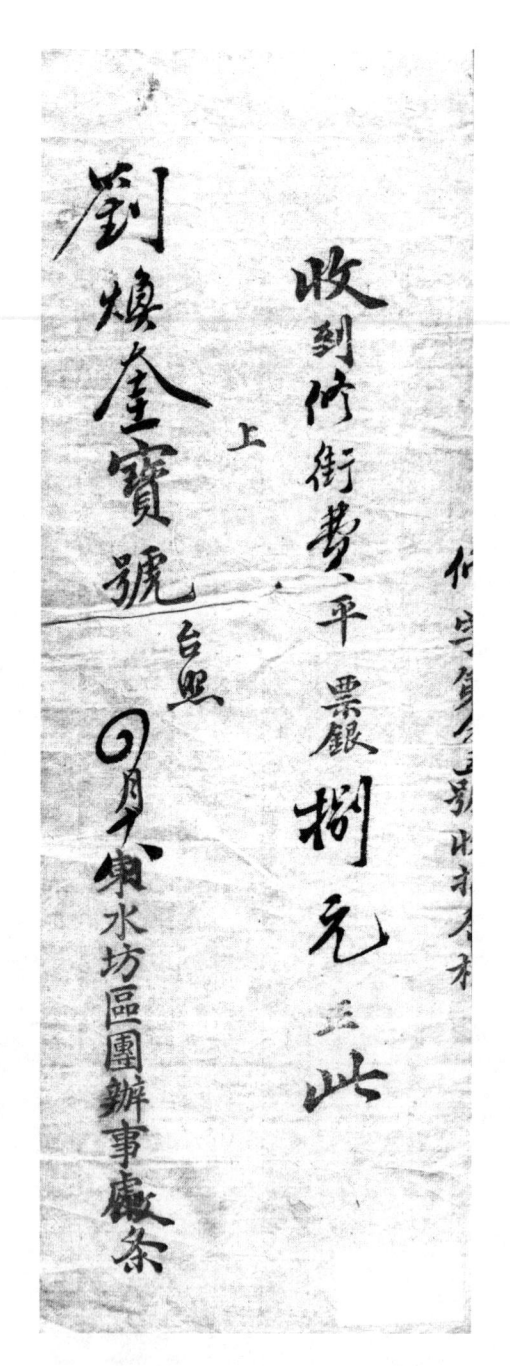

刘煥金寶號 白照

月 日 東水坊區團辦事處条

文物号：115206-3
名称：民国重庆市东水坊区市政建设收条
尺寸：纵25.2厘米，横8.5厘米

修　字第□□号收据合札

收到修街费平票银捌元正。

此上刘焕奎宝号台照

　　　　　　　　　　四月十八日东水坊区团办事处　收条

收到修街费平洋柒元正此

陈裕堂宝号台照 五月充 东水坊区团办敢廉

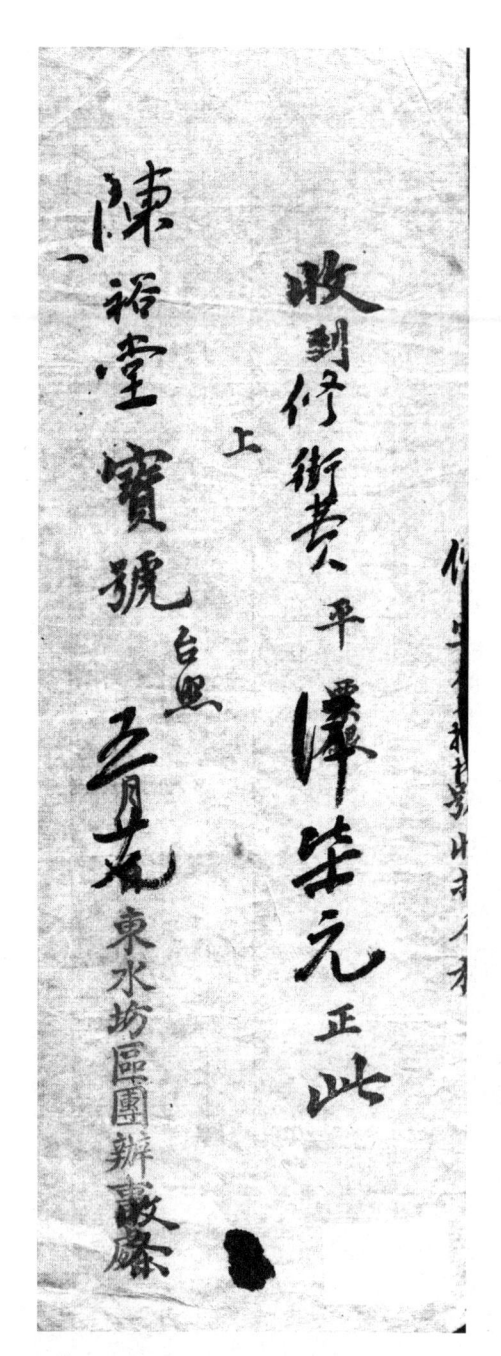

文物号：115206-4
名称：民国重庆市东水坊区市政建设收条
尺寸：纵25.2厘米，横8.5厘米

修　字第□□号收据合札

收到修街费平票银洋柒元正。

此上陈裕堂宝号台照

　　　　　　　　　　五月廿七日东水坊区团办事处　收条

文物号：115370
名称：民国中央陆军第九师郑之纯向江南公所乞给川资回籍的信函
尺寸：纵24厘米，横68.2厘米

呈：

　　窃以人事变迁穷通难料，敝同乡自负笈客地，从事于中央陆军第九师，原为江南十一师，由民国三年改编驻扎安庆等地后，调驻湖北追匪，至民国六年受靖国军之影响始入四川，驻万夔等处。后因唐继尧接援未及，我军大半遣散，余者皆投于滇，迩年来迭萌枝，故影响非浅，[譬如]前疮未痊后患继焉，乡忧虑无策，卷单归里，于今七月抵东川，距城四十里之遥偶遇土匪，几十人将乡衣物旅资剥夺如洗，于月底至昭通又遭病患，延至今日其状不堪，而旅资无着，寸步维艰，维乡已成进退维谷之势，哀告无门，行见将为沟中瘃耳，为此情迫势，切不得已而作非分之请，伏求酌给川资以便回籍，衔环结草，乡只期报达于再生耶，如何之处，即祈迅示。

　　谨上江南公所总理钧鉴裁夺施行

　　笔不顺手，祈恕不恭

江南庐江县　郑之纯　谨上

中华民国　年　月　号

第六章　租佃

一、概述

　　重庆中国三峡博物馆藏江南会馆租佃类文书有 66 件套，最早者属清代乾隆年间，最晚至民国时期。本书选录 26 件套。

　　会馆的主要财产是土地房屋，包括庄稼田土、街房地基和山林等，这些固定资产多以出租形式经营。庄稼田地、街房地基都是租出去的，山林有专人看管，也是采用承租方式。在江南会馆文物中，有一件文物号为 115082 的山林承管契约记载：在牛角沱有一块山地、山场林地和草屋二间、新木架草屋三间，由蒋秀贤等四兄弟承管，"凡一应山场、树木俱各照应，恐有盗伐树木与私埋坟地等情，均系蒋秀贤等一面承管"，并立有山地文约存据。有凭中人作证。这是雍正七年（1729）的事。此文约中，包括有租赁房屋、承包土地、看管山林等事项。但房屋另有租约。另一件文物号 115084 的租约，是雍正十年（1732），周如璜租江南会馆房屋，地点仍是牛角沱。该文约明确了房屋间数为三间，约定每年租银一两；照看山花果树木等，要求要分四季交付银两。

　　据文物号 115176 所示，清光绪三十三年（1907）立，文约人尹炳南称，自其家先人起已租佃江南会馆土地达七代人，希望继续承佃。承租达七代人，这种关系，应算是长久的了。

会馆的开支是非常严格的，要求写清楚是谁、在哪里、为何事消费的。收支每年一结。据文物号 115377 账单知，该年总收入银 1056 两 3 钱 4 分，钱 693 千 798 文，支付银 1038 两 9 钱，钱 775 千 825 文，余银 14 两 1 钱 2 分，有盈余，其财务状况比较好。在此账单中，有"付交签团拜，共银 171 两正"。这是民国时期的账单，开支数目不小，根据江南会馆会规规定，年终由五姓（朱、洪、胡、郑、汪）签妥。这五姓是江南会馆的创建者姓氏，可以看出这五姓在江南会馆不可动摇的地位和享有的优厚待遇。因有基金，而且不能动用本金，故江南会馆的管理者长期未变或由家族继承。

二、文书

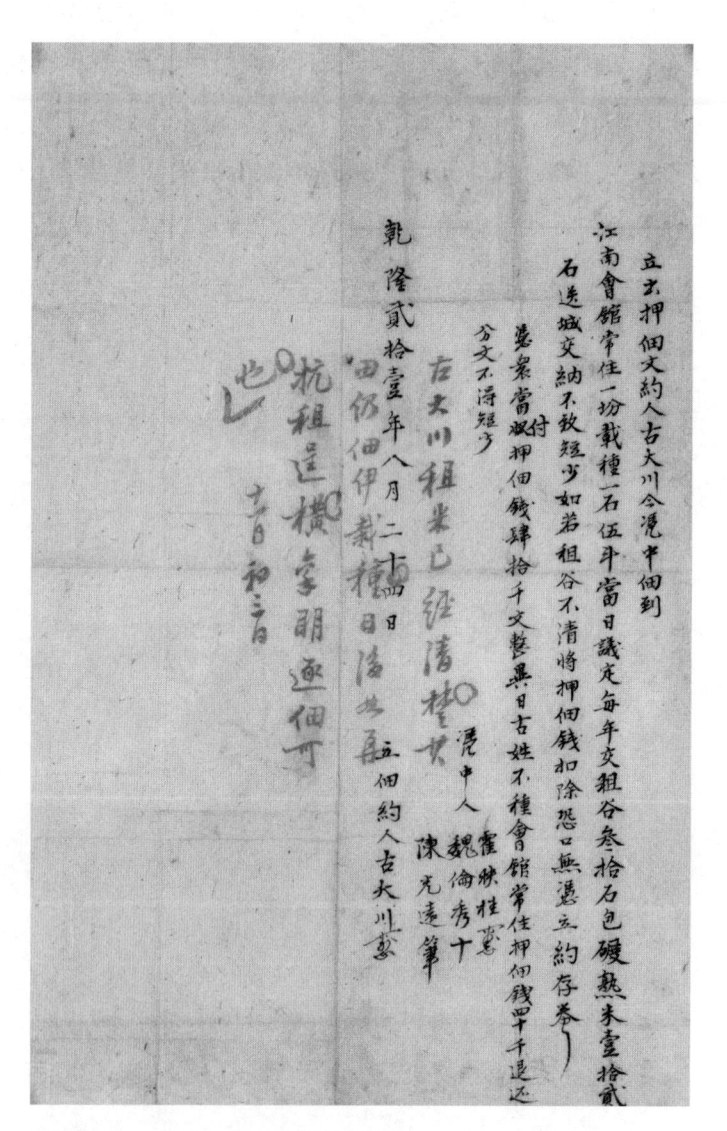

立去押佃文约人古大川今凭中佃到江南会馆掌住一份载种一石五斗当日议定每年交租谷叁拾石包碾熟米壹拾贰石送城交纳不致短少如若租谷不清将押佃钱扣除恐口无凭立约存卷

凭中人 魏伦秀
霍侠桂笔
陈元远笔

付 凭众当收押佃钱肆拾千文整异日古姓不种会馆掌住押佃钱四十千是还分文不得短少

古大川租米已经清楚讫
田仍佃伊栽种日后再五佃约人古大川笔

乾隆贰拾壹年八月二十四日

抗租退横李朋逐佃可也

十二日知之

文物号：115096
名称：清乾隆二十一年古大川付江南会馆租地文约
尺寸：纵44厘米，横31.2厘米

立出押佃文约人古大川，今凭中佃到江南会馆常住一份[①]载种，一石伍斗，当日议定每年交租谷叁拾石，包碾熟米壹拾贰石，送城交纳，不致短少。如若租谷不清，将押佃钱扣除。恐口无凭，立约存券。

凭众当付押佃钱肆拾千文整，异日古姓不种，会馆常住押佃钱四十千退还，分文不得短少。

凭中人：霍秧桂、魏伦秀、陈光远笔

乾隆贰拾壹年八月二十四日　立佃约人：古大川

古大川租米已经清楚，其田仍佃伊栽种，日后如再抗租逞横，拿明逐佃可也。

十一月初三日

[①]原文为"坋"，据文意改为"份"。后同。

立佃土租約人李廷龍今憑中佃到

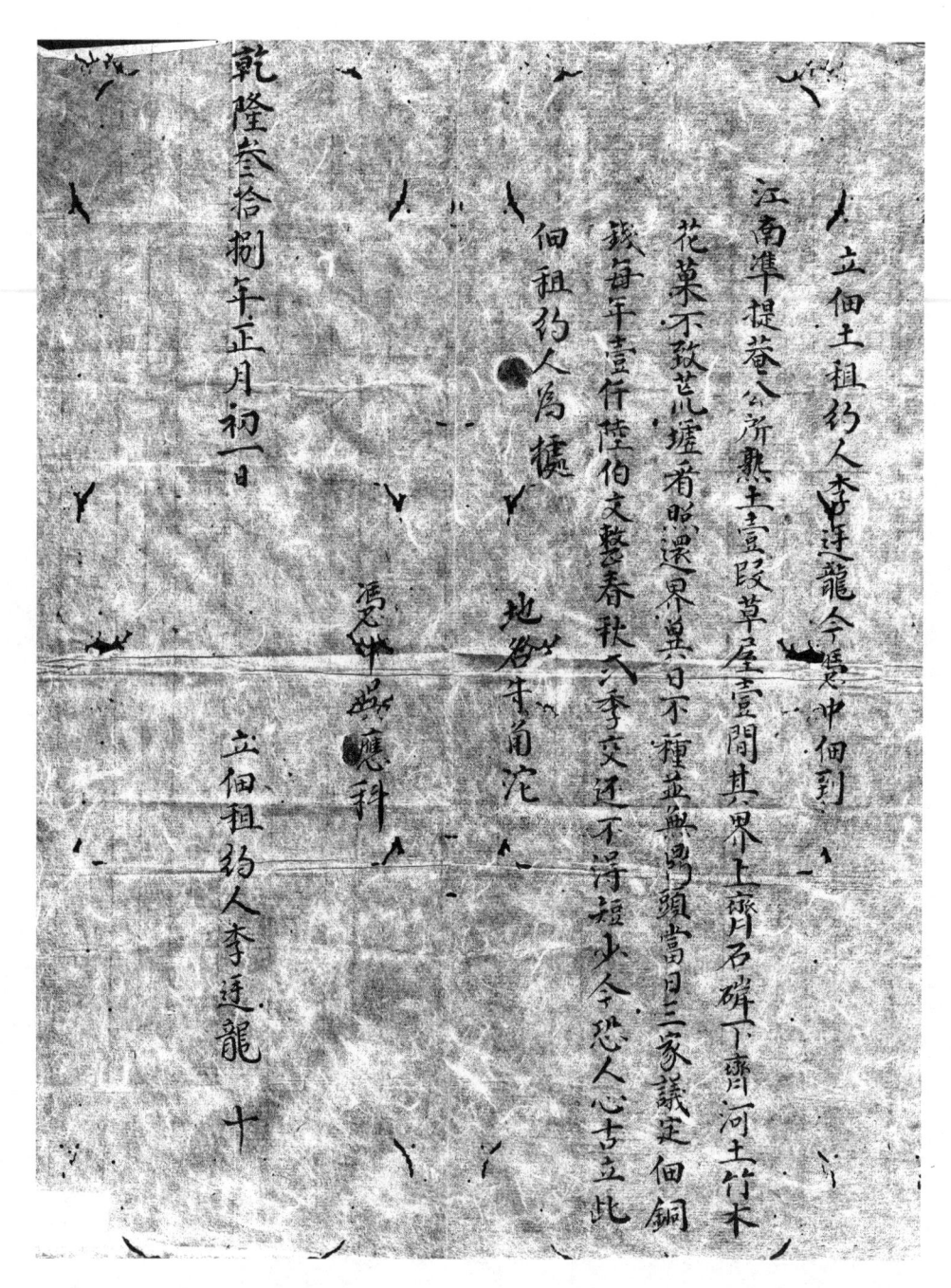

江南準提菴公所熟土壹段草屋壹間其界上齋片石磋下齋河土竹木花菓不致芘壞耆昭還界異日不種並無過頭當日三家議定佃銅錢每年壹仟陸伯文整春秋不李交還不得短少今恐人心古立此

佃租約人為據

地鄰牛角宅

馮恩中 應科

立佃租約人李廷龍 十

乾隆叁拾捌年正月初一日

立佃土租约人李廷龙，今凭中佃到江南准提庵公所①熟土壹段②、草屋壹间，其界上齐石碑，下齐河土。竹木花果不致荒墟，看照还界，异日不种并无顶③头。当日三家议定佃铜钱每年壹仟陆佰文整，春秋贰季交还，不得短少。今恐人心古，立此佃租约人为据。

地名牛角沱
凭中　吴应科

乾隆叁拾捌年正月初一日　立佃租约人：李廷龙

---

① 江南会馆，祭祀准提菩萨，故又称准提庵。会馆，又称公所。
② 原文为"叚"，读音 jiǎ，义为不真实、借；读音 xiá，姓。怀疑为错字，据文意改为"段"。
③ 原文为"鼎"，据文意改为"顶"。

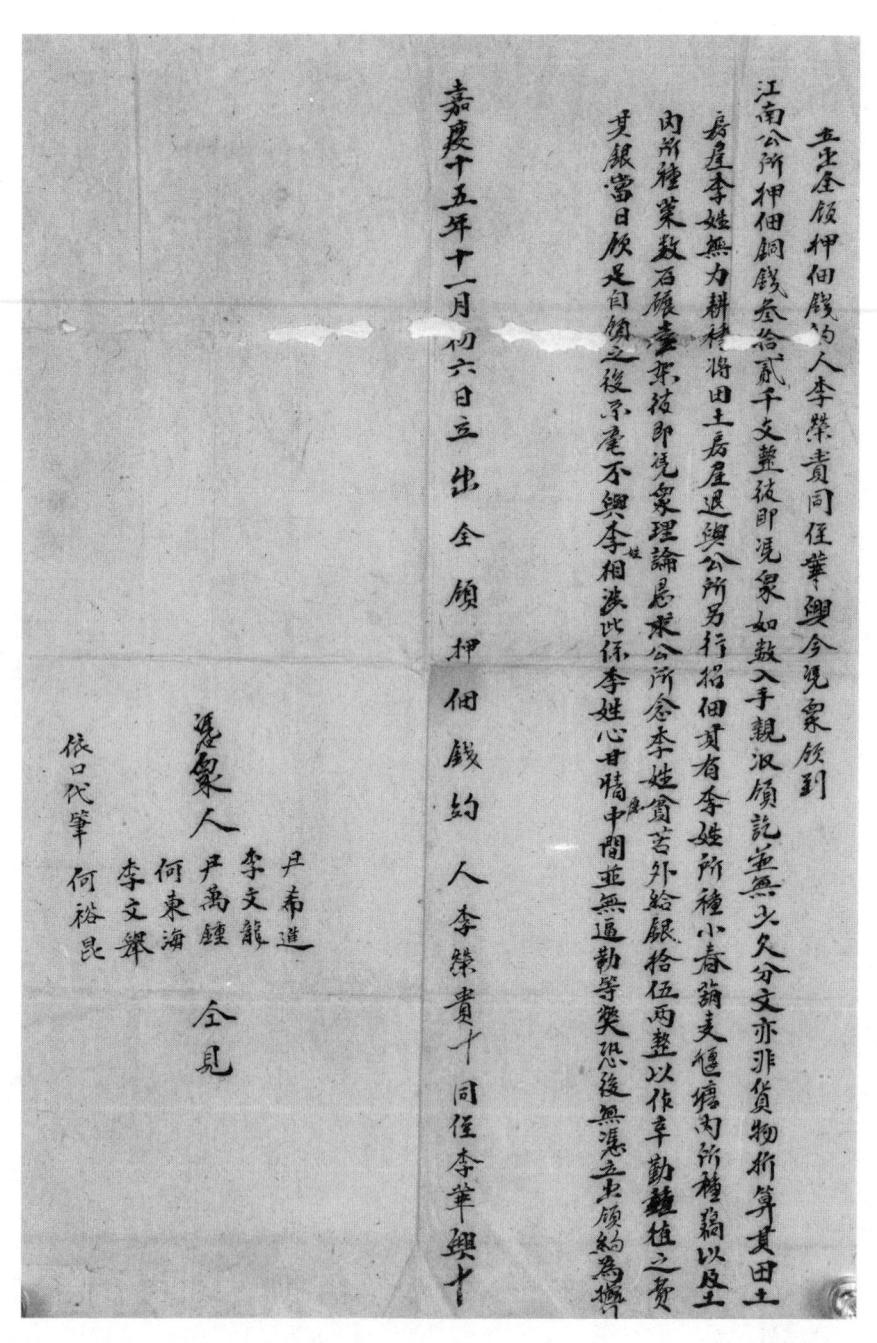

立出全领押佃钱约人李荣贵同侄华兴今凭衆族到
江南公所押佃铜钱叁给贰千文整徒即凭衆如数入手亲收领讫笔无欠欠分文亦非货物折等其田土
房屋李姓无力耕种将田土房屋退与公所另行招佃贵有李姓所种小春荞麦惟瘪肉所种稿以及土
肉所种菜数百蔸徒即凭衆理论悬求公所念李姓贫苦外给银拾伍两整以作辛勤麫桂之费
其银当日欣足自领之後永远不兴李相涉此係李姓心甘情中间并无逼勒等弊恐後无凭立出领约为据

嘉庆十五年十一月初六日立出全领押佃钱约人李荣贵十同侄李华兴十

凭衆人
尹希道
李文龙
尹禹锺   全见
何东海
李文馨

依口代笔 何裕昆

文物号：115099-1
名称：清嘉庆十五年江南公所退李荣贵等人押佃钱约
尺寸：纵44.5厘米，横30厘米

立出全领押佃钱约人李荣贵同侄华兴，今凭众领到江南公所押佃铜钱叁拾贰千文整，彼即凭众如数入手，亲收领讫，并无少欠分文，亦非货物折算。其田土房屋李姓无力耕种，将田土房屋退与公所另行招佃。其有李姓所种小春葫麦，堰塘内所种藕，以及土内所种菜数石，碾壹架，彼即凭众理论，恳求公所念李姓贫苦，外给银拾伍两整，以作辛勤种植之费，其银当日领足，自领之后，丝毫不与李姓相涉。此系李姓心甘情愿。中间并无逼勒等弊。恐后无凭，立出领约为据。

嘉庆十五年十一月初六日立出
全领押佃钱约人：李荣贵同侄李华兴
凭众人：尹希进、李文龙、尹万钟、何东海、李文举　同见
依口代笔：何裕昆

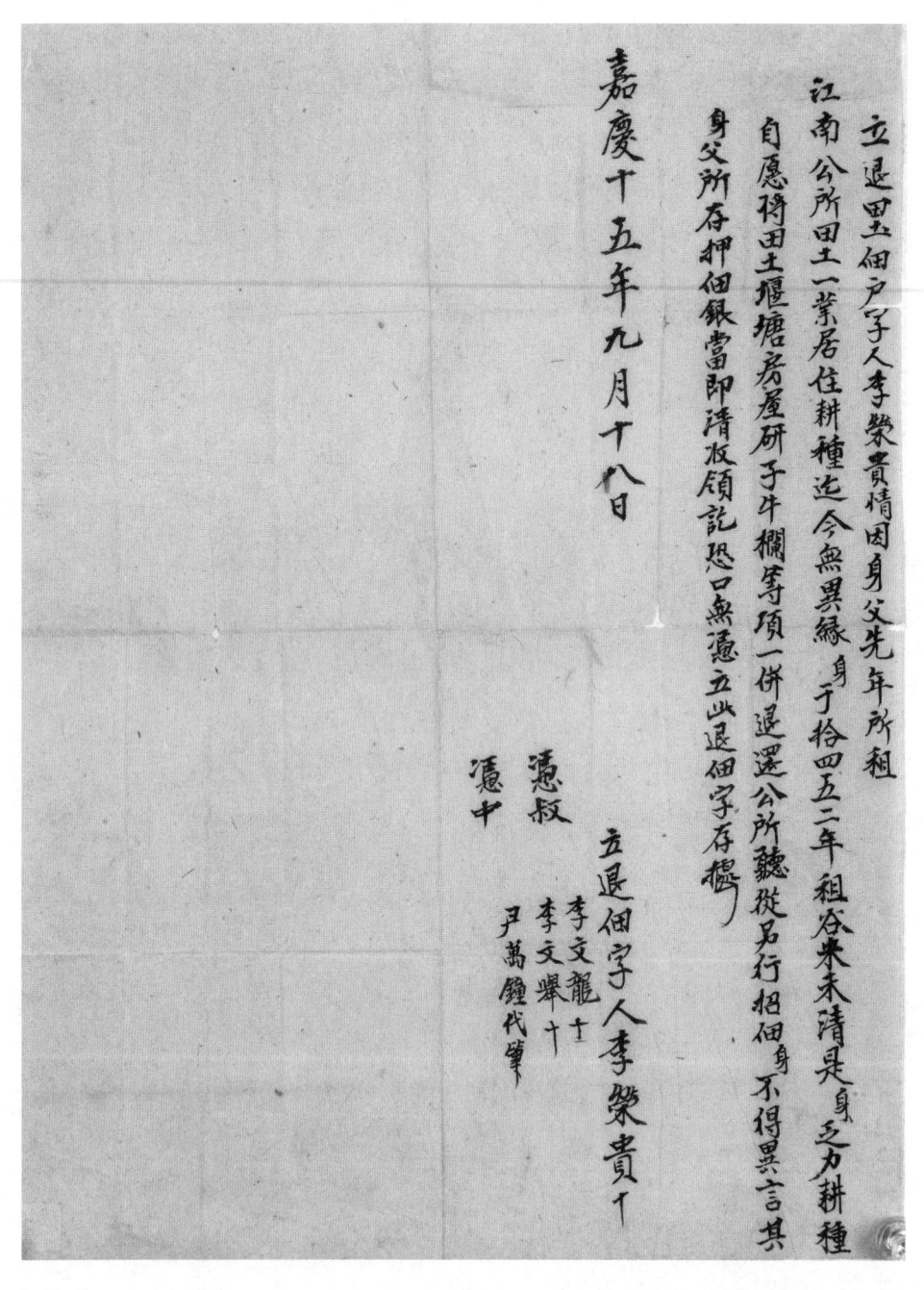

立退田土佃户字人李荣贵情因身父先年所租江南公所田土一业居住耕种迄今无异缘身于拾四五二年租谷未未清是身乏力耕种自愿将田土堰塘房屋研子牛栏等项一并退还公所听从另行招佃身不得异言其身父所存押佃银当即清收顿讫恐口无凭立此退佃字存照

立退佃字人李荣贵十

凭叔 李文龙十
        李文举十
凭中 尹万钟代笔

嘉庆十五年九月十八日

立退田土佃户字人李荣贵，情因身父先年所租江南公所田土一业，居住耕种，迄今无异缘，身于拾四五二年租谷米未清，是身乏力耕种，自愿将田土、堰塘、房屋、碾①子、牛栏等项一并退还公所，听从另行招佃，身不得异言，其身父所存押佃银当即清收领讫，恐口无凭，立此退佃字存据。

嘉庆十五年九月十八日
　　　立退佃字人：李荣贵
　　凭叔　李文龙、李文举
　　凭中　尹万钟　代笔

---

①原文为"研"，当系讹字，据文意改为"碾"。

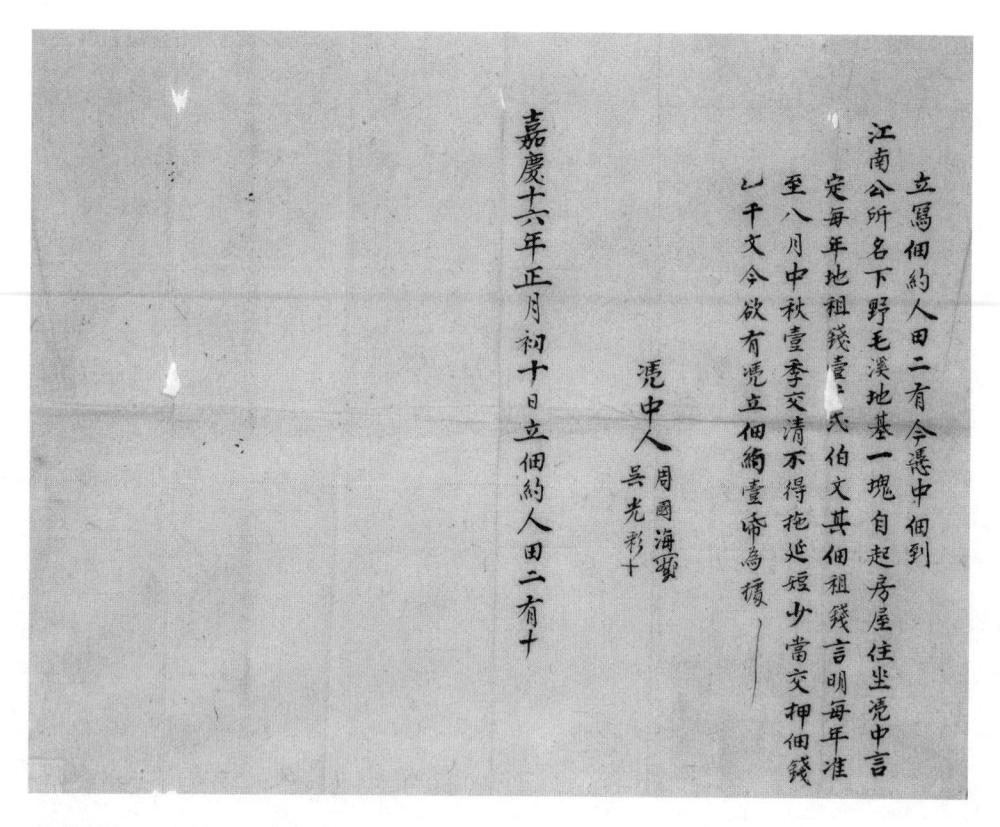

立寫佃約人田二有今憑中佃到江南公所名下野毛溪地基一塊自起房屋住坐憑中言定每年地租錢二氏伯文其佃租錢言明每年准至八月中秋壹季交清不得拖延短少當交押佃錢二千文今欲有憑立佃約壹紙為據

憑中人 周國海
吳光彩

嘉慶十六年正月初十日立佃約人田二有十

文物号：115100
名称：清嘉庆十六年田二有付江南公所房屋租约
尺寸：纵37厘米，横46厘米

立写佃约人田二有，今凭中佃到江南公所名下野毛溪地基一块，自起房屋住坐，凭中言定，每年地租钱壹千贰佰文，其佃租钱言明，每年准至八月中秋壹季交清，不得拖延短少，当交押佃钱壹千文。今欲有凭，立佃约壹纸为据。

凭中人：周国海　吴光彩
嘉庆十六年正月初十日立佃约人：田二有

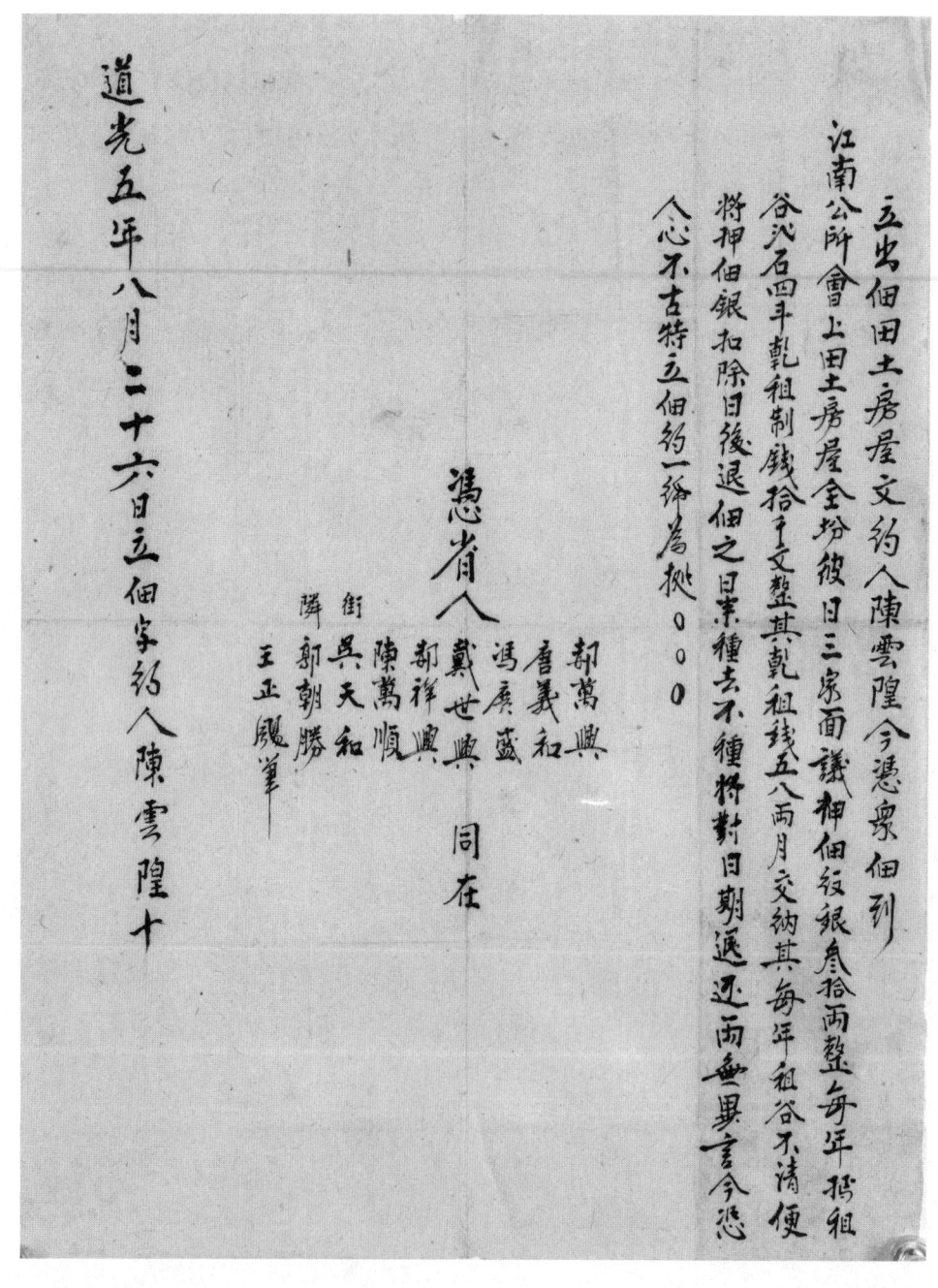

立出佃田土房屋文约人陈云隍今凭亲佃到江南公所会上田土房屋金份彼日三家面议押佃发银叁拾两整每年捉租谷贰石四斗乾租制钱拾千文整其乾租钱五八两月交纳其每年租谷不清便将押佃银扣除日後退佃之日素种去不种将对日朝遇远两无异言今恐人心不古特立佃约一纸为据○○○

凭省人 戴世兴 同在
郝万兴
唐义和
冯广盛
郝祥兴
陈万顺
街 吴天和
笔 郭朝胜
王正凤掌

道光五年八月二十六日立佃家约人陈云隍十

文物号：115119
名称：清道光五年陈云隍付江南公所田土房屋租约
尺寸：纵45.5厘米，横33.6厘米

立出佃田土房屋文约人陈云隍，今凭众佃到江南公所会上田土房屋全份，彼日三家面议押佃纹银叁拾两整，每年撝租谷贰石四斗，干租制钱拾千文整，其干租钱五八两，月交纳，其每年租谷不清，便将押佃银扣除，日后退佃之日，来种去不种，将对日期退还，两无异言，今恐人心不古，特立佃约一纸为据。

    凭省人：郝万兴、唐义和、冯广盛、戴世兴、郝祥兴、陈万顺
                     同在
      街邻：吴天和、郭朝胜、王正飓 笔

      道光五年八月二十六日 立佃字约人：陈云隍

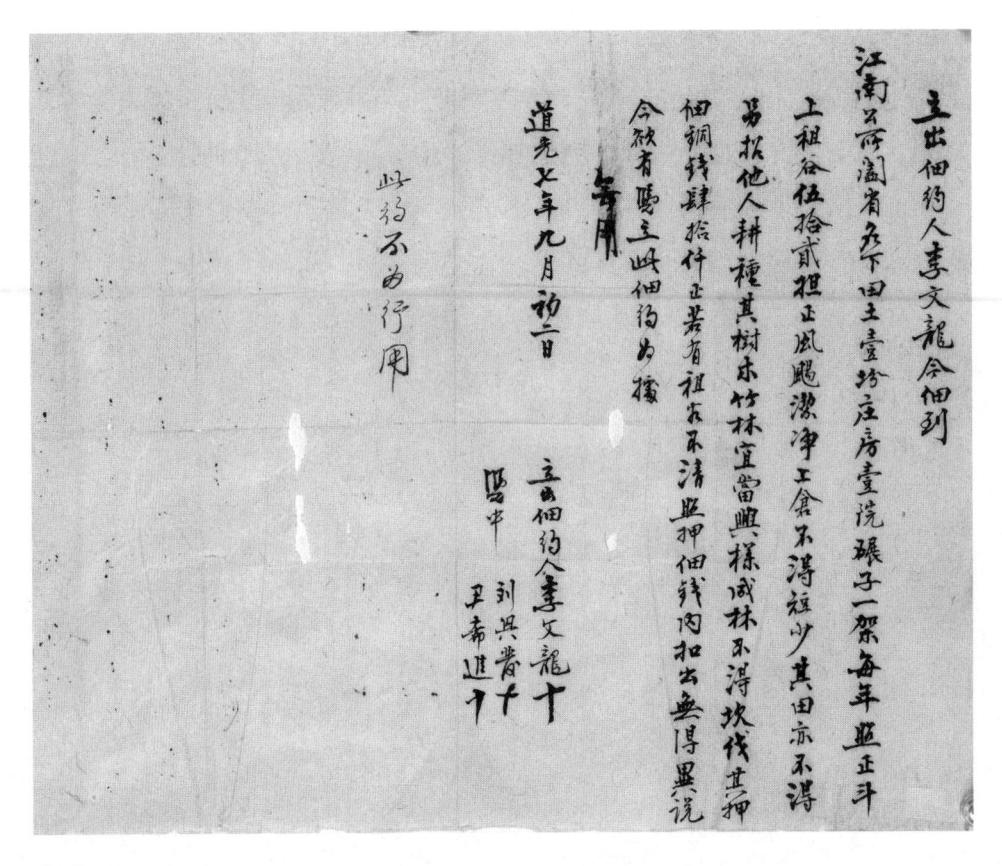

立出佃约人李文龙今佃到

江南公所阖省众下田土壹坊庄房壹院碾子一架每年监正斗

上租谷伍拾贰担正风飓激净工食不得短少其田亦不得

易挽他人耕种其树木竹林宜当兴栽威林不得砍伐其押

佃铜钱肆拾仟正若有祖农不清监押佃钱内扣出无得异说

今欲有凭立此佃约为据

恐用

此约不为行用

道光七年九月初二日

立出佃约人李文龙十

凭中 刘兴誊十
      王希进十

立出佃约人李文龙,今佃到江南公所阖省名下田土壹份,庄房壹院,碾子一架,每年照正斗上租谷伍拾贰担,正风扬洁净上仓,不得短少其田,亦不得另招他人耕种,其树木竹林宜当兴样,成林不得坎伐,其押佃铜钱肆拾仟正。若有租谷不清,照押佃钱内扣出,无得异说。今欲有凭,立此佃约为据。

　　号用

道光七年九月初二日　立出佃约人：李文龙
凭中：刘兴发　尹希进

　　此约不为行用

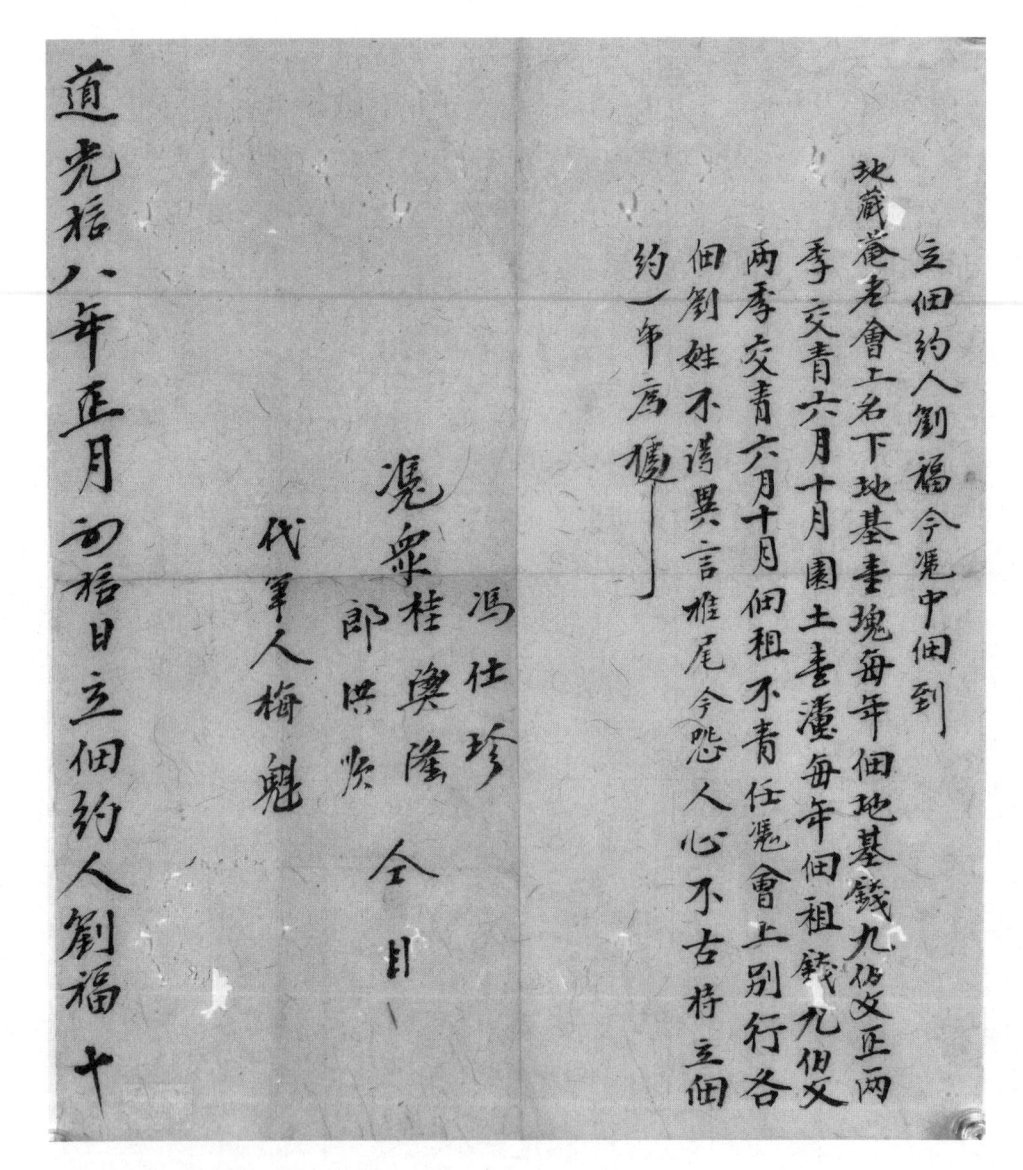

立佃约人刘福今凭中佃到
地藏巷老会上名下地基壹瑰每年佃地基钱九佰文正两
季交青六月十月园土壹蕰每年佃租钱九佰文
两季交青六月十月佃租不青任凭会上别行各
佃刘姓不谆異言椎尾今悉人心不古特立佃
约一纸存憑

　　　　　　　　　凭众　桂奥隆
　　　　　　　　　　　　郎洪贤　全目
　　　　　　　　　冯仕珍
　　　　　　　　　代笔人　梅魁

道光拾八年正月初拾日立佃约人刘福十

文物号：115120
名称：清道光十八年刘福付地藏庵老会地基租约
尺寸：纵38厘米，横32.5厘米

第六章　租佃

　　立佃约人刘福，今凭中佃到地藏庵老会上名下地基壹块，每年佃地基钱九百①文正，两季交青，六月、十月。园土壹口，每年佃租钱九百文，两季交青。六月、十月佃租不青，任凭会上别行各佃，刘姓不得异言推诿②，今恐人心不古，特立佃约一纸为据。

凭众：冯仕珍、桂兴隆、郎洪顺
代笔人：梅魁
同目

　　　　道光拾八年正月初拾日　立佃约人：刘福

---

① 原文为"伋"，或为俗写体"百"，据文意作"百"。下文同。
② 原文为"尾"，据文意改作"诿"。

立出佃田土房屋文約人李洪順今憑眾佃到
江南公所會上田土房屋一坋當日憑眾面議押佃銀八拾兩整紅錢四拾千文議
定每年租谷五拾弍石其谷務要乾颺潔淨其有天乾水旱照市
納租若有租谷不清將押佃銀扣除其田退還會上另行招佃洪
順不得妄言異說今憑無凭立佃約一紙為據

憑中　陳志華
　　　蔣大章　仝
　　　尹希進　在
　　　陳大順
　　　彭大昌　筆

道光二十五年二月初三日立出佃約人李洪順十

立出佃田土房屋文约人李洪顺，今凭众佃到江南公所会上田土房屋一份，当日凭众面议押佃银八拾两整，红钱四拾千文，议定每年租谷五拾贰石，其谷务要干扬洁净。其有天干水旱，照市纳租。若有租谷不清，将押佃银扣除，其田退还会上另行招佃，洪顺不得妄言异说，今恐无凭，立佃约一纸为据。

     凭中：陈志华、蒋大章、尹希进、陈大顺

       彭大昌 笔

         同在

号用

   道光二十五年二月初三日 立出佃约人：李洪顺

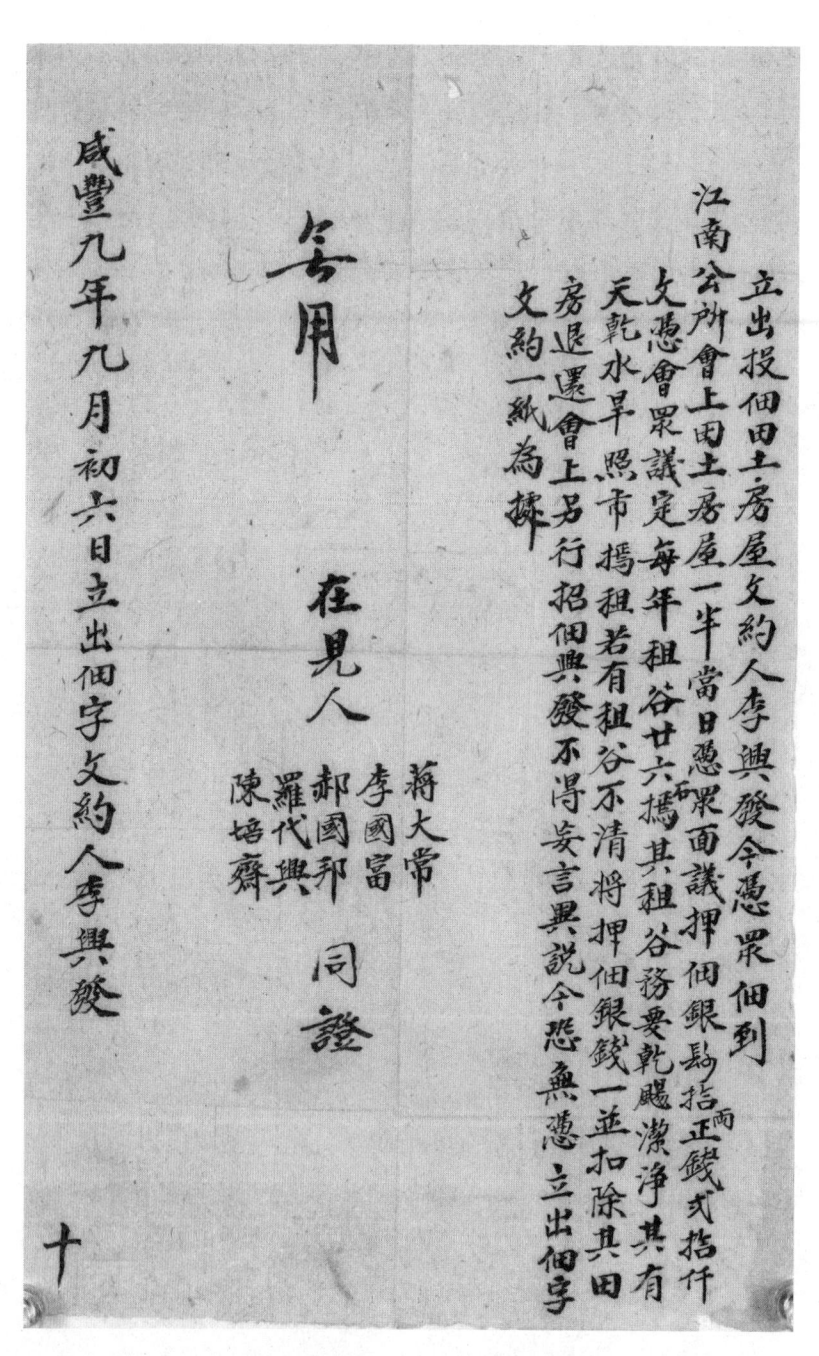

立出投佃田土房屋文約人李興發今憑眾佃到江南公所會上田土房屋一半當日憑眾面議押佃銀鉊指正錢式拾仟文憑會眾議定每年租谷廿六撮其租谷務要乾颺潔淨其有天乾水旱照市攄租若有租谷不清將押佃銀錢一並扣除其田房退還會上另行招佃興發不得妄言異說今恐無憑立出佃字文約一紙為據

告用

在見人　蔣大常
　　　　李國富
　　　　郝國邦　同證
　　　　羅代興
　　　　陳培齋

咸豐九年九月初六日立出佃字文約人李興發

十

文物号：115126
名称：清咸丰九年李兴发付江南会馆田土房屋租约
尺寸：纵43.2厘米，横26厘米

立出投佃田土房屋文约人李兴发，今凭众佃到江南公所会上田土房屋一半，当日凭众面议押佃银肆拾两正，钱贰拾仟文，凭会众议定每年租谷廿六石，撸其租谷务要干扬洁净。其有天干水旱，照市撸租。若有租谷不清，将押佃银钱一并扣除，其田房退还，会上另行招佃，兴发不得妄言异说。今恐无凭，立出佃字文约一纸为据。

号用

    在见人：蒋大常、李国富、郝国邦、罗代兴、陈培斋 同证

    咸丰九年九月初六日立出佃字文约人：李兴发

立出佃字文约人郎兴顺今恳众佃到江南公所阖省会上铺房一间当日面议每年佃租纹银指式两整押佃银指两正其佃租银四季交纳不得短少分厘恐有天穿地湿自有主人培补不与佃客相涉全恳人心不一特立佃字一纸存据

公用

立见　李国富
　　　邹福兴　同证
亲敦厚
陈培斋笔

咸丰玖年六月初十日立出佃字文约人即兴顺 十

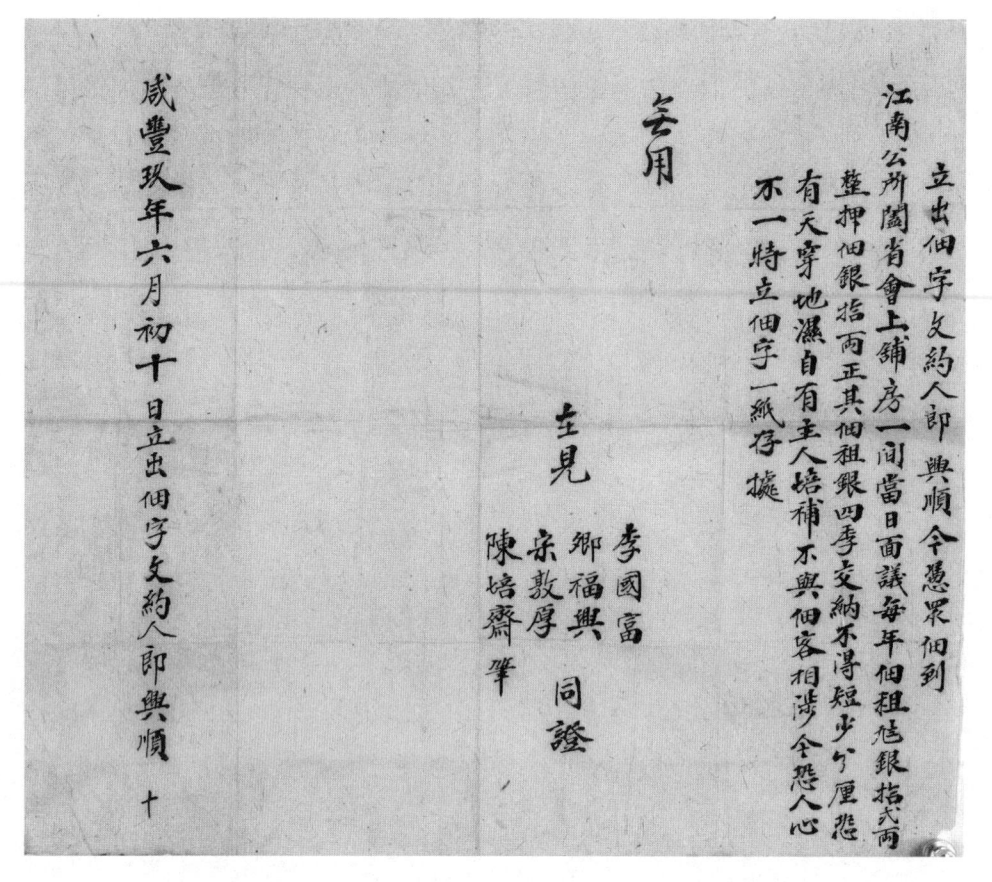

文物号：115127
名称：清咸丰九年郎兴顺付江南公所店铺租约
尺寸：纵41.6厘米，横47.5厘米

立出佃字文约人郎兴顺，今凭众佃到江南公所阖省会上铺房一间，当日面议每年佃租九七平色银拾贰两整，押佃银拾两正，其佃租银四季交纳，不得短少分厘，恐有天穿地湿自有主人培补，不与佃客相涉。今恐人心不一，特立佃字一纸存据。

　　号用

在见：李国富、卿福兴、宋敦厚

陈培斋　笔

同证

　　咸丰玖年六月初十日立出佃字文约人：郎兴顺

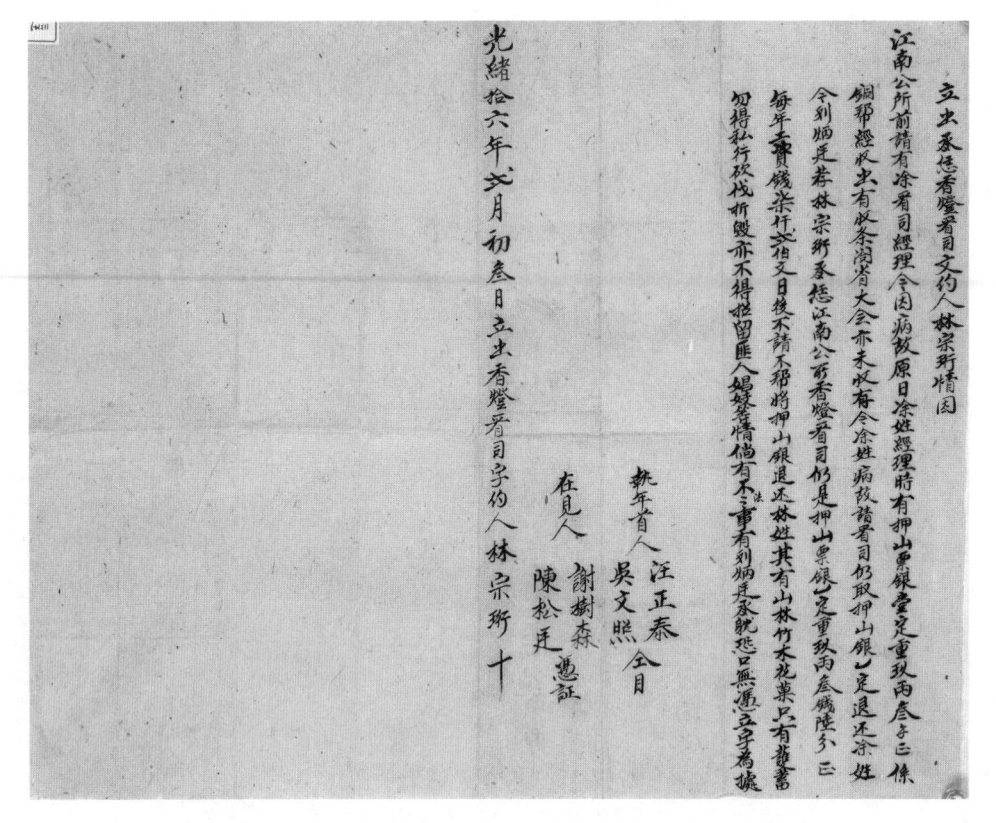

立出承恁看燈春司文约人林宗珩情因

江南公所前請有涂看司經理今因病故原日涂姓經理時有押山票銀壹定重玖兩叁子正係銅郭經收出有收条闊肯大会亦未收有今涂姓病故請看司仍取押山銀壹定退还余姓令到烟廷莽林宗珩承恁江南公所看香燈看司仍是押山票銀壹定重玖兩叁觕陸夕三每年春賣錢杂行交日後不認將押山銀退还林姓其有林竹木花菓只有禁菁切得私行砍伐折毁亦不得扭留匪人婦娈情偶有不丰事有列烟廷承就恁口無憑立字為據

　　　　　　　　　　執年首人　汪正泰全目
　　　　　　　　　　　　　　　吳文照全目
　　　　　　　　　　在見人　謝樹森
　　　　　　　　　　　　　　陳松廷憲証

光緒拾六年弍月初叁日立出香燈看司字的人林宗珩十

文物号：115149
名称：清光绪十六年林宗珩付江南公所押山定金文约
尺寸：纵43厘米，横54厘米

立出承赁①香灯看司文约人林宗珩，情因江南公所前请有涂看司经理，今因病故，原日涂姓经理时有押山票银壹定，重玖两叁钱正，系铜帮经收出有收条，合省大会亦未收有，令涂姓病故请看司仍取押山银一定退还涂姓。今刘炳廷荐林宗珩承赁江南公所香灯看司，仍是押山票银一定，重玖两叁钱陆分正，每年工资钱柒仟贰佰文。日后不请不帮将押山银退还林姓，其有山林竹木花果只有护蓄，勿得私行砍伐折毁，亦不得招留匪人娼妓等。情倘有不法之事，有刘炳廷承担②，恐口无凭，立字为据。

执年首人：汪正泰、吴文照
同目
在见人：谢树森、陈松廷
凭证

光绪拾六年贰月初叁日立出香灯看司字约人：林宗珩

---

① 原文为"恁"，据文意改为"赁"。后同。
② 原文为"耽"，据文意改为"担"。后同。

立出承认看司耕种庙傍熟土壹股文
约人彭玉顺今承认到
江南野猫溪会地庙上佃理神前香灯
益护善花木料理各事打扫庙宇
庙傍瓦屋两间愿上重為随时耕种
所得粮食以作工食当付押佃於饥撰
两正偶慈事出邮租签花木会众查知
将押佃扣除立时更换不得異言悠以至
恩立出承认耕种约一纸为據

              撰承人刘吉田
        凭证 戴坤元 仝立
              任律肩
              朱畅臣代笔

光绪辛邜年八月初百立出承认约人彭玉顺十

立出承认看司耕种庙傍熟土壹段，文约人彭玉顺，今承认到江南野猫溪会地庙上，经理神前香灯并护蓄花木，料理各事，打扫庙宇。庙傍瓦屋两间，熟土壹段，随时耕种，所得粮食以作工食，当付押佃九八色银拾两正，倘惹事生非，私盗花木，会众查知，将押佃扣除，立时更换，不得异言。恐口无凭，立出承认耕种约一纸为据。

担承人：刘吉堂
凭证：戴坤元、汪体斋
朱畅臣　代笔
同目

光绪辛卯年八月初二日立出承认约人：彭玉顺

立出佃約人德順福記今憑眾佃到

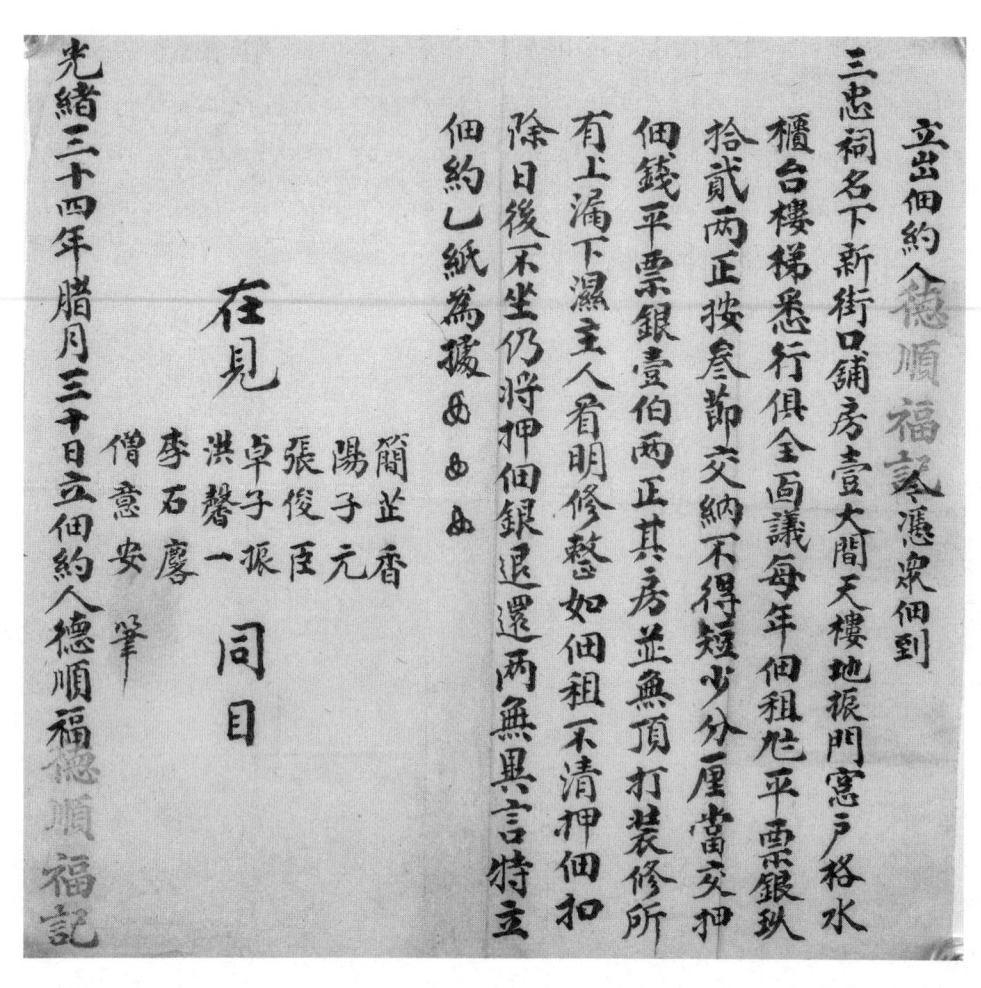

三忠祠名下新街口鋪房壹大間天樓地板門窗戶裕水櫃台樓梯悉行俱全面議每年佃租紙平票銀玖拾貳兩正按叁節交納不得短少分厘當交押佃錢平票銀壹伯兩正倘其房並無頂打裝修所有上漏下濕主人看明修整如佃租不清押佃除日後不坐仍將押佃銀退還兩無異言特立佃約乙紙為據

在見
簡芷香
陽子元
張俊臣
卓子振
洪馨一
僧意安 筆
李石麐

同日

光緒三十四年臘月三十日立佃約人德順福 德順福記

立出佃约人德顺福记，今凭众佃到三忠祠名下新街口铺房壹大间，天楼地振门、窗户格、水柜台、楼梯悉行俱全，面议每年佃租九七色平票银玖拾贰两正，按叁节交纳，不得短少分厘。当交押佃钱平票银壹佰两正。其房并无顶打，装修所有上漏下湿主人看明修整，如佃租不清，押佃扣除，日后不做①仍将押佃银退还，两无异言，特立佃约壹纸为据。

　　在见：简芷香、阳子元、张俊臣、卓子振、洪馨一、李石麟

　　　　　　　　僧意安　笔
　　　　　　　　同目

　　光绪三十四年腊月三十日立佃约人：德顺福　德顺福记（印）

---

① 原文为"坐"，据文意改为"做"。

立票收列

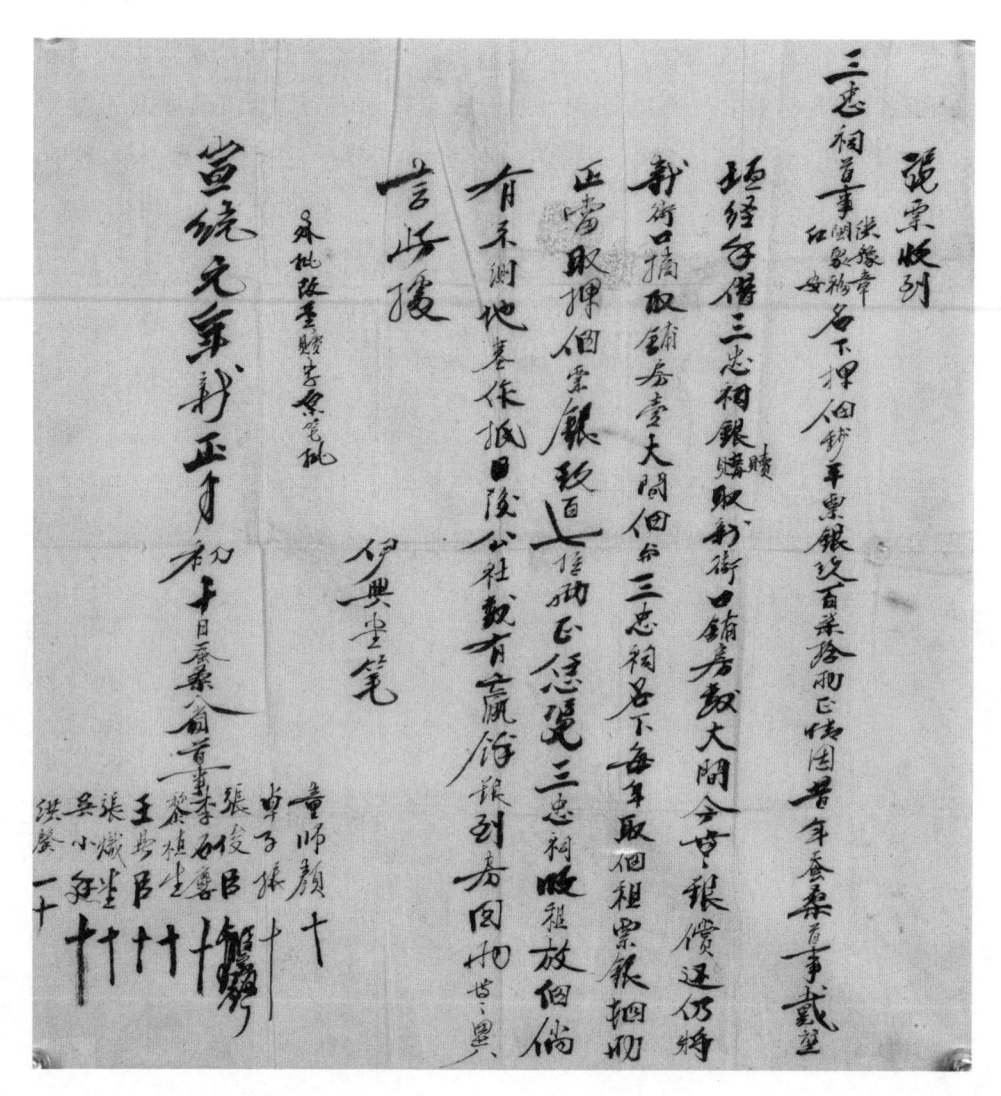

三忠祠首事洪豫章郑裕如名下押佃钞平票银玖百柒拾肆正，情因本年蚕桑首事武垒

琦经手借三忠祠银赎取新街口铺房叄大间全业，银偿还仍将

新街口摘取铺房壹大间余三忠祠名下每年取佃租票银捌扣

正当取押佃票银玖百柒拾肆正慿叄忠祠收租放佃倘

有不测地基作抵日後公社数有盈余银到房回地世业

言屿後

伊興堂笔

当统元年新正月初十日蚕桑公所首事

童师颜 十
卓子振 十
张俊昌 十
黎桂玉 十
王岁吕 十
吴小燧 十
渠小兰 千
洪兰 一千

外批 改墨赔李食笔批

文物号：115194
名称：清宣统元年蚕桑八省付三忠祠押佃收据
尺寸：纵48.5厘米，横44.8厘米

凭票收到三忠祠首事张豫章、闽象福、红安名下押佃钞平票银玖百柒拾两正，情因昔年蚕桑首事戴堃垣经手借三忠祠银，赎取新街口铺房数大间，今无银偿还，仍将新街口摘取铺房壹大间佃与三忠祠名下，每年取佃租票银肆两正，当取押佃票银玖百七拾两正，恁凭三忠祠收租放佃，倘有不测，地基作抵，日后公社数有赢余银到房回收，无异言，此据。

伊典堂　笔

（外批改壹赎字原笔批）

宣统元年新正月初十日

蚕桑八省首事：童师颜、卓子振、张俊臣、李石麟、黎植生、王鼎臣、张炽堂、吴小廷、洪馨一

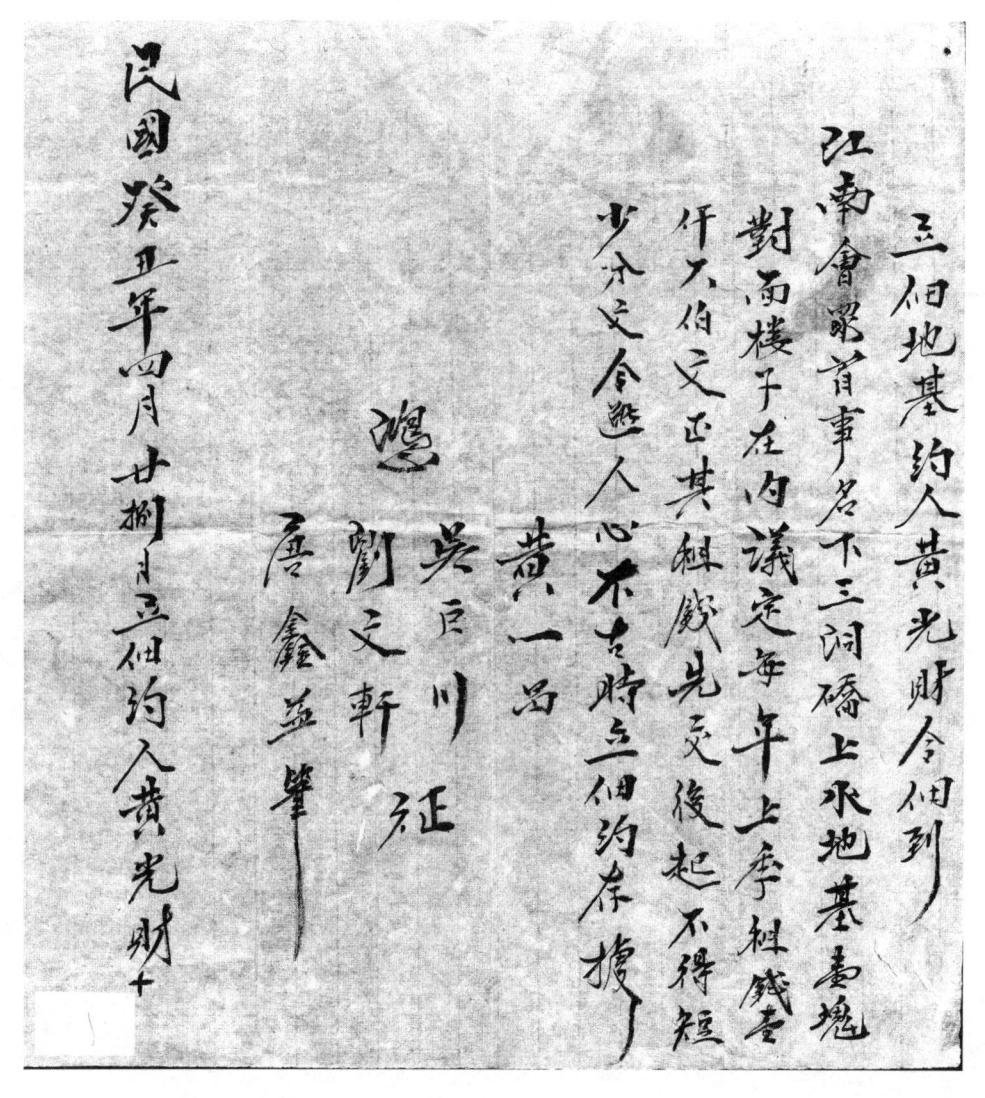

立佃地基约人黄光财今佃到江南会众首事名下三洞桥上水地基壹块，对面楼子在内，议定每年上季租钱叁仟六佰文正，其租钱光交后起不得短少。今欲有凭，人心不古，特立佃约存据。

凭中 刘文轩
    吴巨川
    黄一品
代笔 唐鑫益

民国癸丑年四月廿捌日立佃约人黄光财十

文物号：115269
名称：民国二年黄光财付江南会馆立佃地基文约
尺寸：纵26厘米，横24厘米

立佃地基约人黄光财，今佃到江南会众首事名下三洞硚上水地基壹块，对面楼下在内，议定每年上季租钱壹仟六佰文正，其租钱先交后起，不得短少分文。今恐人心不古，特立佃约存据。

　　　　　　　　　　　　凭：黄一昌、吴巨川、刘文轩
　　　　　　　　　　　　　　唐鑫益　笔
　　　　　　　　　　　　　　　　　证

民国癸丑年四月廿捌日立佃约人：黄光财

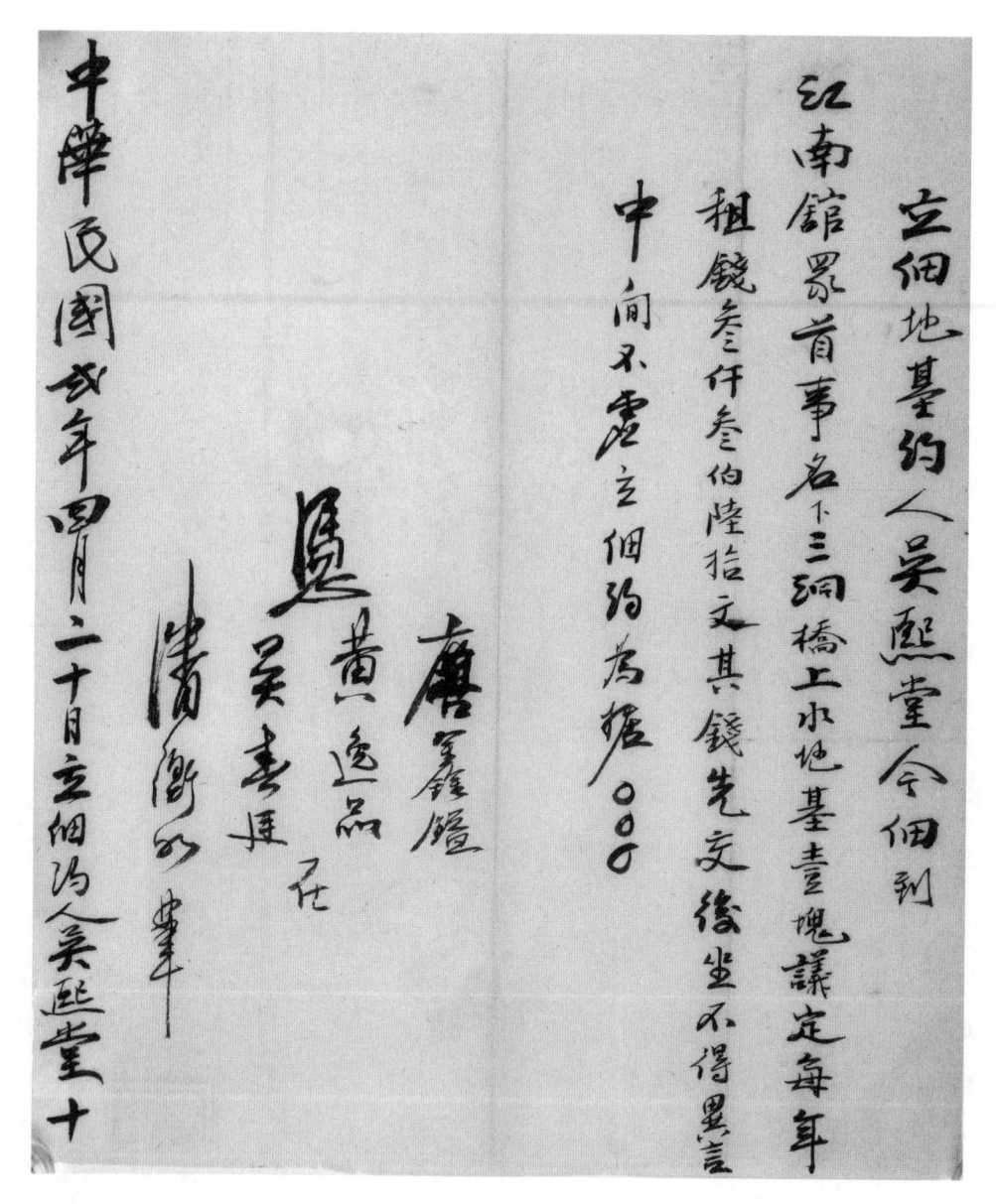

立佃地基约人吴熙堂今佃到江南馆众首事名下三洞桥工小地基壹块议定每年租钱叁仟叁伯陆拾文其钱先交後坐不得异言中间不虚立佃约为据○○○

中华民国贰年肆月二十日立佃约人吴熙堂十

见
黄逸品
吴春廷
唐鑫鑑
清卿 笔

文物号：115284
名称：民国二年吴熙堂付江南会馆立佃地基文约
尺寸：纵 26.5 厘米，横 21.8 厘米

立佃地基约人吴熙堂，今佃到江南馆众首事名下三洞桥上水地基壹块，议定每年租钱叁仟叁佰陆拾文，其钱先交后坐，不得异言，中间不另立佃约，为据。

          凭：唐鑫镒、黄逸品、吴春廷
            潘衡如 笔
              在

中华民国贰年四月二十日 立佃约人：吴熙堂

立佃屋基为人夏洪顺今佃到

江南馆罢首事名下水佃基壹块对面楼上佃

基在内议定每年租钱共计壹仟玖佰陆拾文

其钱先交后坐不得异言立佃约一纸为据

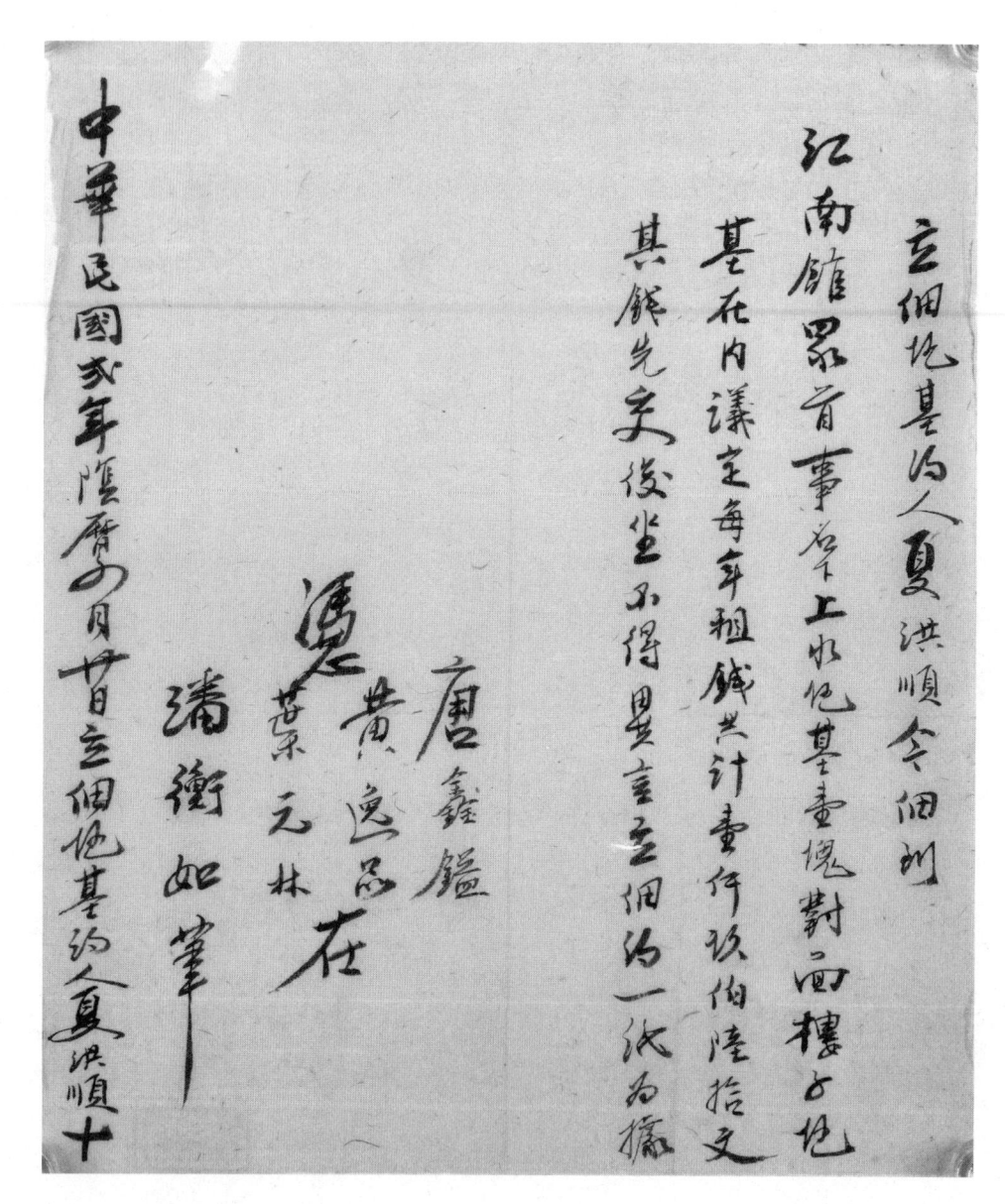

中华民国贰年阴历肆月廿日立佃屋基约人夏洪顺十

唐鑫镕
黄逸品在
叶元林
冯
潘衡如笔

立佃地基约人夏洪顺，今佃到江南馆众首事名下上水地基壹块，对面楼子地基在内，议定每年租钱共计壹仟玖佰陆拾文，其钱先交后坐，不得异言，立佃约一纸为据。

凭：唐鑫镒、黄逸品、叶元林

潘衡如　笔

在

中华民国贰年阴历四月廿日　立佃地基约人：夏洪顺

立出收押佃文约人尹炳煓今凭众收到江南饭大会名下退偿押佃生银捌拾玖两壹厘柒分其银当日炳煓亲手如数收清并无少欠分厘今恐人心不古特立收约存援

在证人 周玉成 今记
张义顺
张树生此笔

民国四年阴历金月念六日立收约人 尹炳煓
亲弟福三

文物号：115266
名称：民国四年江南会馆退尹炳煓押佃收约存据
尺寸：纵25.6厘米，横14.5厘米

立出收押佃文约人尹炳燏,今凭众收到江南馆大会名下退偿押佃生银捌拾玖两壹钱柒分,其银当日炳燏率子如数收清,并无少欠分厘。今恐人心不古,特立收约存据。

在证人:尹清臣、周玉成、张义顺
张树生 代笔
同证

民国四年阴历全月念六日　立收约人:尹炳燏、长子尹福三

文物号：115373
名称：民国江南公所一年收支总目清单
尺寸：纵 25.6 厘米，横 34.8 厘米

计开一年总共收数目：

收句溧交来存款银四两八钱六分，还子金银四两八钱；三共收佃租、土租银壹百陆拾贰两四钱八分，上下水租钱壹百玖拾千〇五百五十一文；收罗厂坝租谷银叁百玖拾七两四钱四分；收荣记、李玉泰借款银伍百两正；收四县捐款银壹百〇八两八十四分；收水会值月银四拾叁两六钱叁分；收江安孟兰会庄银陆两正；收团拜武圣会分金银拾两〇叁钱七分、钱壹千文、银四拾叁两叁钱一分；收彭看司旧款银伍两正。

外未收：王尔康欠土租钱廿叁千文；又欠租谷叁石。

计开一年总共开除数目：

付还五宗祠本利银贰百〇玖两六钱；付还王捷三经手本利银叁百四拾五两；付水会研究所银壹百贰拾五两；付湖北水石柱汗马六硚功果银壹百两正；付裁判银贰拾两正；付上粮江安、罗厂坝、野毛溪银贰拾七两钱七分；付荣记李玉泰子金银伍拾贰两五钱二分；付全年菜油银四拾叁两八钱六分；付团拜武圣会银陆拾叁两四钱正、四拾八千五百卅壹文、钱四拾四千〇五十六文、银陆拾壹两正；付观音三会钱贰拾柒千玖百拾壹文；付请江大人分金银拾壹两八钱二分，送火腿、普茶银叁两叁钱四分；付廷大老爷荐（？）行银四两八钱八分、钱八千五百卅六文。

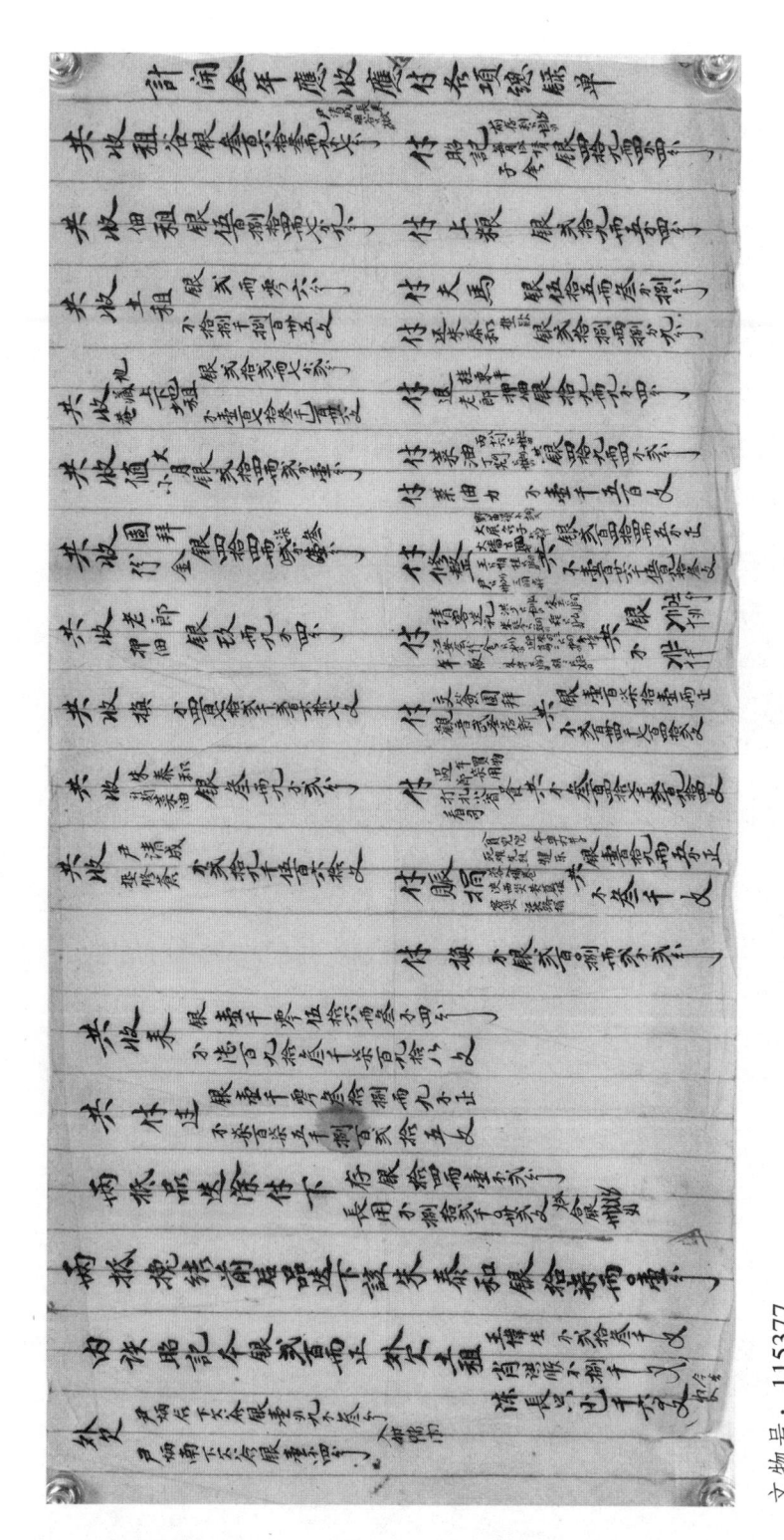

文物号：115377
名称：民国江南公所一年收付各项总录单
尺寸：纵25厘米，横52厘米

计开全年应收应付各项总录单[①]

共收租谷银叁百六拾叁两九钱七分、尹清成长耒租谷钱四两四钱二分；

共收佃租银伍百捌拾四两七钱九分；

共收土租银贰两零六分、钱拾捌千捌百卅五文；

共收地藏庵上下地租银贰拾贰两七钱二分、钱壹百七拾叁千壹百卅六文；

共收值大小月银贰拾四两贰钱壹分；

共收团拜份金银四拾四两柒钱叁分；

共收老郎押佃银玖两九钱四分；

共收换钱四百七拾贰千贰百六拾七文；

共收朱泰和计44[②]斤菜油，银叁两九钱贰分；

共收尹清成垫修仓[③]钱贰拾九千伍百六拾文。

付昭记前存利钱18两1钱5分，每月12，十三月，子金，银四拾九两四钱四分；

付上粮银贰拾九两五钱四分；

付夫马银伍拾五两叁钱捌分；

付还朱泰和垫款银贰拾捌两捌钱九分；

付退桂乘丰老郎押佃银拾九两九钱四分；

付菜油丙168斤，钱24两7钱、丁294斤，钱24两7钱2分、共银四拾九两四钱贰分；

付菜油力钱壹千五百文；

付修整野猫溪钱8千4百文、大殿台子钱62千文、大墙191两、王20两、桂2两8钱4分、尹30两6钱2分、三洞钱20千，共银贰百四拾四两五正、钱壹百廿六千伍百九拾叁文；

[①] 或因释读原因，文中的数据部分与其和数不一致，请方家指正。

[②] 原文为花码的数字，在录入文中用阿拉伯数字书写。后同。

[③] 原文为"苍"，据文意改为"仓"。

付请客送礼洪少 13 两 3 钱 1 分、朱王 2 两 8 钱 4 分、朱琴 9 两 9 钱 4 分、程 2 两 1 钱 1 分、江安会份金 4 两 6 钱 2 分、迎朱四 3 次 葛 2 次 20 两零 4 钱 15 千 文 、年饭朱宾 2 两 8 钱 4 分、胡胡 4 两 9 钱 7 分,共银 63 两零 7 分、钱 22 千 7 百 文 ;

付交签团拜、观音武圣荐新共银壹百柒拾壹两正、钱贰百卅四千七百四拾贰文;付过年节买物杂用打扎小八省看司口食共钱叁百四拾七千贰百九拾四文;

付赈捐贫儿院、本埠打并子、死难先烈、犍乐、蓉入场卷、陕西灾、黄葛垭、容灾、江北路捐共银壹百拾九两五钱正钱叁千文;

付换钱银贰百圆捌两贰钱贰分;

共收来银壹千零伍拾六两叁钱四分、钱陆百九拾叁千柒百九拾八文;共付过银壹千零叁拾捌两九钱正、钱柒百柒五千捌百贰拾五文;

两抵品迭涂付下存银拾四两壹钱贰分、长用钱捌拾贰千卅贰文,42,合银 34 两 4 钱 5 分;

两抵挽结前后品迭下该朱泰和银拾柒两〇壹分;

内该昭记本银贰百两正;

外欠土租王伟生钱贰拾叁千文、肖洪顺钱捌千文、陈长兴钱壹千六百文。今岁收入。

外欠:尹炳合下欠谷银壹两九钱叁分、尹炳南下欠谷银壹钱四分,入付账内。

立据事人蒋泰来今诏刽

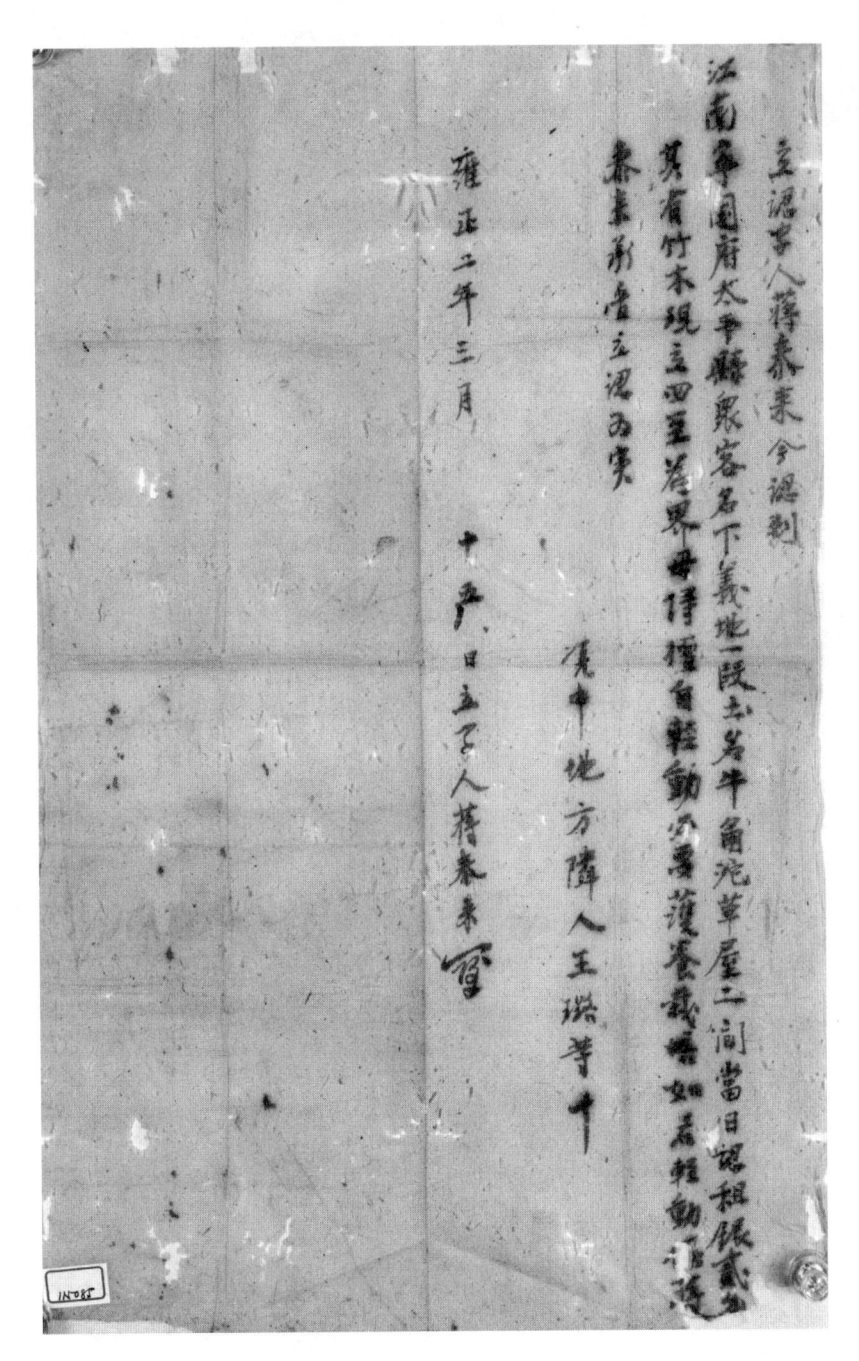

江南宁国府太平县眼客名下义地一段土名半角沱草屋二间当日诏租银贰__
其有竹木现立四至为界毋许擅自轻动须要护养荗荗如若轻动许__
泰来别佳立诏为实

凭中地方隣人王瑞等十

雍正二年三月　　日立诏人蒋泰来

立认字人蒋泰来，今认到江南宁国府太平县众客名下义地一段[1]，土名牛角沱，草屋二间，当日认租银贰钱。其有竹木，现立四至为界，毋得擅自轻动，必要护养栽培。如若轻动，系蒋泰来承受，立认为实。

凭中：地方邻人王璐等

雍正二年三月十五日
　　立字人：蒋泰来

---

[1] 原文为"叚"，据文意改为"段"。

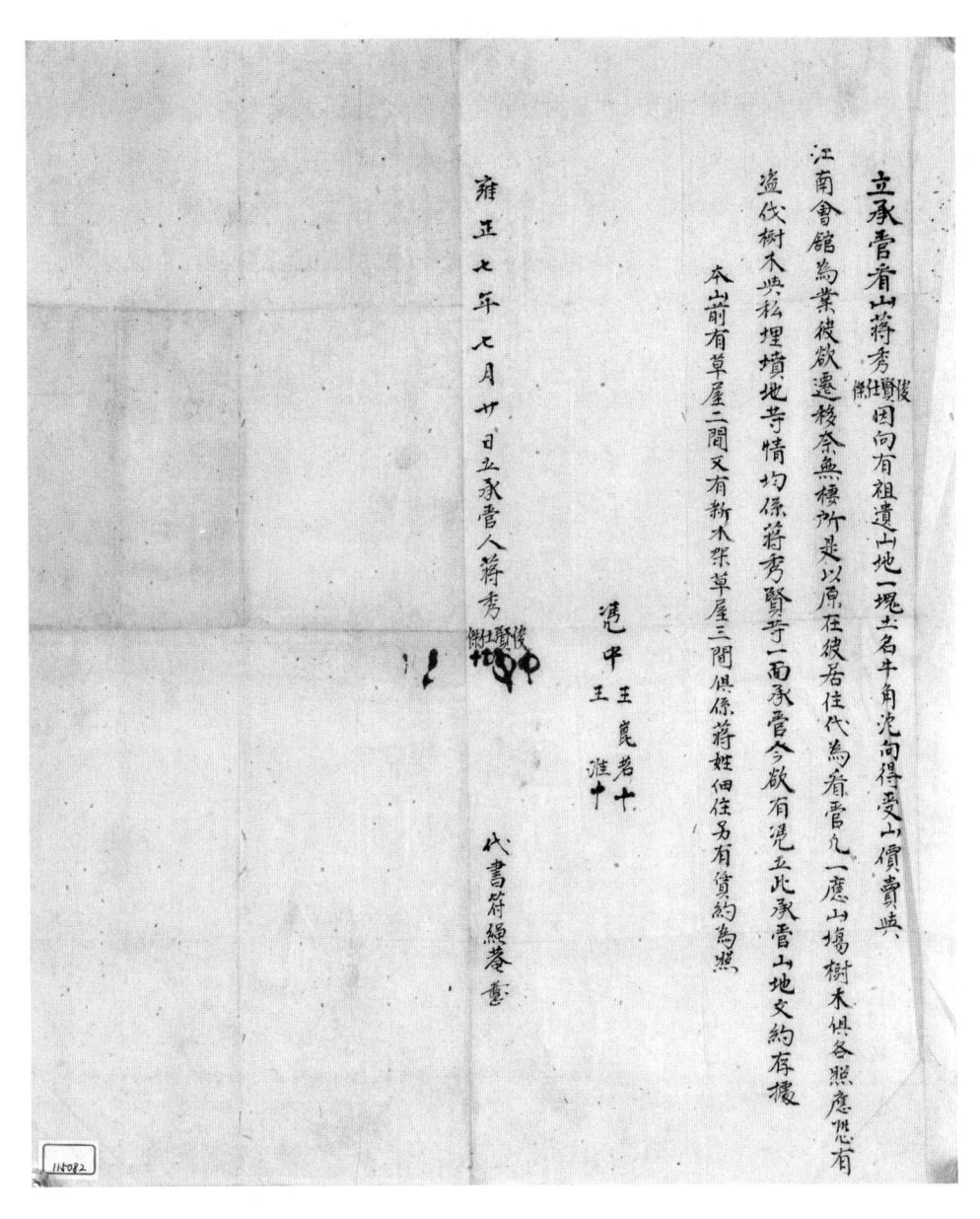

立承管眷山蒋秀俊等仕嘗因向有祖遺山地一塊土名牛角沖向得受山價賣與江南會館為業後欲遷移奈無標所是以原在彼君住代為看管凢一應山塲樹木俱各照應恐有盗伐樹木與私埋墳地等情均係蒋秀賢寺一面承管今欲有凭立此承管山地文約存據

本山前有草屋二間又有新木架草屋三間俱係蒋姓佃住另有賃約為照

凭中 王崑若十
     王淮十

代書符綸蒼蕙

雍正七年七月廿日五承管人蒋秀俊

名称：清雍正七年蒋秀俊等人付江南会馆承管山地文约
尺寸：纵 46.5 厘米，横 39 厘米

立承管看山蒋秀俊、蒋秀贤、蒋秀仕、蒋秀杰，因向有祖遗山地一块，土名牛角沱，向得受山价，卖与江南会馆为业。彼欲迁移，奈无栖所，是以原在彼居住，代为看管。凡一应山场、树木俱各照应，恐有盗伐树木与私埋坟地等情，均系蒋秀贤等一面承管。今欲有凭，立此承管山地文约存据。本山前有草屋二间，又有新木架草屋三间，俱系蒋姓佃住，另有赁约为照。

凭中：王昆茗　王　淮

雍正七年七月廿日
立承管人：蒋秀俊　蒋秀贤　蒋秀仕　蒋秀杰
代书：符绳庵

立租約人周如璜今租到

江南會館牛角沱住房叁間言定每年租銀壹兩其在山花果樹木竹林一應照看其銀作四季交付不敢欠少今恐無憑立此租約為據

中人牟顯烈

雍正拾年三月十五日立

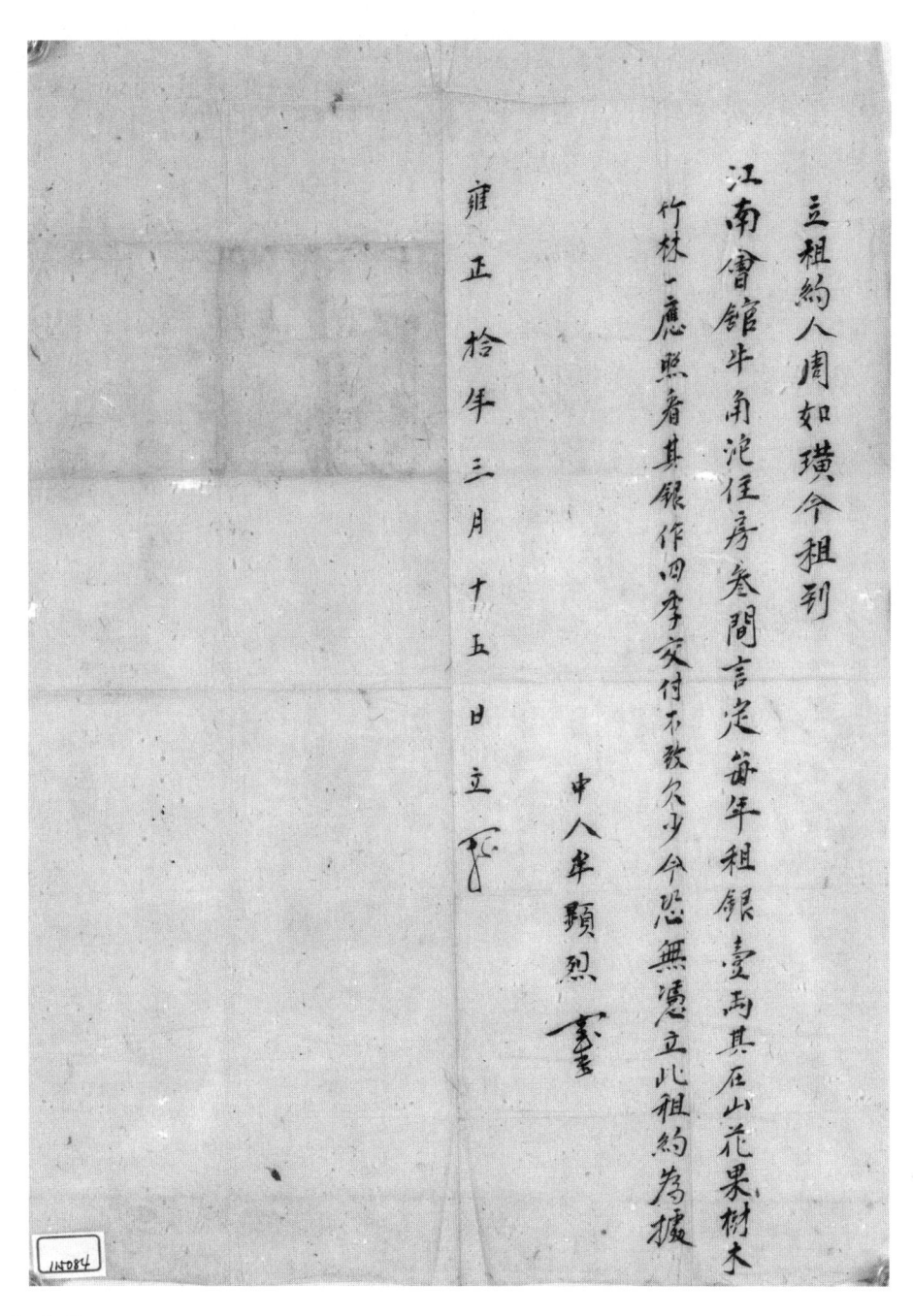

文物号：115084
名称：清雍正十年周如璜付江南会馆房屋租约
尺寸：纵41.6厘米，横30厘米

立租约人周如璜，今租到江南会馆牛角沱住房叁间，言定每年租银壹两。其在山花果树木竹林一应照看，其银作四季交付，不致欠少。今恐无凭，立此租约为据。

中人：牟显烈

雍正拾年三月十五日　　立

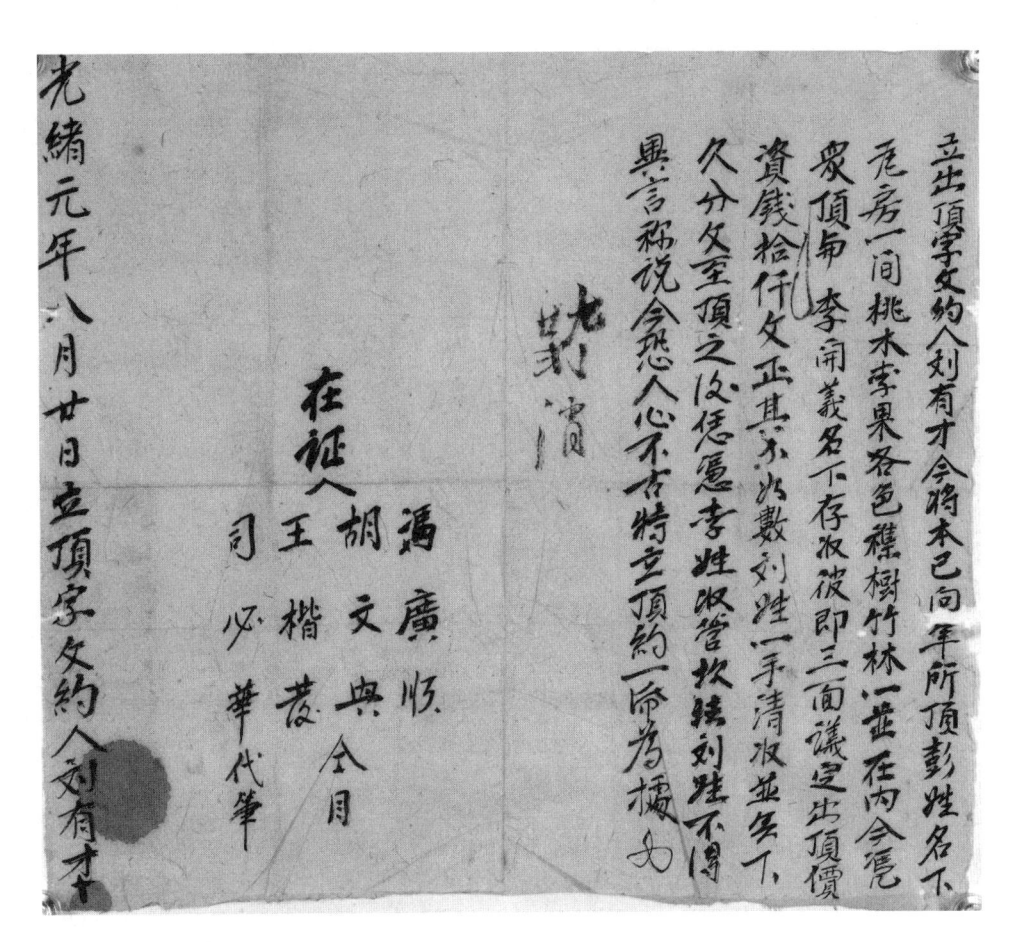

立出頂字文約人劉有才今將本己向年所頂彭姓名下
尾房一間桃木李果各色襟樹竹林一並在內今憑
眾頂與李開義名下存收彼即三面議定出頂價
資錢拾仟文正其不次數劉姓一手清收並各不
久分文至頂之後憑李姓收管坎轄劉姓不得
異言稱說今恐人心不古特立頂約一紙為據

光緒元年八月廿日立頂字文約人劉有才

在証人 胡文典 全目
       王楷蒼
       司必華代筆
       馮廣順

文物号：115152
名称：清光绪元年刘有才顶字文约
尺寸：纵 31 厘米，横 35.6 厘米

立出顶字文约人刘有才，今将本已向年所顶彭姓名下瓦房一间、桃木李果各色杂树竹林一并在内，今凭众顶与李开义名下存收。彼即三面议定，出顶价资钱拾仟文正。其钱如数，刘姓一手清收，并无下欠分文。至顶之后，恁凭李姓收管坎法[①]，刘姓不得异言称说。今恐人心不古，特立顶约一纸为据。

在证人：冯广顺、胡文兴、王楷发
司必华　代笔
同目
光绪元年八月廿日立顶字文约人：刘有才

---

① "坎法"，疑为"砍伐"，或为错别字，或为民间习惯写法。

立和衷央請文約人尹炳南同弟尹炳合同侄尹清臣情昔年先人得佃江南會舘田土耕種已歷柒代佃感無暨一後有李兩姓佃與叔侄共種一念先代之好以培後人之意共成穗租壹伯任拾石正清正每年納穗租柒拾任石年清年欠併無下欠远因叔侄不應谷柒拾任石正清正每年納穗租柒拾任石年清年欠併無下欠远因叔侄不應徵嫌口角經貴會舘值年查明是負先人苦功之成致傷會舘培植之義理明理應餙退另佃叔侄同商央趙合金尹合順等說情蒙準訴懇原人從新辦芥劃明以後認真畊種不敢懈怠亦不能再有口舌等事如後查覺情實聽憑貴舘隨時另佃收租不得再以先人好笑語懶同立裏和央請為據是實 芥單附末

在見人 尹
      李俊初代筆

      張寶三 全目
      趙合順

光緒參拾參年十月二十七日立出裏和約人尹炳南同侄十 尹炳合
                                        尹清臣

文物號：115176
名稱：清光緒三十三年尹炳南、尹炳合等人向江南會館立和衷央請租田文約
尺寸：縱38厘米，橫22.5厘米

立和衷央请文约人尹炳南同弟尹炳合同侄尹清臣，情昔年先人得佃江南会馆田土，耕种已历柒代，占感无暨。后有蒋李两姓，佃不能耕，又蒙合佃与叔侄共种。一念先代之好，以培后人之意，共成稳租壹佰伍拾石，炳南、炳合二人每年共纳租谷柒拾伍石正，清臣每年纳稳租柒拾伍石，年清年款，并无下欠。近因叔侄不应，征嫌口角，经贵会馆值年查明，是负先人苦功之成，致伤会馆培植之义，理明、理应饬退另佃。叔侄同商，央赵合金、尹合顺等说情蒙准，仍凭原人，重新将界划明，以后认真耕种，不敢懈怠，亦不能再有口角等事。如后查觉情实，听凭贵馆随时另佃收租，不得再以先人两好等语说情。同立衷和央请为据是实，界单附末。

在见人：赵合合、张宝三、尹合顺
李复初　代笔
同目
光绪叁拾叁年十月二十七日
立出衷和约人：尹炳南、尹炳合同侄尹清臣

第七章 其他

一、概述

重庆中国三峡博物馆藏有无法归为前面六个方面的文书，统归为"其他"类，计有39件套，时间上横跨清代和民国。本书收录23件套，其中有外包修缮文约，有与僧人一澄等人因寺庙维修费用一事的官司诉状等。文物号115144两件文物是清光绪十年（1884）江南会馆状告铜帮侵占产业状纸及存状，与第四类土地房产中的文物号115145两件文物是同一项事情，只是前者是打官司，后者是归还产业。

会馆稍大一点的修护工作，一般都会外包出去。光绪三十四年（1908）九月，江南会馆大修，其工程全部外包，立有承包合同，分别有泥水工、漆工、石工、木匠等。[①]除了写清具体要求外，还要有见证人。祠堂房屋等有必需小加修缮之处时，由看司报知首事，并开列所需费用。此类开支须由会馆基金利息付出，不得动用基金本金。

会馆的物资采购，如果数量较大，一般都需要签订合同。光绪三十四年（1908）江南会馆要采购一批宫灯须子，有供货方合同保证："立出定做宫灯须子定约人荣泰生，包做到：江南公所宫灯须子，概余回头须子、要堂须子，除结子而外净余净重叁拾两，长短合直，务要做好。当面议定每

---

① 重庆中国三峡博物馆藏，文物号115146。

堂工价票拾两正，其银当交定银壹大锭，准于冬月半间交货。如过不交货，此任凭会馆值年等府，自甘受罚。恐无凭，特立定约一纸与会馆值年存据。"有证人五人，担保人一人。①

江南会馆有一份1953年的产业分股清单，是1953年出售三元桥地皮200万元，收大溪沟地皮租金3800万元人民币。分红的股东有连瑾瑜、刘文远、袁德卿、张周氏、申彦丞、杨保家，分别获得600万元整，另有出售地皮等事的前期经费支出明细，写得很清楚。时间是1953年2月9日。②

产业清单记录了江南会馆的产业。一份民国七年（1918）的交接清单，见证了会馆负责人变更时的会产管理情况，见文物号115376。

文物号115245是一件很特别的文物，其内容是购枪的付款收据，发生在丁酉年。民国时期没有丁酉年，道光十七年（1837）和光绪二十三年（1897）皆为丁酉年。道光十七年（1837）是在鸦片战争前，民间似不太可能购枪，因此，很可能为光绪二十三年（1897）。

---

① 重庆中国三峡博物馆藏，文物号115175。
② 重庆中国三峡博物馆藏，文物号115340。

二、文书

文物号：115199-1
名称：清江南会馆与僧人一澄等人因寺庙维修费用一事的诉状
尺寸：纵 24.8 厘米，横 61 厘米

禀状

职员：洪干城、程鹏举、夏光祖、郑天宝、程益轩

本城江南省各县

抱禀：陈国梁

为悖据捏抵，抄呈恩电事。情职等乡桑梓建修江南会馆，以为祀神议公之所，历来雇僧焚献，给与工食，并无顶打，亦无押银。因前僧不法，公议逐出。道光十五年，有本省王金发等举荐，职等雇观音堂之僧一澄等焚献，每僧按月议给工食钱二千四百文，毫无顶打押银。字据抄呈，原约可验。至于观音堂有无账项不明，与职等会馆无涉。不料该处寺邻刘林斋等，以吞败觍横具控一澄在案差唤。殊一澄以逆串捏逐呈诉，违悖字据，妄称职等会馆取有押银二百两尚然可归，并称打斋用银七十两，各谎抵塞。职等闻知不胜骇然，切一澄入庙之时未用分厘，如取押银，岂于约内焉不注明？况职等会馆轮流司理，试问银文谁手，打斋何地？种种架捏，实出无根。似此刁僧，职等会馆情难再雇焚献，是以协呈宪电，察情作主，以免贻累。伏乞。

被禀僧一澄

八月二十三日
批候集祝粘抄附

文物号：115199-2
名称：清江南会馆与僧人一澄等人因寺庙维修费用一事的诉状
尺寸：纵 24.8 厘米，横 61 厘米

诉状人僧一澄年六十二岁，为逆串捏逐，恳严究刁事。僧师如献住关帝庙，复接观音堂。因魏昕逐僧招道，讦讼不息，经刘以政、徐步云等十人于道光四年控，前道宪王主断。僧师焚献，旋因师故，僧始接理，凭众议，僧在观音堂，僧徒海聪，料理关帝庙。清算观音堂原取押佃银五百三十两，其讼费及修帝庙东廊挪借外债，共银一百余金。各管各庙，无人经理。十五年，僧接江南馆与押庙银二百两，打斋费银七十两，由加押佃借银所致。海聪不念师徒，屡次欺僧，凌均隐忍，逆存吞逐。今六月云僧迈朽，称伊愿理观音堂，嘱僧闲住，套将各佃字约换注伊名。前月内贿串刘林斋、伍晴坡等以吞败藐横等词控僧，并徐步云在案差唤合诉。切伊等控僧串吞银千余，不思押佃五百三十两，原日所取外债三百余，乃讼费、修廊所致，何为吞败？其僧接庙押银二百两可归，不念僧苦积收租还账，揭回借据六十余纸可呈。逆反串逐，为此诉乞。

　　　　被诉僧海聪，听串捏控伍晴坡、刘林斋、华协昌、屈盛廷
　　　　干证：庹文炳、田佐、田栋、肖朝福、吴田金、王承北、
　　　　　　　彭永和、唐国顺、王三多、施主姚绍远、姚绍伦

文物号：115199-3
名称：清江南会馆与僧人一澄等人因寺庙维修费用一事的诉状
尺寸：纵 24.8 厘米，横 61 厘米

禀状

职员：洪干城、程鹏举、夏光祖、郑天宝、程益轩

本城江南省各县

抱禀：陈国梁为孽匪支踞，协恳饬逐事。情道光十五年冬月，王金发等举荐，职等雇僧一澄在江南馆焚献。原议用僧三名，按月给工食钱七千二百文，一澄立有承认字约，并无顶打押银，亦无打斋等用费。今因一澄乘伊前住观音堂，寺邻刘林斋等，控伊吞败藐横在案，一澄以逆串捏逐，诉称职等会馆取有押银二百两，打斋用银七十两搪抵。职轮流司理，难甘栽诬，抄粘认约，以悖据捏禀电，批候集讯，粘抄附。一澄情虚畏质，始复以据情声明，禀添素未管理会馆之汪文美等在卷。沐恩审讯，断文美、金发等缴银，与职等会馆无涉。一澄讯后潜匿，支伊雇僧可维、性亮二名盘踞不移，职等叠遣不去。切会馆重地雇僧焚献，关系匪轻，似此奸狡孽僧，若不禀恳作主，难免后患。协叩。

仁恩，赏准饬差押逐，神人均沾。伏乞。

被禀僧一澄、僧可维、僧性亮

批业经本县讯断，僧一澄果敢抗踞不搬，殊属藐法，候明签差押逐，十二日火签签差，派役前去即押。令本捕职员洪干城等具禀三僧一澄、僧可维、僧性亮等速明，押令搬移。倘敢不遵，即将僧一澄、僧可维、僧性亮事，案以凭究。逐去后，毋得藉签需索滋事。迟延如违，重究不贷。速速颁示！

差西里：简彪、刘超

文物号：115199-4
名称：清江南会馆与僧人一澄等人因寺庙维修费用一事的诉状
尺寸：纵 24.8 厘米，横 61 厘米

为吞败蓺横,声叩究追事。情本月初十日,义等以违对串吞抄粘,前王道宪朱判,具控僧海聪、僧一澄,并惯于包揽词讼武生徐步云,串吞观音堂连年常谷无存,且将常业蓦当曾姓,又私加押佃及暗借外债等银千余两等。情在辕沐批录面,义等遵批回乡,投凭团约刘万贞、危兴泰等,向其清理。惟僧一澄吞寺银两,交徐步云买接本城江南馆住持,并不眸面。徐步云伏恃武生。一手遮横,众皆莫何。切观音堂常业由义等黄家场文武庙打斗余积,并众捐输买置,岁收租谷六十石。昔年因魏昕等逐僧招道,经前王道宪对结之后,义等呈系僧海聪住持。观音堂虽派外债百两,义等凑成一会将债还清,无非仰体前人之重恩,恐寺废驰起见。今遭海聪、步云违令,一澄住持饱吞连年租谷,私加押佃蓦当常业,另行接庙去讫,害义等观音堂常业倾颓难保。众皆不甘,声叩究追。伏乞。

原系：伍晴坡、刘林斋、华协昌、屈盛廷

被拿：僧海聪、僧一澄、徐步云、甄浚顺

干证团邻[①]：伍星列、周正兴、王福生、范卿士、饶荣华、谢大全

约保：刘万贞、危兴泰、田俊士

批：始准唤讯察夺

---

① 原文为"怜",据文意改为"邻"。

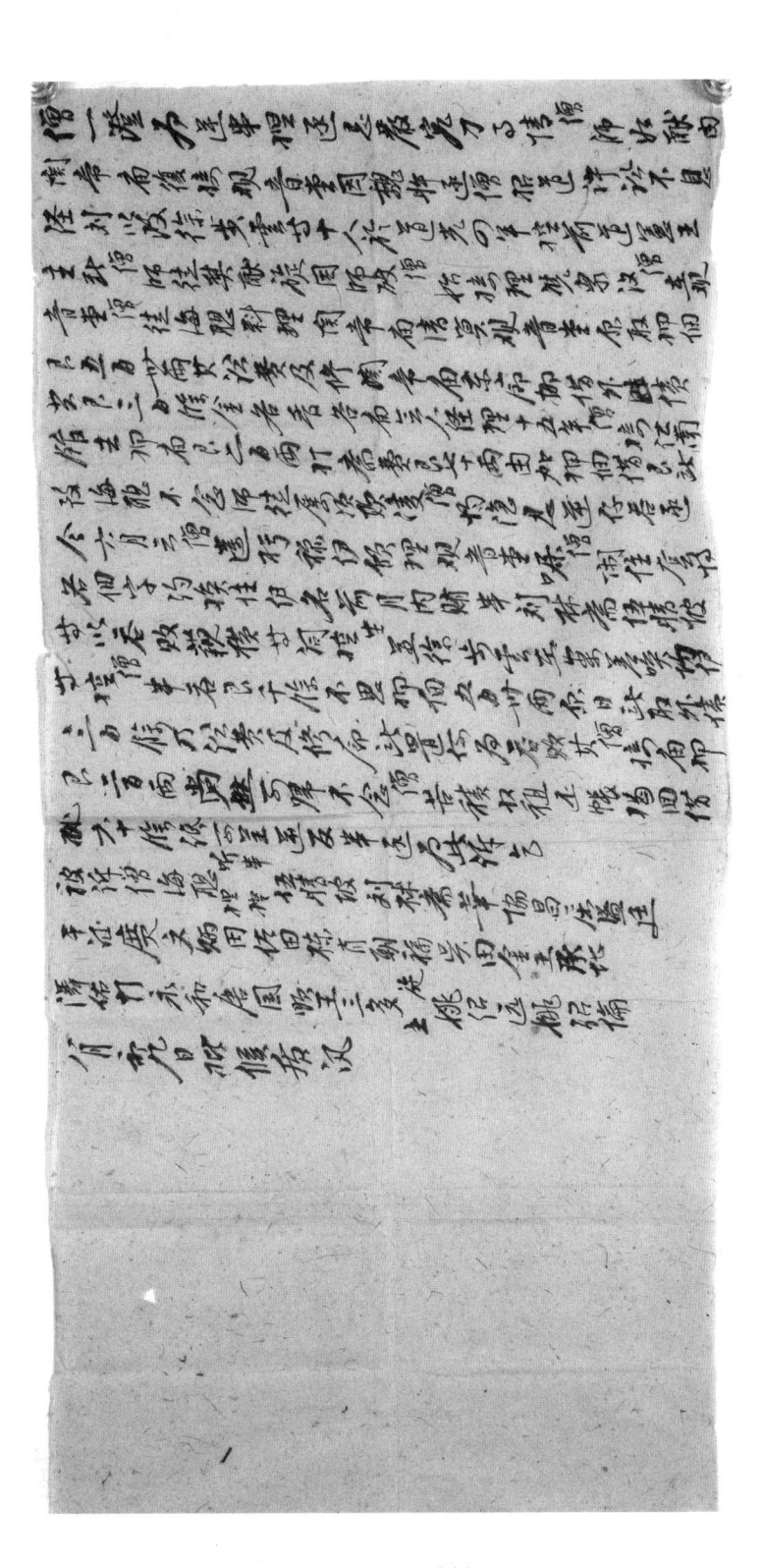

文物号：115199-5
名称：清江南会馆与僧人一澄等人因寺庙维修费用一事的诉状
尺寸：纵 24.8 厘米，横 61 厘米

僧一澄为逆串捏逐，恳严究刁事。情僧师如献，由关帝庙复接观音堂，因魏昕逐僧招道，讦讼不息，经刘以政、徐步云等十人于道光四年控，前道宪王主断。僧师徒焚献，旋因师故，僧始接理。凭众议，僧在观音堂，僧徒海聪料理关帝庙。清算观音堂原取押佃银五百卅两，其讼费及修关帝庙东廊挪借外债共银三百余金。各看各庙，无人经理。十五年，僧接江南馆，与押庙银二百两，打斋费银七十两，由加押佃借银所致。海聪不念师徒，屡次欺凌。僧均隐忍。逆存吞逐。今六月云僧迈朽，称伊愿理观音堂，嘱僧闲住，套将各佃字约换住伊名。前月内贿串刘林斋、伍晴坡等以吞败藐横等词，控生并徐步云在案差唤，均伊等控僧串吞银千余，不思押佃五百卅两，原日所取外债三百余，乃讼费及修廊所置，何为吞败？其僧接庙押银二百两尚然可归。不念僧苦积收租还账，揭回借据六十余纸可呈。逆反串逐，为此诉乞。

　　　　被诉僧海聪，听串押控伍晴坡、刘林斋、华协昌、屈盛廷
　　　　干证：庹文炳、田佐、田栋、肖朝福、吴田金、王承北、
　　　　邻右①：彭永和、唐国顺、王三多
　　　　施主：姚绍远、姚绍伦

　　　　八月初九日批候质讯

---

① 原文为"佑"，据文意改为"右"。

文物号：115199-6

名称：清江南会馆与僧人一澄等人因寺庙维修费用一事的诉状

尺寸：纵 24.8 厘米，横 61 厘米

僧一澄为据情声明，恳添唤讯事。情前月内有伍晴坡等以吞败藐横等情，控僧在案差唤，僧以逆串捏逐诉差应候示讯，曷敢烦□！但僧前词清繁，未据声晰。僧于道光十五年冬月，承接江南会馆，僧为观音堂田业佃与，曾所银二百两，作江南馆之押香银两。僧凭徐步云、毛儒林等过交与代德义、汪文美、王金发、朱一焕承领，德义等立出领银一纸，并立接僧焚献约一纸，与僧执据。两约均凭呈。僧接此会馆，又零星用费过银七十余两，僧由此负债。致被逆徒僧海聪串弊晴坡等控告，但代德义、朱一焕已经身故，僧交银两时德义之子代狗子亦在场见□。僧遭控拖累，情实戕心。为此据情声明，当添唤王金发、汪文美、代狗子列案，并讯质究。伏乞。

      被字伍晴坡，恳添唤讯王金发、汪文美、戴狗子

          干证：曾元一

         通交：毛儒林、徐步云

  八月廿二日批：候添唤王金发等列案质讯

文物号：115144-1
名称：清光绪十年江南会馆状告铜帮侵占产业状纸及存状
尺寸：纵23.5厘米，横59.5厘米

具存状，江南馆首事戴光璨、程昌举、金德钧、沈海、汪才裕、朱宗汉、郑天赦、汪臣良、朱安瑛、朱宗俊、王肇端、朱成茂、吴衍铨、洪福、胡泽灼，抱存杨升为恳存垂久事。情职等先辈由江南入川，创修会馆，置田取租，以备祀神各费。于乾隆十五年买东山坪野猫溪佘姓田土一分，为同乡义冢。历年系交会内铜帮首人经收经用，年有余积无异，今因倡修文星阁工竣，爰集十六府同人与伊首事等核算帐目，清厘余款，以作合省工帮费。殊帐内存用两虚，久被亏蚀，反诈称此业系伊铜帮私会所置，计图蒙占。职等执契理斥，铜帮人众，始无从狡饰掩咎，肥饱不虚，央情让亏，交业仍还大会经管，以为永远焚献，不得当卖。凭众甘愿立约寝事，职等谊关桑梓，不与计较。诚恐年久，复有无知之徒再生他故，是以将契约抄呈，协恳存案，赏示刊碑。再，铜帮承情文约，恳请用印发还，收存以垂久远，神人均沾。伏乞大老爷台前赏准施行。

光绪十年六月　日

第七章 其他

文物号：115144-2
名称：清光绪十年江南会馆状告铜帮侵占产业状纸及存状
尺寸：纵 23.5 厘米，横 59.5 厘米

具禀状，江南馆首事戴光璨、程昌举、金德钧、沈海、汪才裕、朱宗汉、郑天赦、汪臣良、朱安瑛、朱宗俊、王肇端、朱成茂、吴衍铨、洪福，抱禀杨升为恳存垂久事。情职等先辈由江南入川，创修会馆，置田取租，以备祀神各费。于乾隆十五年买东山坪野猫溪佘姓田土一分，为同乡义冢。历年系交会内铜帮首人经收经用，年有余积无异。今因倡修文星阁工竣，爰集十六府同人与伊首事等核算帐目，清厘余款，以作合工帮费。殊帐内存用两虚，久被亏蚀，反诈称此业系伊铜帮私会所置，计图蓦占。职等执契理斥，众始无从狡饰掩咎，肥饱不虚，央情让亏，交业仍还大会经管，以为永远焚献，不得当卖。凭众甘愿立约寝事，职等谊关桑梓不与计较。诚恐年久，复有无知之徒另生他故，是以协恳恩宪作主存案，赏示刊碑，以垂久远，神人均沾。伏乞大老爷台前赏准施行。

光绪十年六月　　日

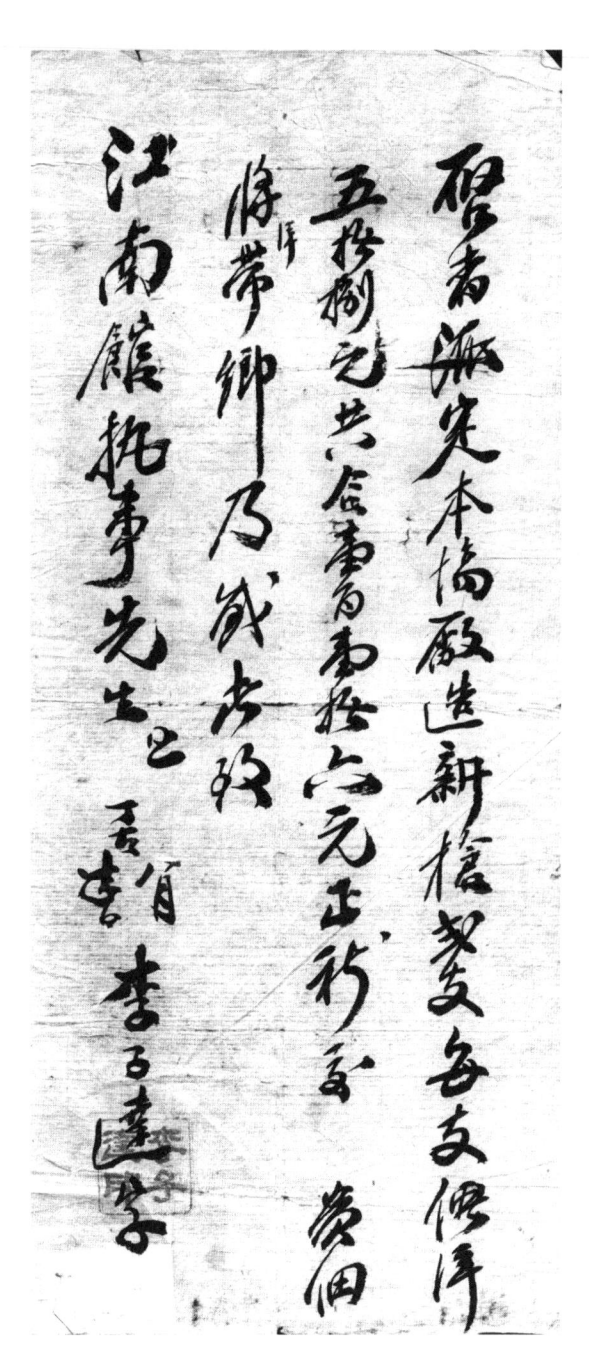

文物号：115245
名称：清光绪二十三年江南会馆购枪付款收据
尺寸：纵 24.5 厘米，横 11 厘米

启者：

派定本□厂造新枪贰支，每支价洋五拾捌元，共合壹百壹拾六元正，祈交贵佃，将洋带乡乃成。

此致

江南馆执事先生照

丁酉八月十五日　李子达字

立出承認包修江南公所漆匠田茂林今走修到

江南公所各處由山門外額扁叁塊滿金黑字山門鋪蘇

門柱漆明光戲台下面看坊貼滿金上台口看坊貼滿金

內面花草三星洗新補金台子耳門窻于明光漆滿金

貼金台內搪蓋刷紅摓油台子上面天

花板做白粉畫工台上圖一塊平對臺幅外添摓對臺幅悉

行滿金黑字外面牌坊上大抱厰圖臺塊對子式幅換滿

金黑字牌坊簷口用碾碌彩叁足撐工臺對貼金正殿抱

厰楠蓋刷紅摓油內彩楠門花草洗新補金碾碌堂子

正殿彩臺足貼金門下穿枋板壁柱頭慨漆光佛首全

堂照貼原金佛身補金洗新色神台龕子建新補金後

殿楠蓋刷紅以下穿枋楠門刷紅刷摓油抱厰正殿舊圖

對臺慨洗新補金滿盤見濫補新行籤鐵氣區扣臺盃

整其銀按工支用扣留弍伯兩整俟完工補足儻有各

處漏落一指未到者有申老太爺身既動工完工並無

藥派俟浚告竣勿詩面說漆補多厘今恐人心不古持

立承認色修字壹紙交与

江南公所值年諸公手存據

文物号：115146-1

名称：清光绪三十四年江南公所漆匠包修文约

尺寸：纵 25.5 厘米，横 38 厘米

立出承认包修江南公所漆匠田茂林，今包修到江南公所各处，由山门外额匾叁块，满金黑字。山门铺麻门柱，漆明光。戏台下面看坊，贴满金。上台口看坊，贴满金。内面花草三星，洗新补金。台子耳门窗子，明光漆，满贴金。台内桷盖，刷红。台子下面楼板，刷红搓油。台子上面天花板，做白粉画工。台上匾一块、平对壹幅，外添抱对壹幅，悉行满金黑字。外面牌坊上大抱厅匾壹块，对子贰幅，换满金黑字。牌坊檐口，用砾朱彩叁匹。撑工壹对，贴金。正殿抱厅桷盖，刷红搓油。内彩桷门花草，洗新补金，砾朱。堂子正殿，彩壹匹，贴金。另添满金抱对壹幅。以下穿枋板壁柱头壹概①漆明光，佛首全堂照贴原金，佛身补金洗新色，神台龛子建新补金，后殿桷盖刷红。以下穿枋桷门，刷红刷黑搓油，抱厅正殿旧匾对壹概洗新补金，满盘见滥补新，门箍铁气匾扣壹并在内。今凭会馆值年诸公面议，工资票银五佰贰拾两整，其银按工支用；扣留贰佰两整，俟完工补足。倘有各处漏落，一指未到者，有申老太爷承担，动工完工并无杂派，俟后告竣，勿许面说添补分厘。今恐人心不古，特立承认包修字壹纸，交与江南公所值年诸公手存据。

---

① 原文为"慨"，据文意改为"概"。后同。

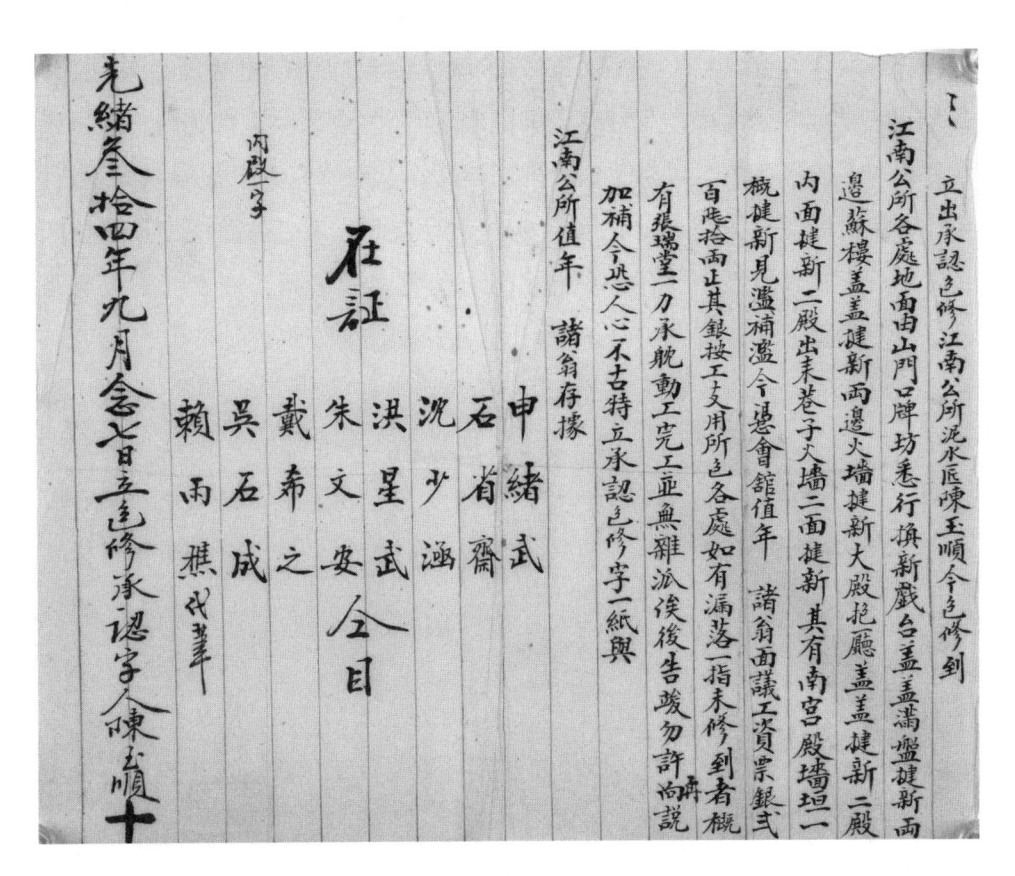

文物号：115146-2
名称：清光绪三十四年江南公所泥水匠包修文约
尺寸：纵 25.5 厘米，横 38 厘米

立出承认包修江南公所泥水匠陈玉顺，今包修到江南公所各处地面，由山门口牌坊悉行换新，戏台盖盖满盘建①新，两边苏楼盖盖建新，两边火墙建新，大殿抱听盖盖建新，二殿内面建新，二殿出来巷子火墙二面建新，其有南宫殿墙垣一概建新，见滥补滥。今凭会馆值年诸翁面议工资票银贰百陆拾两正，其银按工支用，所包各处如有漏落，一指未修到者，概有张瑞堂一力承担。动工完工并无杂派，俟后告竣，勿许再说加补。今恐人心不古，特立承认包修字一纸与江南公所值年诸翁存据。

在证：申绪武、石省斋、沈少涵、洪星武、
朱文安、戴希之、吴石成
赖雨樵　代笔
同目

（内改一字）

光绪叁拾四年九月念七日立包修承认字人：陈玉顺

---

① 原文为"捷"，其意与文意不符，疑为讹字。据文意改为"建"。下同。

文物号：115146-3
名称：清光绪三十四年江南公所石匠包修文约
尺寸：纵 25.5 厘米，横 38 厘米

立出承认包修江南公所石匠邓兴发，今包修到江南公所各处地面，石栏石梯海面，由山门外修起，另换石梯三架。戏台抵石板破滥不要，另换新石，安好头层栏杆，满换青石照样还原。两边苏楼梯子添新石，做苏楼石门坎贰根，二层栏杆添青石，二面建新做好。大殿化钱炉放下二尺盘龙石，建新补好，两边栏杆梯子坎子一概建新安好。两层海坝子挖补翻盖。大殿盘龙石两边另换石梯子贰架，依作盘龙石而修。大殿添新菱角石八十块，花台二个，坎子二根。二殿两边梯子添新石安好，戏台脚添新连二石安好。二殿两架梯子两廊另换，行条海面出路巷子挖补建新，直修至后出街而止。今凭会馆值年诸翁面议工资票银贰百两正，其银按工支用，所包修各处如有漏落，一指未修好者，不给工银；倘有工力一点不到者，有卓子正一力承担，俟后工完竣，弗许告代加补。今恐人心不古，特立承认包修字一纸与江南公所值年诸翁存据。

在证：申绪武、石省斋、沈少涵、洪星武、
朱文安、戴希之、吴石成
赖雨樵　代笔
同目

（内改一字）

光绪叁拾四年九月念七日立包修承认字人：邓兴发

文物号：115146-4
名称：清光绪三十四年江南公所木匠包修文约
尺寸：纵25.5厘米，横38厘米

立出承认包修江南公所木匠朱显荣，今包修到江南公所各处，由两边苏楼装千子，内面定板子，换左边柱头壹根，上八尺腰槅门，窗子见滥补滥，做好还原。乐楼苏楼楼板见滥补滥。上抱厅两边栏杆装千子，内面定板子。大殿右边檐柱另换壹根，刁花脱雪四对，内面柱头四根挖补换好。外抱厅双龙双凤见滥补滥做好。大殿后面柱头两根换新。后殿两廊栏杆车屏屏上面平盘另做新的，上八尺斜文窗子补滥整好。后殿神台壹座见滥补滥。经凭会馆值年诸翁面议工资票银壹百叁拾两正，其银按工支用。所包之处倘有漏落，一指未到者，概有汪鲁山一力承担。动工完工并无杂派，俟后告竣，毋容再说加补。今人心不古，特立承认包修字一纸，与外另换钟鼓架贰个，江南公所值年诸翁存据。

在证：申绪武、石省斋、沈少涵、洪星武、戴希之、
吴石成、朱文庵

赖雨樵　代笔

同目

（内添改一字）

光绪叁拾四年九月念七日立包修承认字人：朱显荣

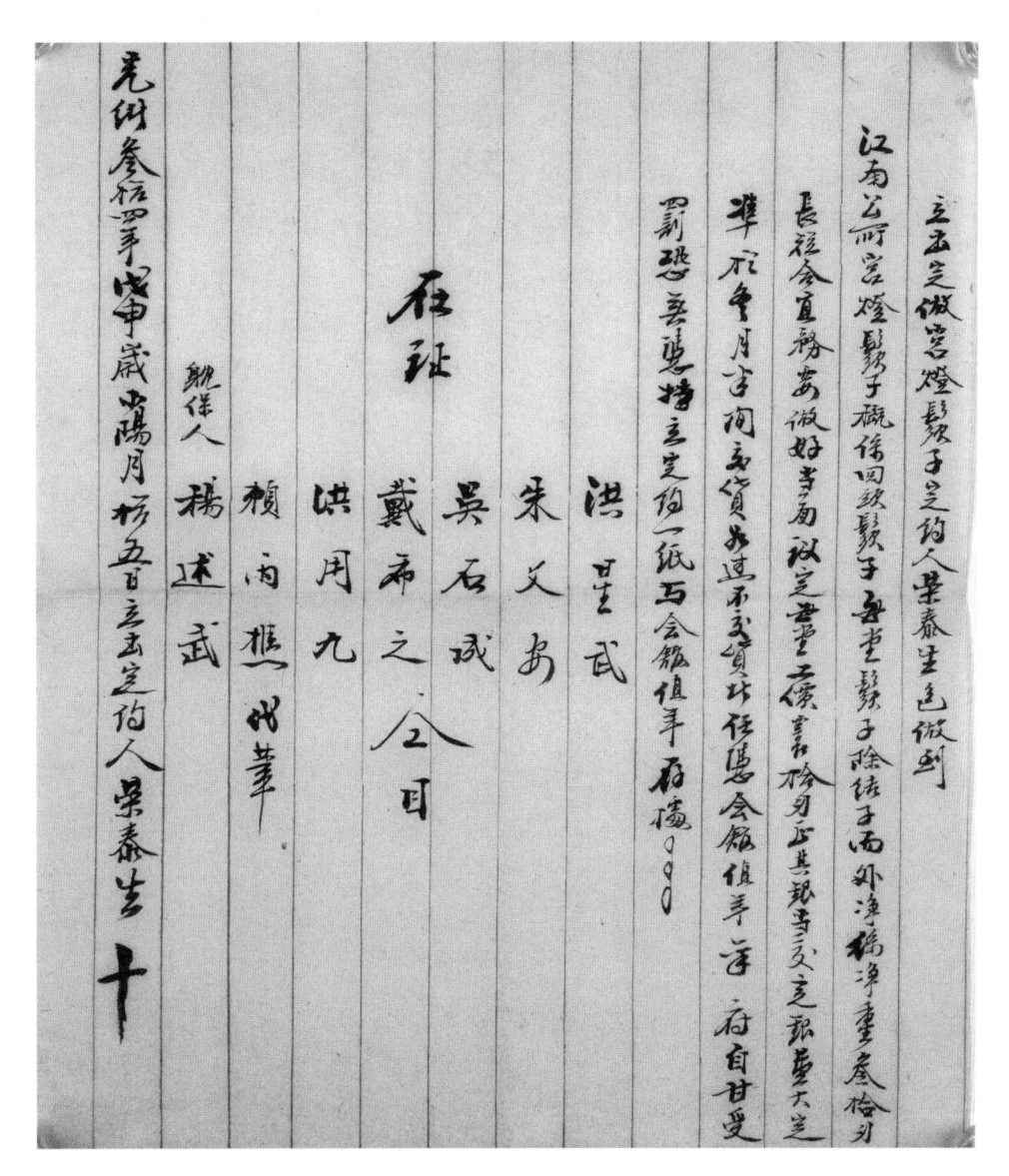

文物号：115175
名称：清光绪三十四年荣泰生为江南公所定做宫灯配件的文约
尺寸：纵25厘米，横21.8厘米

立出定做宫灯须子定约人荣泰生，包做到：

江南公所宫灯须子，概余①回头须子、要堂须子，除结子而外，净余净重叁拾两，长短合直，务要做好。当面议定每堂工价票拾两正，其银当交定银壹大锭②，准于冬月半间交货。如过不交货，此任凭会馆值年等府，自甘受罚。恐无凭，特立定约一纸与会馆值年存据。

在证：洪星武、朱文安、吴石成、戴希之、洪用九

赖雨樵　代笔

担③保人：杨述武

同目

光绪叁拾四年戊申岁小阳月拾五日

立出定约人：荣泰生

---

① 原文可能为"徐"，据文意改为"余"。
② 原文为"定"，据文意改为"锭"。
③ 原文为"耽保人"，据文意改为"担保人"。

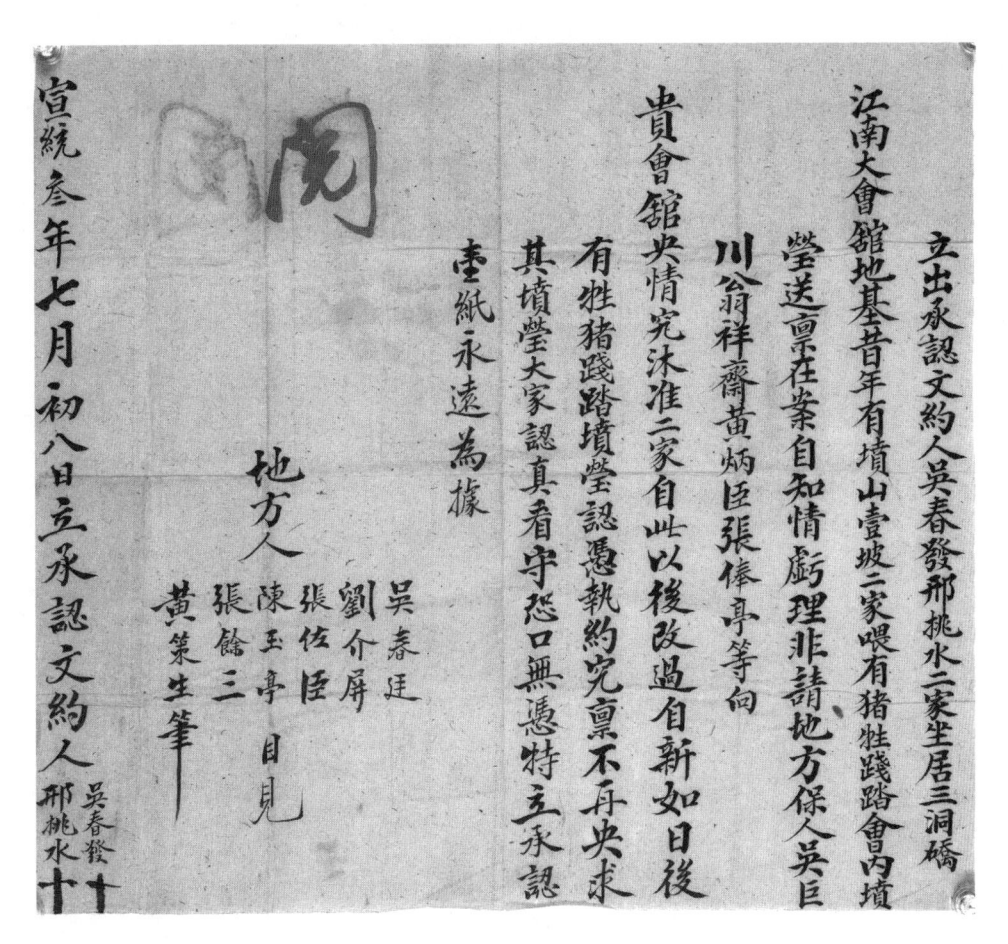

立出承認文約人吳春發邢挑水二家生居三洞礄
江南大會舘地基昔年有墳山壹坡二家喂有猪牲踐踏會內墳
瑩送稟在案自知情虧理非請地方保人吳巨
川翁祥齋黃炳臣張佺亭等向
貴會舘央情究沐准二家自此以後改過自新如日後
有牲猪踐踏墳瑩認憑執約完稟不再央求
其墳瑩大家認真看守恐口無憑特立承認
壹紙永遠為據

地方人 劉介屏
張佐臣
陳玉亭 目見
張餘三
黃策生 筆

吳春廷

宣統叁年七月初八日立承認文約人 吳春發 邢挑水 十

文物号：115193
名称：清宣统三年吴春发等向江南会馆立出承认文约
尺寸：纵 43.2 厘米，横 47.5 厘米

立出承认文约人吴春发、邢挑水二家坐居三洞砾江南大会馆地基，昔年有坟山壹坡。二家喂有猪牲，践踏会内坟茔①，送禀在案。自知情亏理非，请地方保人吴巨川、翁祥斋、黄炳臣、张俸亭等向贵会馆央情究沐，准二家自此以后改过自新。如日后有牲猪践踏坟茔，认凭执约究禀，不再央求。其坟茔大家认真看守。恐口无凭，特立承认壹纸，永远为据。

阅

地方人：吴春廷、刘介屏、张佐臣、陈玉亭、张余三　目见

黄策生　笔

宣统叁年七月初八日　立承认约人：吴春发、邢挑水

---

①原文为"莹"，据文意改为"茔"。后同。

文物号：115348-2
名称：民国江南会馆产业清单
尺寸：纵 24.6 厘米，横 56.7 厘米

民国庚申岁四月底清大会各项杂物于左：门连八根，就门连扎花贰根，就扎花卓维壹堂，就单卓维陆张，就杂花卓维贰张，就以达玖堂，就花彩三张，就连二卓维陆张。新杂花卓维柒张，新花彩五张，新花以达拾贰根，公灯衣子贰堂，新花店子拾贰块，黄色服内拾玖件，黄几达贰堂，台帕拾张，彩陆皮鳌。国旗三张，珠红堂帐壹笼①，尼陕堂帐贰笼，锡器四件，供果锡坐子五个，锡供果碟子坐子拾个，琉璃灯坐子陆个，店池壹个脚柸②三个，供果碟子陆个，铜蜡坐壹个，锡背光捌个，锡大蜡台四个，满堂红壹对，玖连灯盖子贰个，铜吊炉壹个，锡碗拾个，拜十个，锡香炉五件，陆堂大布棚二根，茶碗肆拾个，酒壶海子各壹个，锡大香炉四个，花瓶四个，冒园三对，柸香炉壹个，二十八宿壹堂五搭六件，锡盆壹个，大会泾邑二会供合壹纸。

---

① 原文为"龙"，据文意改为"笼"。
② "柸"，古同"杯"。

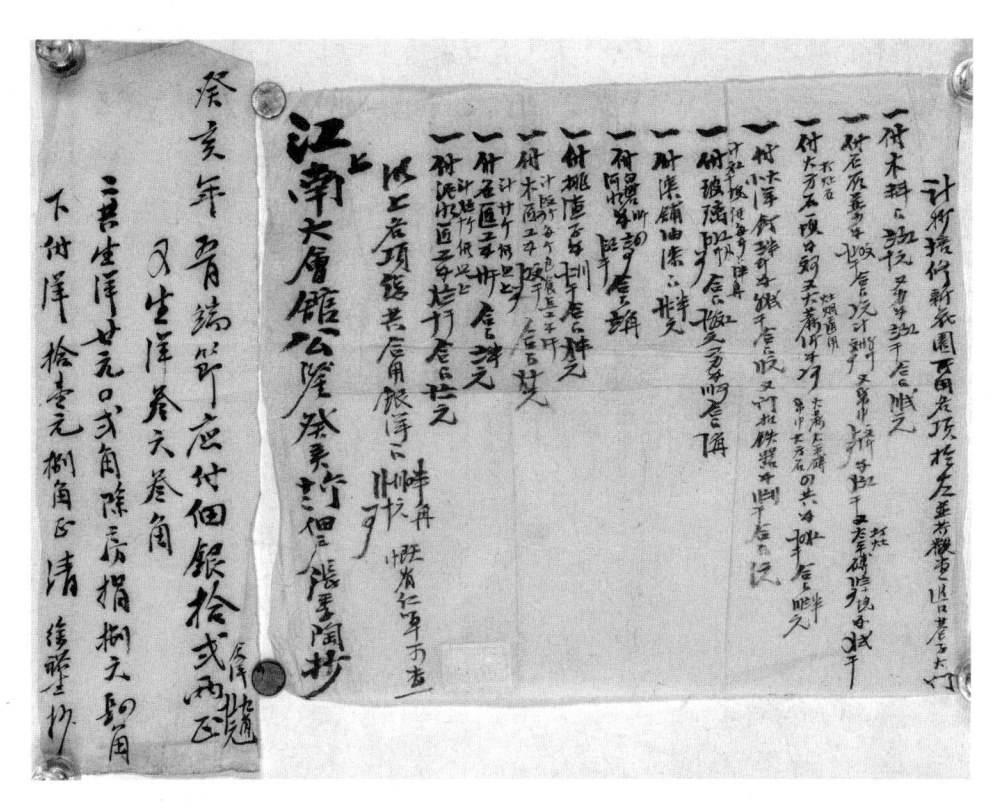

文物号：115348-4

名称：民国江南会馆产业清单

尺寸：左纵 25.6 厘米，横 8 厘米；右纵 21 厘米，横 24.8 厘米

计抄培修新花园所用各项于左，并共观堂进口巷子大门。

一、付木料银 87 元 6 角，又力钱 8760 文，合银 3 元 2 角。

一、付石灰并力钱 16 千零 9 文，合银 6 元，计 915 斤，又纸巾 119 斤，钱 4760 文，又打灶太平砖 280 块，钱 4200 文。

一、付打灶石大方石一块，钱 900 文，又灶烟通用大麻 1 斤，钱 600 文，大麻、太平砖、纸巾、大方石，四共钱 10 千零 46 文，合银 3 元 8 角半。

一、付大、小洋钉 7 斤半，钱 5420 文，合银 2 元，又门扣铁器钱 2720 文，合银 1 元。

一、付玻璃 106 斤 6 两，计 96 块，价每斤银 1 角半，合银 15 元 9 角 6 分，又力钱 300 文，合银 1 角。

一、付漆铺油漆银 11 元 2 角半。

一、付白树石 3 斤，钱 840 文，河水钱 1570 文，合银 8 角。

一、付挑渣子钱 12 千 300 文，合银 4 元半。

一、付木匠工钱 109 千 文，计 109 个，每个包食点工钱 1 千 文，合银 40 元。

一、付石匠工钱 20 千 文，合银 7 元半，计廿个，价照上。

一、付泥水匠工钱 48 千 文，合银 17 元，计 48 个，价照上。

以上各项总共合用银洋银 213 元零半角，概有红单可查。

上　江南大会馆公鉴　癸亥六月十二 日 佃户张季陶抄

癸亥年五月端节应付佃银拾贰两正，合洋 16 元 9 角，又生洋叁元叁角。

二共生洋廿元贰角，除房捐捌元肆角。

下付洋拾壹元捌角正，清。

徐裕生　抄

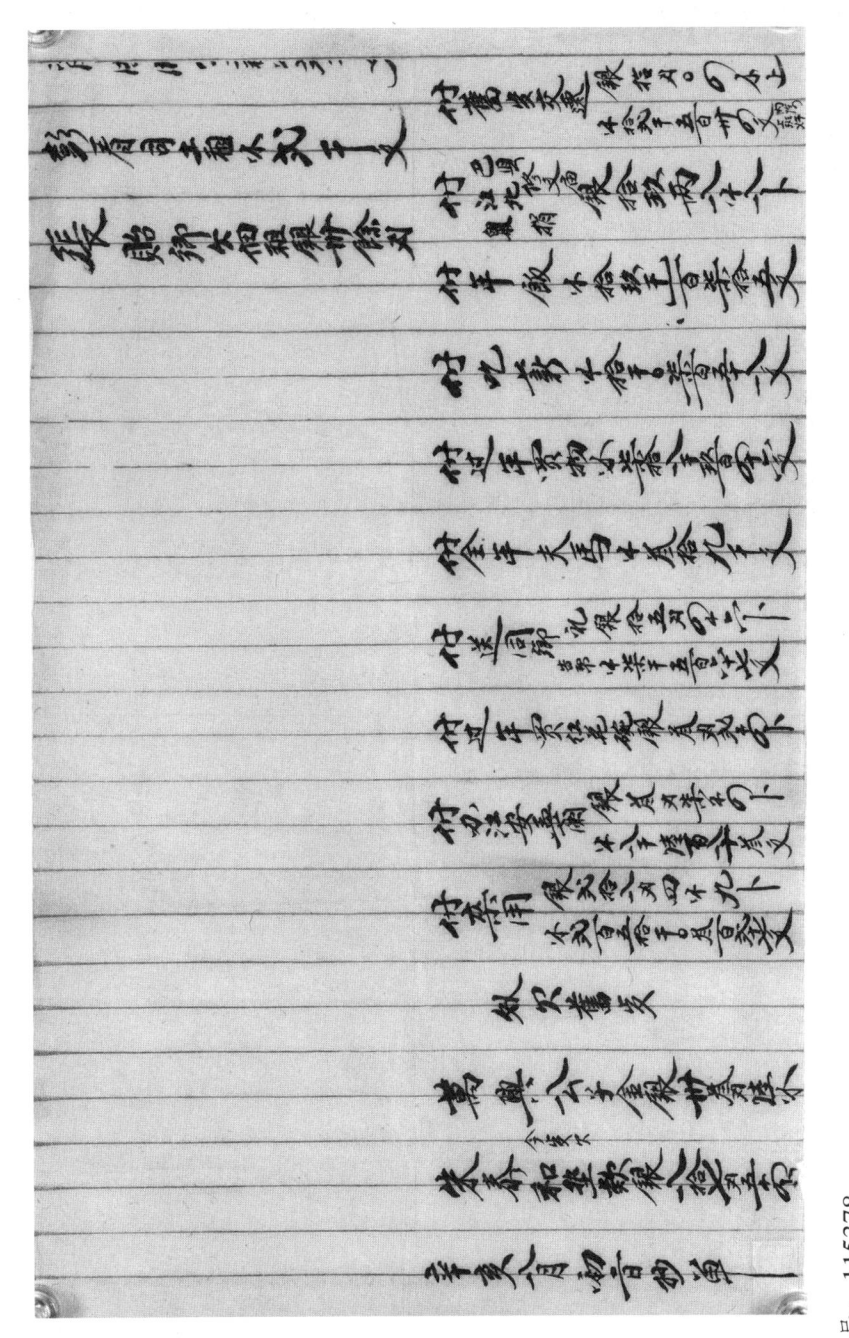

文物号：115378
名称：1911年江南公所记账单存据
尺寸：纵25.8厘米，横42.2厘米

彭看司土租钱贰千文。

张贻乡欠佃租银卅余两。

付旧岁交迁银拾两四钱正，钱拾贰千五百卅四文（内除上班4千）。

付巴县江北修文庙捐银拾玖两八钱八分。

付年饭钱拾玖千一百柒拾五文。

付吃薪钱拾千柒百五十八文。

付过年买物钱柒拾八千玖百四十六文。

付全年夫马钱叁拾九千文。

付送同乡礼银拾五两四钱六分，告帮钱柒千五百六十七文。

付过年买红花碗银叁两贰钱四分。

付办江安盂兰银叁两柒钱四分，钱八千陆百八十叁文。

付杂用银贰拾八两四钱九分，钱贰百五拾千叁百贰十七文。

外欠旧岁

万兴公子金银卅叁两陆钱。

今岁欠

朱泰和垫款银八拾七两五钱四分。

　　　　　　　　　　　　　　　辛亥八月初二日　抄单

文物号：115381
名称：1911年重庆商务总会付江南会馆精糖公司股银收据
尺寸：纵26.2厘米，横8厘米

收到精糖公司购股银元贰拾圆。
此上江南帮台照

辛亥六月十八日重庆商务总会收到

民国七年戊午計抄交現用各項花單

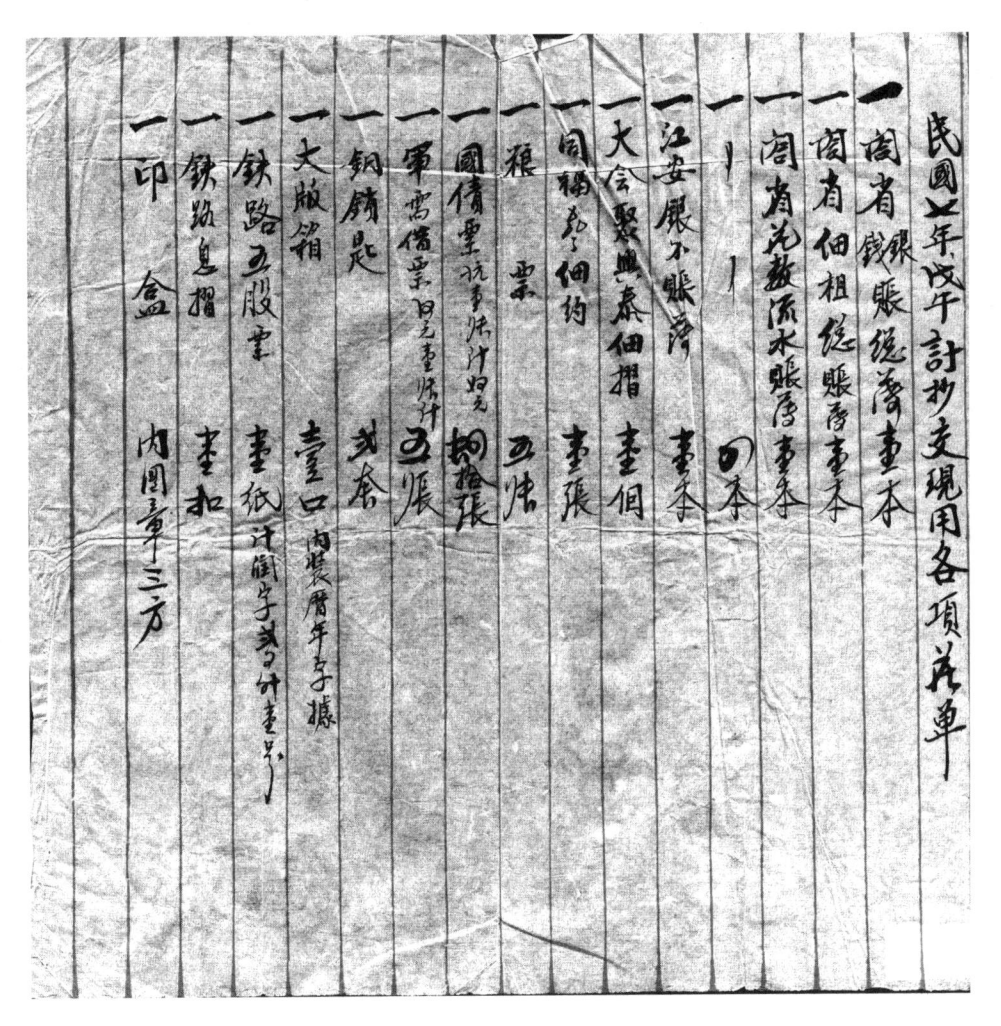

一 尚存銀賬總厚壹本
一 尚存錢賬總厚壹本
一 尚有佃租總賬厚壹本
一 尚存先散流水賬厚壹本
一 同欄新舊佃約 壹套
一 江安縣不賬澤 □本
一 大會聚興泰佃摺 壹個
一 軍需僑票抗事條計□光 五張
一 國債票坑事條計歸光 拾捨張
一 糧票 五张
一 銅鑄足 弌套 內裝曆年字據
一 大版箱 壹口
一 鐵路五股票 壹紙 計織字或一计壹号
一 鐵路息摺 壹扣
一 印盒 內圓章三方

文物号：115376
名称：民国七年江南公所交现用各项花单
尺寸：纵 26.2 厘米，横 26.2 厘米

民国七年戊午计抄交现用各项花单

一、合省银钱账总簿壹本。

一、合省佃租总账簿壹本。

一、合省花数流水账簿壹本。

一、合省花数流水账簿四本。

一、江安银钱账簿壹本。

一、大会聚兴泰佃折壹个。

一、同福垒佃约壹张。

一、粮票五张。

一、国债票十元壹张计 400 元肆拾张。

一、军需借票一百元壹张计五张。

一、铜锁匙贰套。

一、大版箱壹口，内装历年字据。

一、铁路五股票壹纸，计润字 251 号。

一、铁路息折壹扣。

一、印盒内图章三方。

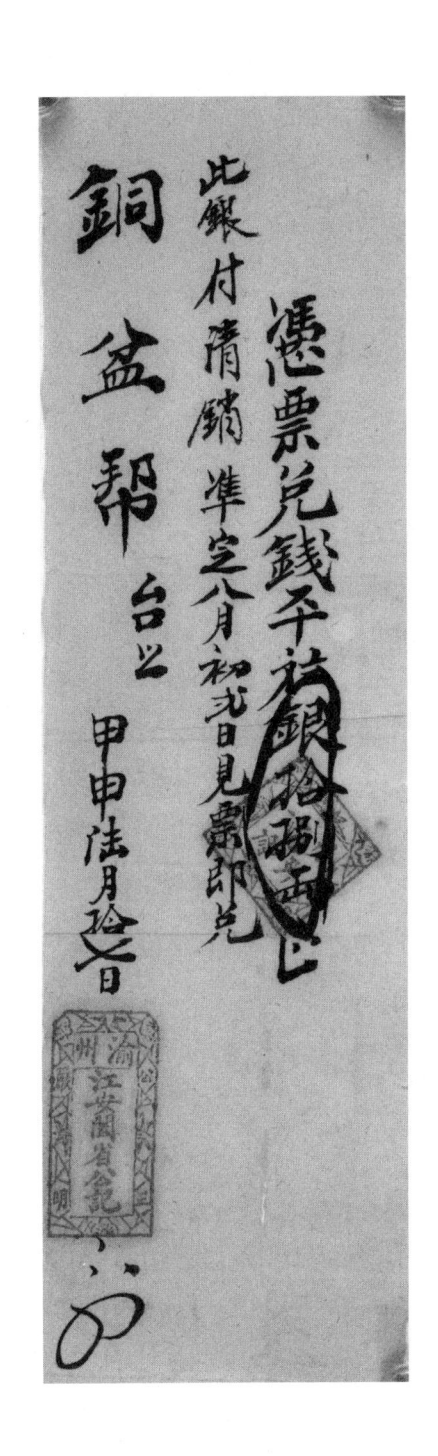

文物号：115353
名称：民国三十三年渝州江安河付铜盆帮银两兑现凭票
尺寸：纵 26.1 厘米，横 7.8 厘米

凭票兑钱平九八银拾捌两正。此银付清销准定八月初贰日见票即兑

          铜盆帮　台照

        甲申陆月十七日
     渝州江安阖省公记（印）

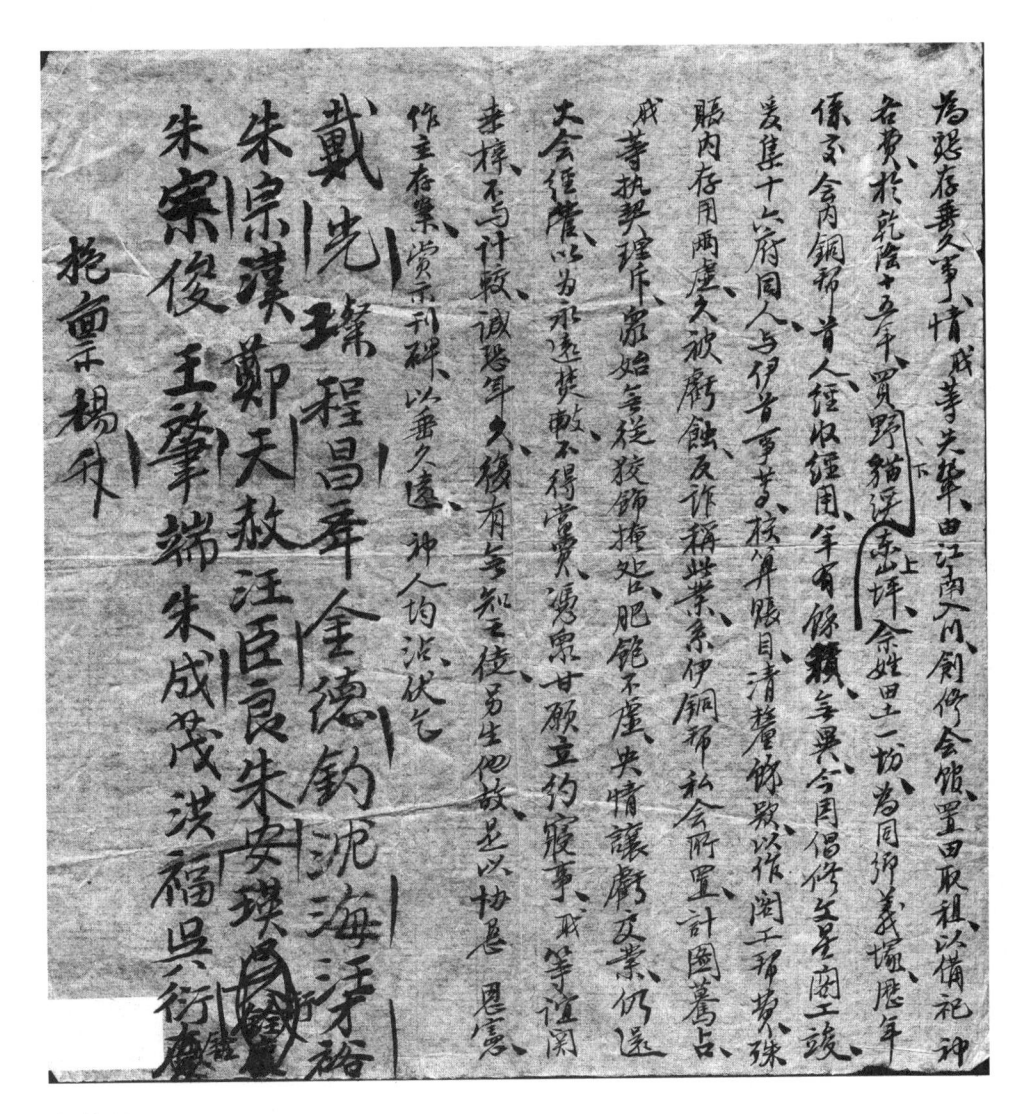

文物号：115366
名称：民国戴光璨等禀报杨升关于铜帮侵吞钱财的申诉书
尺寸：纵 20.6 厘米，横 22 厘米

为恳存垂久事。情职等先辈由江南入川，创修会馆，置田取租，以备祀神各费。于乾隆十五年买东山坪野猫溪佘姓田土一份，为同乡义冢。历年系交会内铜帮首人经收经用，年有余积，无异。今因倡修文星阁工竣，爰集十六府同人与伊首事等核算账目，清厘余款，以作各工帮费。殊账内存用两虚，久被亏蚀，反诈称此业系伊铜帮私会所置，计图蓦占。职等执契理斥，众始无从狡饰掩答，肥饱不虚，央情让亏交业，仍还大会经管，以为永远焚资，不得当卖。凭众甘愿立约寝①事，职等谊关桑梓，不与计较。诚恐年久，复有无知之徒另生他故，是以协恳恩宪作主存案，赏示刊碑，以垂久远，神人均沾。付讫。

戴光璨、程昌年、金德钧、沈海、汪才裕、朱宗汉、
郑天赦、汪臣良、朱安瑛、朱宗俊、
王肇端、朱成茂、洪福、吴衍铨

抱禀杨升

---

① 寝，停止、平息之意。

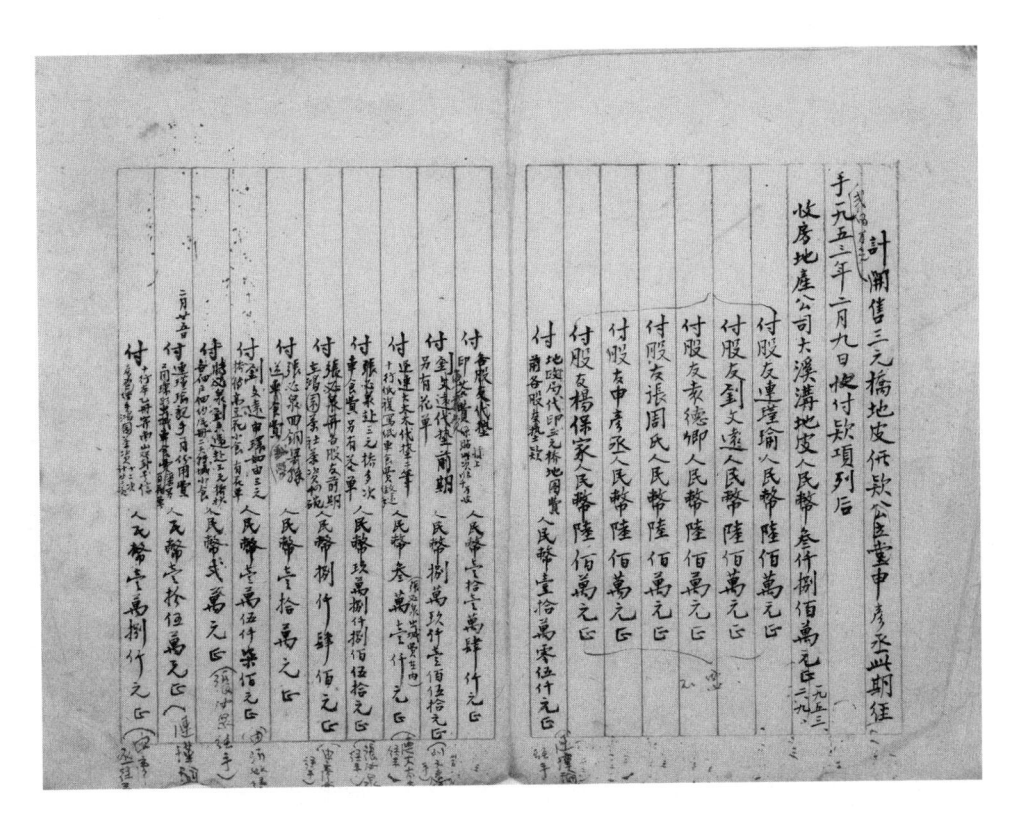

文物号：115340
名称：1953年江南会馆产业分股清单
尺寸：纵28厘米，横37厘米

计开售三元桥地皮作款，公立堂申彦丞此期经手贰佰万元，一九五三年二月九日付款项列后：

收房地产公司大溪沟地皮人民币叁仟捌佰万元正。一九五三、二、九

付股友连瑾瑜人民币陆佰万元正。

付股友刘文远人民币陆佰万元正。

付股友袁德卿人民币陆佰万元正。

付股友张周氏人民币陆佰万元正。

付股友申彦丞人民币陆佰万元正。

付股友杨保家人民币陆佰万元正。

付地政局代印三元桥地图费（前各股友垫款）人民币壹拾万零伍仟元正（连瑾瑜经手）。

付各股友代垫据上印□费，系贴此次八万三千元，收人民币壹拾壹万肆仟元正。

付刘文远代垫（车食费），前期（另有花单）人民币捌万玖仟壹佰伍拾元正（刘文远经手）。

付还连大太太代垫二笔（十行纸复写纸）车食费，文远经手人民币叁万壹仟元正（张必泉出城费在内，连大太太经手）。

付张必泉赴三元桥多次车食费（另有花单）人民币玖万捌仟捌佰伍拾元正（张必泉经手）。

付张必泉并各股友前期在鸿园茶社茶资十四碗人民币捌仟肆佰元正（申彦丞经手）。

付张必泉回铜梁县送酬劳车食费人民币壹拾万元正。

付刘文远、申环如由三元桥□高豆花小食（有花单）人民币壹万伍仟柒佰元正（由环如经手）。

付张必泉、刘文远赴三元桥抄各佃户佃约底册二天，待城小食人民币贰万元正（张必泉经手）。

二月廿五日付连瑾瑜亲手一月份用费又同琛如出城车食费（渠另有花

单）人民币壹拾伍万元正（连瑾瑜）

付十行本壹册等南山双挂[1]号信，彦丞经手鸿园茶资十二次计廿二碗人民币壹万捌仟元正（申彦丞经手）。

---

[1] 原文为"卦"，据文意改为"挂"。

结语

巴蜀地区的会馆，主要是明末清初"湖广填四川"移民运动的产物。会馆因移民而产生，因商业而重要，因文化而兴盛，包括江南会馆在内，对当地经济文化的发展有着很大的推动作用。

移民乡梓记忆逐渐淡去而成为历史记忆，心理边界逐渐消失，他们融入了一种新的文化环境，成为了本地人。就这样，移民及其后裔信仰泛化、多元化，有了文化认同感，从心理上完成了本土化的转变。

会馆的资金，有捐赠、会费、土地房屋租金、祭祀演唱收入和放贷生息等，其来源比较广泛，数额也比较大。

会馆的管理，是比较严格的，不但有人员和财产的管理规定，也有祭祀及其接待等日常的管理办法，有承租、承包，有明确责任，有见证者，有交接清单，责权利分明；即使行善施舍棺地，一样有介绍、担保人、保证契约等。这些管理模式，反映出中国传统管理水平还是比较高的。

官府与会馆之间，存在着相互支持、相互帮助的关系。会馆行帮对官府的支持是很大的，执行着许多官府命令的工作及其延伸事务。相应地，官府对会馆行帮大加保护，既防其财产利益遭受侵害，甚至保护其维持某些行业的垄断，又协调其内部人事之间、会馆与会馆之间、行帮与行帮之间的相互关系，以使其和谐相处。官府在对会馆行帮加以利用和保护的同时，亦未忘记对他们的积极管理。如拒绝其在某些行业的垄断，禁止会馆弹唱赌博骚扰滋事，其首事、客长须报官府任命并给"执照"方合法，其章程须报官府备案等。

官府对行帮会馆的保护与管理，是主动的，积极的；会馆行帮对官府的支持配合、合作，亦是主动的、积极的。正如窦季良先生所言，会馆所行之事是

"所谓官府的提倡与鼓动,远不如说是官绅合作,因为有些事是出于官府的提倡与鼓励,有些事是出于绅首自动的请求"[①]。

会馆在其祭祀庆典及重大商业接待活动中,都伴之以戏剧以助兴。观看者,有官员、商董等所谓上层人物,亦有经济较差的下层平民、三教九流。这么多成分复杂、来源广泛之人观戏,且被戏深深吸引,不可能是只演家乡戏。由于会馆的活动,正如蓝勇教授所言,"自然形成了各种腔调同台演出的状况","这便为各种腔调融合进而形成现代意义上的川剧创造了条件"。[②]会馆,对川剧的形成和推广,功不可没。

无论是行帮纠纷、商业官司还是行帮与行帮之间关系的调解,八省会馆无不参与其中。官府判案,率以八省客长意见为主。八省会馆甚至代官府清查牙帖商户,以明渝城商业情况,便于官府决策管理。会馆成了代替政府进行工商行政管理的角色。

会馆的建立,无疑在凝聚同乡社会力量、增强"我们"族群势力上,有着很大作用。众多会馆的建立和各种增强凝聚力的措施,如慈善公益活动、定期酬神演戏以强化地方神祇信仰,不断为"我们"这个族群贴上与"他们"族群相区别的标签,就是增强"我们"的凝聚力,壮大自己的势力,从而在重庆形成了由同籍人士组成的利益群体、社会集团。将单个的弱势力联合而成强势力,社会力量得到了有效整合,从而增强了移民群体在重庆的话语权。祭祀原籍神祇、打乡谈、慈善同籍,成了维系"我们"族群的非常重要的手段。

各种势力之间的不相上下,使得各种社会力量得到平衡,对重庆地方和谐有序的民间社会秩序的构建,是有帮助的。

会馆的修建及其活动的开展,使这些移民在当地的权益得到保护,使他们对重庆地方的依赖感越来越强,促进了移民对地方的认同。但在认同方面,会馆具有双面性,一是促进了移民及其后裔对移居地的地域认同,一是延缓了移民及其后裔本土化的进程。

[①] 社会部研究室主编,窦季良编著:《同乡组织之研究》,上海:正中书局,民国三十五年(1946),第80页。

[②] 蓝勇:《西南历史文化地理》,重庆:西南师范大学出版社,1997年,第243页。

由于社会的变迁，地方势力的崛起、军阀的混战与横征暴敛，会馆的财产面临被瓜分的危险，会馆的董事们不得不考虑如何保护会馆财产。湖广会馆向黎元洪、谭延闿求助，并按《中华民国临时约法》要求，成立了同乡会，通过官方登记，缴纳契税，从而通过合法手段保住了财产。其他会馆相继如法炮制，同样保住了财产。各大会馆还通过举办公益项目，如在会馆兴办学校，招收同籍子弟和周边学童，也有效地保住了财产。通过改制，变会首制为委员制，建立近代同乡组织，完成了会馆的转型。

附录：江南会馆祭祀章程

1. 江南会馆内新建祠堂供奉神祇，每年应举行春秋二祭，定二月十二日为春祭之期，八月十二日为秋祭之期。

2. 每次祭祀供牲为一豕一羊（或会馆自备，或在外订购）。

3. 祭日酬神应演大戏，分胙肉醒酒，早、午开席。

4. 凡属江南同乡，无论官、绅、士、商，均由首事于前三日通知。愿与祭者须在知单上签名。

5. 凡已捐赠会馆基金者得免费使用会馆所备神香，未捐者每人捐香赀银五钱。捐银十两以上者以后不再捐香赀。

6. 祭器及祭祀须用家具，由看司开列清单妥慎保管。此项家具系专为祭祀之用，不得移出祠外。遗失毁坏由看司负责。

7. 祠堂房屋等有必需小加修缮之处时，由看司报知首事，并开列所需费用。此类开支须由基金利息付出，不得动用基金本金。

8. 春秋二祭须照定章旧规办理，例外开支或铺张耗费应责成会馆首事弥补。

9. 看司照料香、灯、器、具，每年酬予制钱十二千文。

10. 会馆基金现已妥存生息。除春秋二祭之费及看司酬金外，只能动用息金，不得提取本金。

11. 照交捐款各官商及曾任首事各前辈均可借用会馆宴请亲朋，但不得动支会馆公款。

12. 凡属我馆会员，无论创办者或捐助者，官或商，应各在同列中推选若干人轮流担任值年首事。

13. 同乡现任道员，知府来会馆谒祠上香，来人及随从人等共付制钱四千文，现任江北厅同知或巴县知县只付制钱二千文。

14. 看司为备办神前长明灯、香、烛等每年得领津贴制钱十二千文。

15. 妇女不得进入神祠，如违当众议罚或送县究办。

以上十五条业经公议决定实施，企盼乡谊得以愈加敦笃。如有故违，定予呈送地方官衙门罚办。[①]

[①] 好博逊（H.E.Hobson）：《重庆海关1891年调查报告》，转引自周勇、刘景修译编：《近代重庆经济与社会发展1876—1949》，成都：四川大学出版社，1987年，第72页。

后记

本书是在重庆市社科联委托项目"馆藏江南会馆文物资料整理与研究"基础上取得的成果。重庆中国三峡博物馆藏有 300 多件江南会馆的文物。这批文物从清代康熙年间到 1953 年，跨越历史近 300 年之久。整理研究跨距近 300 年的文物资料，是有一定难度的，如不同时期的书写格式、习惯，手写字体的演变，数字书写的变化，等等。

本项目在立项和研究的过程中，得到重庆中国三峡博物馆领导，特别是程武彦馆长、张荣祥副馆长和同仁们的大力支持，得到了重庆市社科联领导的重视；在出书的过程中，得到了《巴渝文库》编纂委员会、专家委员会的指导，得到了西南大学王化平教授细心认真的审阅，得到了重庆出版社编辑李茜的大力支持，在此一并表示感谢。

本书作者有岳精柱、梁冠男、甘玲，参与者还有陈刚、申林、华夏婕。其分工是：岳精柱负责总体结构、释读和撰写各类概述等；梁冠男、甘玲负责各类图录的分类统计、标题命名、校正等；陈刚、申林负责文物摄影；华夏婕参与了后期整理研究的一些工作。

由于作者水平有限，研究有不足甚至错漏，诚请方家、读者批评指正。